什么样的学习是最好的？只有当学生把知识内化后，学会运用的学习才是最好的。从思维层面上讲，当知识的种子播种到思维的土壤中，种子生长成参天大树，结出了丰硕的果子，那便是我们大家想要的学业成绩和核心素养。

——韩立福

· 教育家成长丛书 ·

韩立福
与学本课堂

HANLIFU YU XUEBEN KETANG

中国教育报刊社·人民教育家研究院 组编
韩立福 著

北京师范大学出版集团
BEIJING NORMAL UNIVERSITY PUBLISHING GROUP
北京师范大学出版社

图书在版编目（CIP）数据

韩立福与学本课堂/韩立福著；中国教育报刊社人民教育家研
究院组编. —北京：北京师范大学出版社，2015.10（2023.11 重印）
（教育家成长丛书）
ISBN 978-7-303-19254-0

Ⅰ.①韩… Ⅱ.①韩… ②中… Ⅲ.①课堂教学－教学研究
Ⅳ.①G424.21

中国版本图书馆 CIP 数据核字（2015）第 172857 号

图 书 意 见 反 馈	gaozhifk@bnupg.com 010-58805079
营 销 中 心 电 话	010-58802135 010-58802786
北师大出版社教师教育分社微信公众号	京师教师教育

出版发行：北京师范大学出版社 www.bnup.com
　　　　　北京市西城区新街口外大街 12-3 号
　　　　　邮政编码：100088
印　　刷：唐山玺诚印务有限公司
经　　销：全国新华书店
开　　本：787 mm×1092 mm　1/16
印　　张：26.25
字　　数：443 千字
版　　次：2015 年 10 月第 1 版
印　　次：2023 年 11 月第 6 次印刷
定　　价：72.00 元

策划编辑：倪 花	责任编辑：齐 琳 韩 妍
美术编辑：陈 涛 焦 丽	装帧设计：陈 涛 焦 丽
责任校对：陈 民	责任印制：陈 涛

教育家成长丛书

编委会名单

总 序

教育是国家发展的基石，教师是基石的奠基者。古人云："国将兴，必贵师而重傅。"兴国必先强教，强教必先重师。党中央、国务院高度重视教师队伍建设。2013 年教师节，习近平总书记在给全国广大教师的慰问信中指出："百年大计，教育为本。教师是立教之本、兴教之源，承担着让每个孩子健康成长、办好人民满意教育的重任。"2014 年，在第 30 个教师节前夕，习总书记到北京师范大学视察并发表重要讲话，指出："一个人遇到好老师是人生的幸运，一个学校拥有好老师是学校的光荣，一个民族源源不断涌现出一批又一批好老师则是民族的希望。"《国家中长期教育改革和发展规划纲要（2010—2020 年）》也明确提出，"有好的教师，才有好的教育"，要"努力造就一支师德高尚、业务精湛、结构合理、充满活力的高素质专业化教师队伍"。"倡导教育家办学"，要创造有利条件，鼓励教师和校长在实践中大胆探索，创新教育思想、教育模式和教育方法，形成教学特色和办学风格，造就一批教育家。"两个一百年"奋斗目标的实现、中华民族伟大复兴中国梦的实现，归根结底要靠人才、靠教育，而支撑起教育光荣梦想的，是千百万的教师。

时代呼唤好老师。有一流的教师，才有一流的教育；有一流的教育，才有一流的国家。出名师、育英才、成伟业，是时代赋予我们教育战线的神圣使命。"所谓大学者，非谓有大楼之谓也，有大师之谓也。"好学校、好教育的最重要标准，就是要有好老师。一所学校、一个地区，乃至一个国家，如果教师有理想、有爱心、有学识、有高超的教育艺术，那么即使硬件设施有些简陋，家长、学生也会心向往之。教师是中国梦的奠基者。教师的重要使命，就是为每个孩子播种梦想、点燃梦想，并帮助他们实现梦想。每一间平凡的教室，每一节朴实的课，都不仅是知识的传递，而且是人类文明精神的接续、人生梦想的起航。正是有亿万个孩子梦想的放飞、绽放，中国梦才更加光彩夺目。如果说中国梦最坚实的土壤是学校，那么教师就是最伟大的"筑梦师"，他们用默默无闻、孜孜不倦的智慧劳动，让每一颗年轻的心灵都与中国梦激情相拥。

倡导教育家办学，造就一批好老师，首先要尊重、珍惜我们的本土智慧、本土创造。教育家不是凭空产生的，而是扎根于自己的民族文化土壤，同时吸收人类文明成果，从而创造出独特而生动的教育实践、教育智慧和教育文明。五千年源远流长的中华文明，不但形成了有我们民族特色的教育理论体系，而且涌现出了千千万万优秀的教育家，有被推崇为"大成至圣先师""万世师表"的孔子，有"匹夫而为百世师，一言而为天下法"的韩愈，有"捧着一颗心来，不带半根草去"的人民教育家陶行知，等等。改革开放 40 年来，随着教育改革的不断深入，教育战线涌现出了一大批杰出教师。他们痴情于教育事业，坚守理想信念和教育良知，在三尺讲台上默默耕耘、刻苦钻研，同时以敢为天下先的精神大胆创新，不断进取、不断超越，形成了各具特色的教育思想和教学风格。正是他们的成功探索和实践，创造了具有中国风格的教育经验，丰富了具有中国特色的教育理论宝库。原由教育部师范教育司组织编写，现由中国教育报刊社人民教育家研究院组织编写的"教育家成长丛书"，就是要向这些宝贵的本土创造性的教育经验致敬。

当前，教育领域综合改革正在深入推进，考试招生制度改革的大幕已经拉开，立德树人、培育和践行社会主义核心价值观成为大中小学教育的头等任务。可以预见，中国教育将发生深刻的变革，将从"中国制造"向"中国创造"转变。"没有革命的理论，就没有革命的运动。"没有适合中国土壤、具有中国智慧的教育理论，就不可能为未来的中国教育改革提供有效的指导。我们的教育要向"中国创造"飞跃，必然要首先创造属于我们自己的教育理论，而不是"言必称希腊"或者老是贩卖欧美的教育理论。170 多年前，美国思想家、诗人爱默生发表了著名演说《美国学者》，号召美国知识界："我们依赖旁人的日子，我们师从他国的长期学徒期时代即将结束。在我们周围，有成百上千万的青年正在走向生活，他们不能老是依赖外国学识的残余来获得营养。"由此，美国迈入精神立国阶段。

如今，我们也面临与爱默生同样的情形。随着我国 GDP 已从世界第二向第一迈进，我们要自觉养成强烈的"中国意识"，独立的中国文化品格，并由此去环视世界，去改造本土实践，去创造属于我们自己的精神养料——这在教育界显得尤为紧迫。"教育家成长丛书"，旨在把我们本土教育实践中蕴含的中国智慧提炼出来，从而形成具有时代意义的中国特色的教育话语体系，再以此去观照、引领、改造中国的教育实践，为伟大的教育改革提供经验、理论支持，也为未来的教育家提供丰富、可资借鉴的精神养料。

让我们为中国教育的伟大未来一起努力吧！

2018 年 3 月 9 日

前 言

　　见证着中国基础教育半个世纪的春华秋实，代表着中国基础教育教学成果的最高成就——"首届基础教育国家级教学成果奖"，闪耀着李吉林、窦桂梅、吴正宪、张思明、洪宗礼、唐江澎、邱学华、于永正、孙双金、薄俊生、龚春燕等一大批优秀教师的名字。而上述这些教师杰出代表恰恰都是《人民教育》"名师人生"栏目中最受读者喜爱的名师，都是"教育家成长丛书"的作者。

　　"教育家成长丛书"（以下简称"丛书"），是在第 20 个教师节前夕，为了研究、总结、宣传和推广我国众多优秀中小学教师的先进教育思想和鲜活宝贵的教育教学经验，培养造就一大批德才兼备的优秀教师和杰出的教育家，促进教师队伍整体素质的提高，根据教育部党组安排，由师范教育司组织编写的一套凝聚着一大批教育家成长智慧的大型教育丛书。

　　"丛书"自 2006 年问世以来，不但得到国务院和教育部领导同志的高度重视，而且先后印刷多次尚不能满足广大读者的需求。这其中的奥秘何在？

　　当你翻开"丛书"，每一部著作都讲述着一位教育家成长的故事。这些著作主要从"成长历程""思想概述""课堂实录"和"社会反响"等方面全景式反映其教育思想、教育智慧、专业精神和专业人格的形成过程与教学实践过程。这是教育家成长的基本素质所在。

　　当你沿着教育家成长的足迹走近他们的时候，你会融入这些带有"草根色彩"、扎根中华教育实践大地、充满田野芳香的真实感人的教育故事中。

当你从"丛书"中，从这些当年和自己一样的普通教师，成长为今天受人尊敬的教育家的成长过程中受到启迪，当你触摸着自己的心，把学生的成长和祖国的未来紧紧连在一起的时候，你会真切地感受到教育家离我们并不遥远。

当你用整个身心蘸着自己的生活积累去品味"丛书"中的每一部著作的"成长历程"时，在一位位名师不断学习、不断超越自我、不断超越学科教学的求索足迹中，你会读懂"教育是事业，其意义在于奉献"的丰富内涵。

当你研读"丛书"中的每一部著作的"思想概述"，和每一位名师展开心灵对话的时候，都会深深地感受到，一名教师对教育独立的理解与执着的追求有多么重要。从一名普通的教师成长为受人尊敬的教育家的过程中，你会读懂"教育是科学，其价值在于求真"的深刻含义。透过"丛书"，你会看到一代代教师用爱与智慧塑造民族未来的教育理想。

随着我们从"知识核心时代"走向"核心素养时代"，教师教育教学活动的视野已拓展到人的生存与发展的方方面面。教师要结合自己的教学实践去感悟"教育理念是指导教育行为的思想观念和精神追求"，应该把爱化为自己的教育行为，让爱充盈课堂，触摸到一个个灵动的生命，让爱产生智慧，让爱与智慧在学生心中留下岁月抹不去的美好回忆，让教育者和受教育者都感受到教育的幸福。这是"丛书"给我们的启示，也是每位教师应有的胸怀和视野。

时代呼唤教育家。为了进一步把我们本土教育实践中蕴含的中国智慧提炼出来，从而形成具有时代意义的中国特色的教育话语体系，以此去观照、引领、创新中国的教育实践并在更大范围加以推广，"丛书"将由中国教育报刊社人民教育家研究院继续组织编写，希望能够在更广大教师的心田中播种教育家成长的智慧，从而出更多的名师，育更多的英才，成就中华民族复兴的伟业。这是时代赋予广大教育工作者的神圣使命。如果广大教师能在每位教育家成长、探索教育智慧的过程中受到启迪，形成自己的教育智慧，则实现了我们编辑这套"丛书"的初衷。

"教育家成长丛书"
编委会
2018 年 3 月

目 录
CONTENTS
韩立福与学本课堂

社会评价和反响

致实践者

我的学本课堂
研究之路

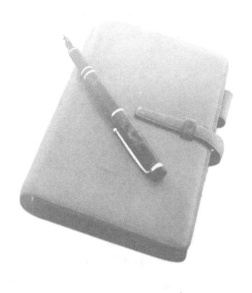

约 35 年前，我在乡村学校当上了小学语文、数学教师，转年又开始任初中语文、数学教师，每天认真备课，激情上课，与年龄相仿的初中生共同学习和生活。由于身处偏僻农村，他们深受传统文化"读书做官论"的影响，与家庭生活贫困的穷孩子们一起向往着"出人头地"。当时，我不知道先进的教学理念、教学方法，只是先备教材知识，然后模仿优秀教师勤奋的讲课，唯一的法宝就是"激情忽悠"学生，在教学过程中经常激发他们的学习兴趣和热情，介绍"世外桃源"般的城市生活，展望美好的非农村生活，描绘他们未来的幸福人生。那时候，这些农村学生入神地倾听着。从此很多学生都向往着美好的未来幸福人生而努力，实现了"个体学习愿景化"。后来，这个班级的穷娃子 70% 的考上了大学、中专。其中，有一个叫陈志光的学生当时倾听得最投入、表情最凝重，后来他经过努力考上了中国人民大学的经济学博士，当上了大学教授。他在人大读书时，特意来看我说："韩老师，您最成功的教育方法有二：一是激情鼓励法，面对不同层次的学生都不断地激励、鼓励，给予学生精神力量；二是行为示范，自己带头努力学习，现身说法，给学生做出示范和榜样。"

如何让所有学生都能取得好成绩？如何让所有学生都能获得黄金般的素质？如何让所有学生都能拥有幸福人生？当时我就开始了朦胧地思考和探索，由于十分缺乏教育理论知识，我只是肤浅地理解和认识教育，不能解决像"哥德巴赫"般的教育难题。经过几年的中小学教学实践，我由不喜欢教育，到内心热爱教育，后开始探索和研究教育。在我最困惑的时候，我最初任教的学校的鲍玉龙校长语重心长地对我说："您这种研究的想法很好，但是您太年轻了，教育研究需要宽厚的教育理论知识和较强的教育研究能力。您现在的目标应该是系统地学习。"从此我便开始了漫长的求学生涯，修完本科教育专业、硕士教育专业、博士教育专业。为真正从事教育研究奠定了基础，尤其是教育学博士毕业后我才正式开始走上了专业化教育研究的征程。回首前半生，用三个"十"来概括：第一个十来年用来进行教育实践研究；第二个十来年用来进行教育理论研究；第三个十来年用来进行教育理论与实践相结合的综合性行动研究。每个阶段都付出了艰辛的劳动和心血，第一阶段盲目研究，走了很多弯路，付出了一定心血；第二阶段理论研究，建构了扎实的理论体系，也付出了一定汗水；第三阶段行动研究，走进了 500 多所学校，观课指导了 6 600 多节中小学课，深刻分析了传统教育的弊端，发现和建构了学本教育，实现了从教本教育研究向学本教育研究的转型研究，这也是我个人教育研究的成熟期。

随着我对教育研究的不断深入，一个多年追求的"教育家梦想"也逐步成熟起来，不再把教育教学研究滞留在"工作"的层面，而把新课程有效教学研究当成一项伟大的事业来追求。2012 年后，随着对课堂研究的逐步深入，我对教育改革、课堂改革的理解也不断加深，逐渐把"教育""课堂"和"国家"三个概念结合起来思考和研究，深刻认识到"今日课堂明日国家"，只有在学本教育视野下创建学本课堂，才能培养出具有创新意识和实践能力的国家所需的杰出性人才。由此，我的"课堂强国梦"日益强烈，从学本教育实践中开始进入了"课堂强国"的梦境。

一、教育家梦：从有效教学研究中起步

由于出身背景和成长的时代环境的原因，我从小就隐隐约约地形成了"读书做官"的强烈意识和"精忠报国"的强烈愿望。这也许是 20 世纪五六十年代人的普遍心理。博士毕业后，我开始从事教育教学研究。正值赶上了全国范围内的第一轮基础教育课程改革，我便积极投身到中小学课程改革的大潮中。由原来的教育督导与评价研究，努力转向了课堂教学研究，开始认真研究《走进新课程——与课程实施者对话》（北京师范大学出版社）以及相关资料。通过系统学习和研究，掌握了基础教育课程改革的基本理念、改革目标、具体改革方法和要求。从此我开始了十多年的中小学课堂教学改革指导与研究生涯，由好奇到喜欢，再到专注投身于教学改革事业，最后到了不能自拔的境界。由没有梦想到产生梦想。正如列奥纳多·达·芬奇所说："对某事物的爱好产生于对该事物的理解，理解得越透彻，爱得越炽热。"最后，到了现在这种着迷、依恋和忘我的研究状态和境界。

随着课堂教学研究的不断深入，我逐渐产生了一个大胆的梦想，既然从事了教育家的工作，何不成长为教育家呢！从此我开始了追求教育家的梦想之路。但是，此梦非比他梦，因为不是空想的梦想，而是现实的真梦。在此过程中遇到了无数次的挑战和刺激，然而，每次挑战和刺激都使我更加坚定信心，促使我不断地挑战和超越，积极去研究那些有价值的有针对性的问题，从而实现理论与实践研究的对接和优化，进而实现理论研究价值和实践研究价值的有效结合与突破。曾有人问我："您现在取得这么大的成就了，是什么样的课程改革专家？您是怎么走过来的？"我回答说："我是素质教育信念坚定的，孜孜不倦研究、锲而不舍、百折不挠的指导学校课程改革的一位专家。""我是每天在传统教育观念与现代教育理念的冲突中，传递课程改革精神，捍卫国家意志，引领教师走向课程改革的一位专家。""我是通过多年研究创造出一整套行动策略体系，能够给我们广大一线教师提供有效、便捷、有价值的课程改革操作抓手的一位专家"。可以说，每一次培训和指导的"尴尬遭遇"，都成为我向前研究新课程有效教学的动力，这些"尴尬遭遇"促成我今天的收获和成就。

回首往事，概括起来，我的有效教学研究之路大体分四个阶段。

一是艰难探索期，时间为 2003 年秋至 2008 年末，通过多元途径，深入中小学指导新课程课堂教学改革，经过多年研究，于 2006 年提出了符合新课程改革理论的"问题评价"教学法，出版了《新课程有效课堂教学行动策略》。

二是研究突破期，时间为 2009 年初至 2011 年初，在深入研究和指导中小学课堂教研的基础上，创新性地建构了符合素质教育思想、新课程理念的"先学后导—问题评价"（FFS）有效教学法。

三是研究成熟期，时间为 2011 年初至 2013 年初，在持续指导和研究的基础上，全面梳理我的教育观念、教学理念以及富有特色的行动策略体系，2012 年初在首都师范大学出版社出版了《韩立福：有效教学法》。这是我十多年研究成果的一个集中反映，标志着我所倡导的知识建构型有效教学研究有了一个系统的提炼和提升。

四是品质提升期，时间为 2013 年初至今。这期间主要是采用韩氏有效教学法指导中小学课堂改革，在实验学校创建学本课堂。随着课堂教学研究的不断深入，"学本课堂"的概念逐渐清晰，"学本课堂"创建体系逐步完善，"学本教育"的观点逐渐形成，"学本教育"的思想理论逐渐成熟。

（一）艰难探索期——提出"问题评价"教学模式

相关资料

我的"尴尬"故事

讲授传统教学五环节模式弊端遭起哄

时间：2003 年下半年

地点：北京师范大学英语系三楼会议室

活动事由：我以北京师范大学教育管理学院外聘教师的身份给辽宁省某市骨干教师培训班上课，报告主题是"新课程教学评价方法与策略创新"。

故事经过：当我讲到传统课堂教学的五环节教学模式的弊端时，有一位年长的老校长发起质问说："这是我们老祖宗留下的教学法，培养了无数个大学生，不用这个五环节教学法，用什么教学法？"当时，我用新课程理念和方法解释和讲解都无济于事，因为其他学员也开始"起哄"了。后来，因为我的讲授触动了部分学员的保守想法和传统意志，抨击了传统教学观念（当时人们的传统教育观念相当浓厚），之后学员反馈到北京师范大学教育管理学院，从此我也失去了在北京师范大学教育管理学院讲课的机会。这是我第一次受到严峻而无法辩解的挑战，从此我奋发研究传统课堂结构和流程，提出了符合新课程理念的"问题评价教学法"，其中系统设计24步行动操作体系，深受一线从事课程改革教师的欢迎，《新课程有效课堂教学行动策略》（首都师范大学出版社出版）一书曾热销60多万册。

2001年初，自全国实施新课程改革以来，我热衷于研究新课程教学评价改革，探索通过课堂教学评价来实现新课程课堂教学改革和促进教师专业发展，于是，我潜心研究新课程教学评价理论和实践，认真学习和反复研读《走进新课程——与课程实施者对话》，并争取一切时间和机会，深入课堂教学，研究如何听课和评课以及培训新课程教师。我主要借助于联合国儿基会"爱生学校"项目、英特尔教育评估项目、中央教育科学研究所所级课题"新课程有效课堂教学行动策略研究"和全国教育科学"十一五"规划教育部规划课题"有效教学的行动策略研究"等项目、课题作为研究载体，在院几任领导、全规办领导以及科研部门领导的大力支持下，开展了新课程有效教学研究，在理论层面和实践层面上均取得了显著成就，形成了科学化、系统化、结构化的理论体系和具有操作性的行动策略体系。

这个时期的新课程有效教学研究，在理论上主要是对赫尔巴特、凯勒夫、杜威、布鲁姆、加涅等教育家的课堂教学模式、流程进行横向和纵向研究，针对传统教学五步教学法的弊端，结合新课程课堂教学改革实践，提出了"问题—评价"教学模式。这也是2003年我在北京师范大学第一次发生讲课"尴尬"事件后，对传统五步教学法的创新，也是我苦思冥想、刻苦研究的理论成果。最大突破是由教师主导的

行为流程转向"师生合学"的要素流程。针对传统"五步",提出新的"五要素",即"问题呈现""对话交流""情境刺激""科学指导""全面评价",具体内容见《新课程有效课堂教学行动策略》(首都师范大学出版社)一书。我认为新课程有效课堂教学实施的一般步骤,是"问题呈现""对话交流""情境刺激""科学指导""全面评价"等五要素的呈现,可以视为五个步骤,其五个步骤之间,并不是完全独立的,而是相互作用、彼此包含与相互融合的关系。"对话交流"是贯穿有效课堂教学的全过程,每一个步骤都离不开"对话交流";而"对话交流"中又包含着"科学指导"和"全面评价";"情境刺激"也包含着"科学指导"和"全面评价";"问题呈现"也是随着问题解决的不断深化,而在其他步骤中不断提出新的问题;等等。其中,创新性步骤,是从基本步骤中创生及衍生出来的变式后的模式,保留基本步骤的真实含义,在此基础上虚拟出的创新性实施步骤。

　　教师可根据教学实际需要大胆创新,积极实践,创新出符合自己教学风格的基本步骤和创新性步骤,做到天天有新的创意,课课有新的模式。只有将"五要素"有机结合起来,才能达到建构新课程有效课堂教学的比较理想的实施效果。

　　2007—2008年,新课程有效教学研究进一步深入基层学校,为了更好地推动新课程有效教学研究,在"问题—评价"教学模式基础上提出了"五化四点一平台"[①]的教师推动模式,使课堂教学改革与教师专业发展密切结合起来,开始关注教师行动策略和学生行动策略研究。我认识到课堂教学改革不是教师行为转变的简单过程,还需要学生学习观念和学习行为方式的转变。观念转变和行为转变是第一步,更需要各种各样的行动策略支持。因此,我提出有效教师"五化",即备课生活化、知识问题化、问题能力化、训练课堂化和过程体验化;又提出了学生"五化",即预习结构化、学习责任化、评价多元化、时间效益化和记忆高效化。在当时,感觉很有价值,但是现在来看,显得如此简单。但是,这些简单的研究成果为日后开发和研制

---

　　① "五化四点一平台":是从教师和学生角度对如何进行新课程有效教学而提出的操作要求。从教师角度提出"五化",即"备课生活化""知识问题化""问题能力化""训练课堂化""过程体验化";"四点",即"态度""知识""细节""智慧"。从学生角度提出"五化",即"预习结构化""学习责任化""评价多元化""时间效益化""记忆高效化";"四点",即"愿景""策略""回归""坚持"。"一平台"是指教师和学生共同拥有的一个平台,就是"课堂教学研究",通过"课堂教学研究"促进教师专业化和学生成长。

课前、课中和课后新课程有效教学行动策略以及培养学生新十大学习能力和教师三大导学能力奠定了坚实的基础。

"五化四点一平台"的教师推动模式是一个辅助模式，属于基于"问题评价"教学模式的外围式、拓展性的操作化模式，明确指出了教师要实施"问题评价"教学模式，如果要取得理想效果，教师和学生分别必须做到"五化四点"，尤其是教师要把研究重心放在课堂教学研究上，指出课堂教学是促进教师专业化成长的最好平台。同时，其指出新课程有效教学取得好的成就，不是教师单方面的工作，还需要学生转变学习观念、方式，讲究科学的学习方法，提高时间效益，提高学习能力，培养良好的有效学习习惯，才能使教育质量实现最大化。

从现在的视角进行自我评价，这一时期有效教学的研究还局限在单一新授课课型的范畴，虽然是研究新课程有效教学，但还是没有跳出以教师教学为本的传统教学视域，只是研究在单一课型下如何体现新课程理念，如何提高教育质量，让学生学得更好，让教师教得更好。但其已经指向了对教师专业发展和学生终身学习能力的关注。这个时期研究的创新点有以下方面。

其一，创新性地提出"问题评价"教学模式及具体操作的"二十步"行动步骤，本模式在视野上超越了单一课型的流程模式，体现了涵盖课前、课中、课后的大教学观。本模式的"二十步"行动步骤深刻地体现了问题教学思想和新课程理念，为一线教师提供了一个完整的行动体系。

其二，将新课程理念所倡导的自主合作探究学习新要素、新理念融进"新授课"课堂，如自主学习、合作探究、师生对话、科学评价等。

其三，将原来教师主导的行为流程创新为"师生合学"的要素流程，创新流程话语，体现"师生合学"思想。针对传统"五步"，提出新的"五要素"，即"问题呈现""对话交流""情境刺激""科学指导""全面评价"。

其四，将"问题"要素引进教学过程中，设置"问题评价表"，引导学生发现问题，为教师预设问题和课堂解决问题，实现教学目标，提供重要的"问题"资源。

其五，创新性地提出了备课生活化、知识问题化、预习结构化等体现先进教育思想的核心概念及操作策略。

本模式在新课程改革初期是相对先进的教学模式，《新课程有效课堂教学行动策略》一书是畅销书，发行量超过 80 万册。从现在来看，当时的研究还是没有完全超

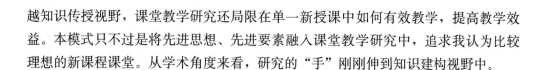

越知识传授视野，课堂教学研究还局限在单一新授课中如何有效教学，提高教学效益。本模式只不过是将先进思想、先进要素融入课堂教学研究中，追求我认为比较理想的新课程课堂。从学术角度来看，研究的"手"刚刚伸到知识建构视野中。

（二）研究突破期——发明"先学后导—问题评价"（FFS）有效教学模式

2009—2010年，我针对传统教学"先教后学""先学后教"的过程思维和无问题教学等严重弊端，在"问题评价"教学模式基础上，经过多次试验研究，探索性地提出了"先学后导—问题评价"有效教学模式，该模式是以问题发现、生成、解决为主线的评价性学习，所以，又称之为FFS教学模式（取"发现""生成""解决"三个英文单词的首字母）。其创新性地提出了"课型创新理论""学生结构化预习理论""教师结构化备课理论""新型小组合作学习机制理论"以及涵盖课前、课中、课后全过程的"行动策略体系"。相关研究成果见《知识建构性视野下的有效备课》《知识建构性视野下的有效上课》和《知识建构性视野下的有效评课》（东北师范大学出版社）三本书中。2010年后，我重点厘清了"教"的课堂教学向"学"的课堂教学发展的转型思路，认为实现转型的四条最基本途径是"教学内涵将由知识讲授走向问题学习""组织形式将由舞台式管理型教学走向小组合作团队学习""教学思维将由先教后学走向先学后导""教师角色将由身转向心转深度转型"，在概念、模式、课型、组织和策略等五个方面进行了全面而系统的创新和重构。

后来，又经过反复研究和探索，依据素质教育理论、新课程理念、建构主义学习理论、多元智力理论、后现代教育思想等，结合中国教育传统文化和中小学课堂教学改革实际，成功探索并创新性地提出了符合我国素质教育思想、新课程理念的"先学后导—问题评价"有效教学模式。2009年，在《教育理论与实践》（第4期）上发表了《论"先学后导—问题评价"教学模式——一种具有操作性的新课程"FFS"教学模式》，该文已经被《新华文摘》（2009年第16期）"论点摘编"转载。这个时期的研究创新点体现在以下方面。

1. 理论创新

科学提出了"先学后导""问题评价"等两个核心概念，系统建构了"先学后导—问题评价"（FFS）有效教学模式的结构框架体系。

2. 课型创新

在课型研究方面，对现行"自习课""新授课""复习课"等课型进行了创新和调整，提出了"问题发现课""问题生成课""问题解决课"和"综合解决课"，并明确了各种课型的要素流程。课型调整不影响学校现有教学制度，调整权利放给任课教师，在规定的教学时数内根据教学需要自行选择与安排。这种将研究视野由单一课型拓展到的多元课型，是基于FFS教学模式的核心要素和问题学习特征而开发和设立的新课程，目的是更好地完成教学任务，实现教学目标，为培养学生发现问题、生成问题、解决问题的能力搭建宽广平台。

3. 教师行为创新

提出"师生共备""师生共学""师生共省"的新思维。从备课的操作层面上提出教师应由粗放式教学变为精细化教学；由经验式教学变为科学化教学。要按单元或主题备课，提倡备课生活化理念，要求教师在工作生活中长期积累课程资源，对所承担的教学任务进行长期备课。概括起来称为"一夹一案三单"："一夹"是指一个主题或单元内容创建一个备课文件夹；"一案"是指一个主题或单元内容设计一个完整教案；"三单"是指教师围绕一个主题或单元内容研发"问题发现单""问题生成单"和"问题训练单"。

4. 学生行为

在学生操作层面上，教师要帮助学生转变学习方式，构建学习愿景，学习自主合作探究学习的方法，接受"先学后导、问题评价"教学思想，具体贯彻"预习结构化""学习责任化""评价多元化""时间效益化"和"记忆高效化"的行动理念。

课前，努力使学生由被动性学习转变为主动性学习，逐步使学生学会依据文本内容，通过自主学习发现问题、生成问题。学生在教师指导下能够根据教学目标和要求，对学习内容事先进行结构化预习，人人完成"问题发现单"，并及时评价预习效果。

课中，使学生等待式学习转变为体验式学习，让学生人人参与到学习活动中，"启开学生嘴，让他们说起来，动起来，活起来"，让学生积极配合教师和同学投入到有效学习中，积极完成"问题生成单"和"问题训练单"。

课后，学生在教师指导下，遵循"三、七、十五有效复习法则"，按时进行回归性复习，巩固学习效果，促进学业成绩持续提高。

5. 实践指导

这期间主要指导的地区有：山东省枣庄市市中区教育局，内蒙古自治区赤峰市翁牛特旗教育局，甘肃省陇南地区礼县教育局，陕西省宝鸡市教育局，安徽省霍山县教育局，内蒙古自治区通辽市奈曼旗教育局、库伦旗教育局、科左后旗教育局、科左中旗教育局。

指导的中小学校有：河北省鹿泉第一中学、四川省棠湖中学、江苏省沭阳中学、湖北省枝江第一中学、内蒙古自治区赤峰学院附属中学、内蒙古自治区赤峰市乌丹第五中学、山东省枣庄市第十三中学、安徽省霍山县文峰中学、江苏省徐州市潘塘中学、山东省济阳县竞业园学校、江苏省南闸中学、内蒙古自治区赤峰市平庄中学、山东省聊城市莘县实验初中、山东省聊城市莘县妹冢中学、内蒙古自治区奈曼旗青龙山中学、内蒙古自治区科左中旗宝龙山初中、内蒙古自治区科左中旗花加拉古中学等；山东省枣庄市红旗小学、广东省广州市颐和实验学校、北京市周口店中心小学、深圳市南山区阳光小学、安徽省霍山县城关小学、内蒙古自治区奈曼旗第四小学、内蒙古自治区奈曼旗青龙山小学。

本阶段是基于"先学后导—问题评价"（FFS）有效教学模式，开展系统的实践研究，丰实和孕育了《韩立福：有效教学法》。

相关资料

论"先学后导—问题评价"有效教学模式

——兼论一种具有操作性的新课程 FFS 教学模式[①]

中央教育科学研究所　韩立福

【内容摘要】"先学后导—问题评价"教学模式是以问题发现生成解决为主线，以问题评价为手段、以任务驱动为问题解决途径的有效教学模式。旨在教师指导下使学生和教师以问题发现为主线进行评价性的自主合作学习，对生成问题进行互导性的合作探究学习，在此基础上进行以任务驱动为载体的问题探究学习。本模式运行要求课型、教师角色、学生角色相应地发生变化：一是课型创新为"问题发现课"

---

① 中央教育科学研究所"新课程有效课堂教学行动策略研究"课题的阶段性研究成果。

"问题生成课""问题解决课"和"综合解决课"等;二是教师角色转型为问题发现者、学习活动设计者、学生有效学习的服务者等;三是学生学习方式变化为自主合作探究学习,学生角色转变为课前主动学习者、课中体验学习者、课后回归学习者。

【关键词】先学后导;问题评价;自主合作;探究训练;全面发展

何谓有效教学?有效教学能否有一种最适用的教学模式?这些问题一直在困扰着教育研究者。自2006年以来,中央教育科学研究所"新课程有效课堂教学行动策略研究"课题组,在新课程教学改革新视野下,开展有效教学的理论研究和实践探索。经过两年多的实践研究初步探索了符合新课程教学改革理念的有效教学模式。本课题研究的重大突破是研究视阈由"知识传授型"教学范式转向"知识建构型"教学范式,在"知识建构型"理论视野下,创新性地建构的"有效教学"基本理论,重新界定了"有效教学"的概念。认为"有效教学"是指教师指导下创建学习共同体,使学生学会自主合作探究学习,单位时间内提高学习绩效,全面实现课程目标,有效促进学生全面发展和教师专业成长的学习过程。这里的"有效教学"是个大概念,包括有效备课、有效上课、有效拓展和有效评价。认为"有效教学"不仅是一个教学活动,更是一个持续发展的、高质量的合作学习过程。其核心理念是"以学生发展为中心、先学后导、全面发展"。经过深刻分析"知识传授型"教学的"先教后学"特征弊端,结合学生发展、教师成长需要,提出了"先学后导—问题评价"教学模式,创新性地采用了小组合作学习的教学组织形式。在山东省枣庄市市中区、广州颐和实验学校和内蒙古自治区乌丹五中等实验学校进行的实验研究取得了实质性进展,收到了令教师和学生以及家长满意的实验效果。

一、两种范式分析

"知识传授型"教学过分强调教师课堂讲授行为和传授知识的艺术性研究,轻视了学生主体的学习责任、学习方法和学习质量的有效性。久而久之,容易导致教师在课堂教学中变得相对积极主动,而学生学习变得被动消极,便养成了"教师推着学生走"的被动学习习惯,逐步使教师和学生形成了一个"教学是教师讲学生听或先听教师讲解学生后做练习"的习惯思维。从行为特征上,可以概括为"先教后学"。这种教学经过代代相传,"知识传授型"教学活动就走进了一种相对稳定的"先教后学"型教学范式。这种教学范式的优点很多,大规模授课,如果学习者有浓厚的学习兴趣和迫切需要,那么,单位时间内学习效益是很高的。但是,也有致命的弱点，这种教学范式，最终将导致教书匠式的、经验型的"勤"教师和真正意义上的懒学生。因为忽视了学生发现问题、分析问题、解决问题的兴趣、过程和方法，无论学习多少年，始终使学生没有学会发现问题、思考问题，没有学会自主学习，学生最终失去的便是终身学习能力。

"知识建构型"教学是基于建构主义知识观、教学观和学习观的教学类型，建构主义理论认为"学习是一种能动的活动，决不是教师片面灌输的被动的活动"，"知识"并不是靠教师传递的，而是学习者自身主动建构的。要求学生自主学习、主动学习、合作学习和探究性学习。强调学生学习过程是自主建构的过程，教师在适当情境下给予智慧型指导和帮助。那么，如何创建"知识建构型"有效教学？笔者认为关键是把握两点：一是教师角色要发生本质性转变，由知识传授者转变为学生学习的指导者、合作者、促进者和研究者；二是在教与学行为方式上，教师要发生根本性转变，由"先教后学"走向"先学后导"，逐步建立"先学后导"教学思维，构建"先学后导"教学范式。在课堂教学中，培养具有反思型、智慧型的"懒"教师和善于自主合作探究学习的勤学生，使学生学会发现问题、分析问题和解决问题，学会自主学习，养成自主学习的习惯，最终要培养学生终身学习的能力。

二、核心概念提出

本模式中的核心概念是"先学后导""问题评价"。"先学后导"概念是在"知识建构型"视野下针对"知识传授型"视野中的"先教后学"提出来的新概念；"问题评价"是针对"知识传授型"视野中的忽视问题解决教学提出来的新概念。本模式的提出是基于建构主义理论，依据新课程理念，结合月前我国课堂教学实际进行总结性研究而提炼出来的，是一种适合我国中小学课堂教学的、具有可操作性的新课程有效教学模式。

"先学后导"是符合建构主义教学思想的行动话语，对教师教学行为的转变提出了新的行动要求，期望教师和学生逐步建立这种教学思维。行动要求：教师要充分相信学生的潜能，在教师智慧型引导下让学生进行自主合作探究学习，始终鼓励学生要自主发现问题、分析问题和解决问题，对那些合作解决不了的问题，教师或学生要给予规范而科学的指导。这里的"学"，有两层含义：一是要求教师事先对文本知识进行结构化学习，对课程和学生做出科学分析和问题预设，深度开发相应的学习工具，选择适当时机支持学生进行有效学习；二是要求学生课前对文本知识进行结构化预习，对课程内容尽可能做出结构化分析和问题预设，围绕"概念性问题""原理性问题""习题性问题"和"拓展性问题"进行自主合作探究学习。这里的"导"，是指对学生自主合作解决而尚未解决的问题进行指导，具体有三层含义："师生互导""生生相导"和"生本联导"。

"问题评价"，符合建构主义学习理论和问题教学思想的行动话语，对教师"教"的行为和学生"学"的行为以及学习方式转变，提出了新的要求，期望教师和学生逐步建立这种"问题评价"的学习思维。教师和学生对文本知识的结构化学习，要本着如何发现问题、分析问题、解决问题的线索来展开，同时要在问题发现、问题分析、问题解决、问题拓展等各个阶段都要嵌入评价，保障教师和学生的问题生成质量以及问题解决的质量。

三、模式框架

"先学后导—问题评价"教学模式的基本含义就是要实现以问题为主线、以评价为手段、以任务驱动为途径的有效教学。"以问题为主线"就是将文本知识问题化，为知识转化为能力搭建"桥梁"，经过问题发现、问题生成、问题解决三个阶段的学习，使学生掌握文本内容的基本知识与技能；"以评价为手段"就是在三个阶段学习过程中对学习效果和过程不断进行反思性的、多元化的评价，达到巩固和强化知识、技能，感悟知识，提升意义的目的；"以任务驱动为途径"就是在三个阶段采用不同的教学工具，使全体学生在任务驱动下实现人人学习，全员完成学习任务，实现课程目标。"先学后导—问题评价"有效教学模式是一个贯穿教学过程的综合性教学模式，可以说是中观层面的教学模式，主要适合单元教学和主题教学。即使一种适应课堂教学的"教"的模式，也是一种适合学生自主合作探究学习的"学"的模式。从操作层面上看，文本知识的教与学过程分"问题发现""问题生成""问题解决"三个阶段来进行，把教学过程简单概括为"问题发现＋问题生成＋问题解决"教学模式（分别取"发现""生成""解决"三个英语单词的首字母组成"FFS"），简称为FFS教学模式，可以理解为"先学后导—问题评价"有效教学模式的操作模式。

该模式主要包括"问题发现""问题生成""问题解决"三个要素，教师和学生要树立这种要素意识，体现在教与学的过程中。也可以称基本的三个操作性行动，各行动的主要任务描述如下。

"问题发现"主要是通过"师生共备"来发现文本问题。具体是指教师结构化备课和学生结构化预习中，根据知识技能，过程方法，情感、态度与价值观目标去发

现文本问题，学生将通过结构化预习中发现的尚未解决问题提交给学科教师，教师将学生未知问题作为重要课程资源融合到结构化备课中。学生使用"问题发现单"，系统整理自己所发现的概念性问题、原理性问题、习题性问题和拓展性问题，通过自我评价解决后，对尚未解决的问题，经过学习小组合作提炼后提交给学科教师。这一行动可在课前或课中实施，旨在让学生自主发现问题，培养自主合作探究学习能力，逐步养成结构化预习的好习惯。

"问题生成"主要是通过"师生共学"的课堂教学来体现，针对发现问题进行深度学习、对话、思考、评价后生成新问题。问题生成方式为自我生成、合作生成等。具体操作方式有两种：一是教师在结构化备课中根据课程标准、教学目标和"学生问题单"内容，生成文本所要进一步解决的问题，要设计面向全体学生学习的"问题生成单"，并在课堂教学中安排适当时间要求学生通过对话和训练来完成；二是学生以小组为单位生成问题，通过对话、展示、辅导、评价等方式来解决问题。这一行动主要是在"问题生成课"实施，也可以在课前结构化预习中生成。本要素旨在实现有效知识迁移，让学生通过自主、合作学习进一步学会发现问题，培养自主合作探究学习意识，提高分析问题、探究问题和解决问题能力。

"问题解决"主要是通过"师生共学"的课堂教学来体现，针对"问题生成课"发现的新问题进行深度学习、训练和评价，使文本课程的深层问题得到有效解决。问题解决方式主要是通过多元化训练来实施，要求学科教师在结构化备课中精心设计和开发"问题训练单"，并在课堂教学中安排适当时间要求学生通过多元化训练来完成。这一行动主要是在"问题解决课"实施，旨在让学生通过多元化训练，培养单位时间内的有效学习意识和效益意识，提高分析问题和解决问题能力。

上述三个要素如何得到有效体现，可根据具体的文本内容、课型特点和实际教学需要来设计，对容量小的教学内容，可以在一节"综合解决课"中体现三个要素；对容量中的教学内容，可以在两节课中体现三个要素；对容量大的教学内容，可以在三节课中体现三个要素。由此引发的主要变化是课型变化、教师角色和学生学习方式的变化。

四、与 FFS 教学模式相适应的课型变化

FFS 教学模式要求与之相适应的新型课型。在课型研究方面，对现行"自习课""新授课""复习课"等课型进行了创新和调整，提出了"问题发现课""问题生成课""问题解决课"和"问题综合解决课"。课型调整不影响学校现有教学制度，调整权利放给任课教师，在规定的教学时数内根据教学需要自行选择与安排。四种类型课的主要任务和流程描述如下。

"问题发现课"主要目的是学生在教师引导下，反复阅读、深入文本、感知内容、体验意义、发现问题，在发现问题的过程中，解决简单的和基本的问题，并把不能解决的问题或认为重要的问题，认真地、系统地填入"问题发现单"。为下一步的"问题生成课"做好准备。如果学生在课前有结构化预习的时间，能够通过自主学习，完成"问题发现单"，那么，这个"问题发现课"可以忽略。教师在"问题发现课"的角色是激发者、观察者、引导者、服务者，为学生问题生成创设有效情境，提供丰富的学习资源。学生角色主要是善于自主合作学习的主动者和责任者，教师对那些发现有价值问题的学生给予及时鼓励和奖励，从而培养学生发现问题的习惯，使学生带着问题去进行"问题生成课"的学习。基本流程如下。

创设情境，激发兴趣，呈现目标；（1～5 min）

自主学习，问题探究，合作讨论；（15～18 min）

问题发现，完成任务，小组评价；（10～12 min）

个性问题，小组解决，合作探究。（5～10 min）

"问题生成课"的主要目的是引导学生进一步发现问题、生成问题，实现知识迁移。在教师指导下，首先是学生带着结构化预习中发现的问题自主学习，评价"问题发现单"；其次，学习小组内合作交流，对个性问题进行有效评价、答疑解惑、二次生成小组共性问题；再次，小组间交流合作、排疑解难、系统思考、筛选组合，生成全班的共性问题，对于共性问题师生共同交流、评价、帮助来解决；最后，教师在适当时间内让学生完成"问题生成单"。教师在问题生成课的角色是激发者、观察者、引导者、督促者、鼓励者、服务者，为学生问题生成创设有效情境，提供丰富的学习资源。教师对那些提出有价值问题的学生给予及时鼓励和奖励，从而培养学生发现问题的习惯，使学生一直带着问题去学习。基本流程如下。

创设情境，激发兴趣，呈现目标；（1～3 min）

自主学习，问题探究，合作评价；（6～8 min）

个性问题，小组展示，规范指导；（10～12 min）

问题生成，小组解决，合作评价；（5～10 min）

共性问题，归纳总结，问题延伸。（2～5 min）

"问题解决课"的主要目的是进一步理解知识、巩固记忆、提升能力。教师首先，帮助学生创设情境，回顾问题，呈现问题；其次，对问题进行归纳和科学指导，在学生广泛占有学习资源的前提下和充分合作探究的基础上对问题进行有效评价和解决，进而对解决的问题再次系统归纳，指导学生有效记忆、占有知识；最后，对主要问题进行多元化训练，在规定时间内让学生完成"问题训练单"。教师依然是资源提供者、指导者和评价者，对于那些大胆解决问题，富有创造性思维的学生予以鼓励和奖励，从而培养学生的创造精神，提高学生解决问题的能力。基本流程如下。

自主学习，合作评价；（10～12 min）

小组讨论，生成问题；（5～8 min）

针对问题，有效指导；（3～5 min）

问题训练，知识迁移；（6～10 min）

问题评价，规范指导；（3～5 min）

归纳概括，提升意义。（2～5 min）

"综合解决课"的主要目的是让学生在单位时间内发现问题、生成问题、解决问题，提高学生分析问题、解决问题能力。"综合解决课"比较适合教学容量少的课程。主要由 3 部分组成，首先是教师指导下学生自主合作学习，发现个性问题，经过小组交流生成小组问题，教师直接参与各组学习活动，对重点问题进行有效指导；其次，教师组织学生进行问题训练，全面提升能力，对共性问题进行规范指导；最后，教师归纳问题，组织小组讨论，生成意义，拓展视野。基本流程如下。

创设情境，呈现目标，任务驱动；（1～3 min）

自主学习，生成问题，小组评价；（使用"问题生成单"）（5～10 min）

问题训练，提升能力，规范指导；（使用"问题训练单"）（5～8 min）

小组讨论，合作评价，拓展提高；（3～5 min）

问题归纳，知识概括，生成意义。（教师、学生均可实施）（3～5 min）

以上四种课型是在实验过程中，根据有效教学实际需要而逐步完善的。至于选择什么课型，没有严格的规定，学科教师要根据年级特征、教学内容、学科特点和学习任务来选择和创新具有学科特色的新课型，衡量创新的标准就是要看课堂教学效益是否得到明显提高。

五、与 FFS 教学模式相适应的教师角色变化

FFS 教学模式要求教师角色要实现根本性转变，从真正意义上，由课程复制者转变为课程开发的研究者；由知识讲授者转变为问题发现者；由知识抄写者转变为学习活动设计者；由课堂教学管理者转变为学生有效学习的服务者。教师在备课、上课、评课等不同环节的角色也将发生变化，教师备课不再是传统意义上的从教材到教案，而是"师生共备"；课堂教学过程不再是教师单向的知识传授和线性参与，而是"师生共学"；课后评价不再是教师层面的主观评价，而是"师生共省"。

FFS 教学模式一个贯穿教与学过程的操作性模式，主要适合单元教学和主题教学。要求教师在备课时按"问题发现课""问题生成课""问题解决课"和"问题综合解决课"的课型要求及流程来精心设计。尤其是在备课态度上需要教师用"心"备课，不仅备知识，还要备学法；不仅是过程设计，还要开发工具；不仅编写教案，还要创建教学文件夹。只有这样，才能满足 FFS 教学模式的有效实施。

从备课的操作层面上讲，教师由粗放式教学变为精细化教学；由经验式教学变为科学化教学。备课要按单元或主题备课，提倡备课生活化理念，要求教师在工作生活中长期积累课程资源，对所承担的教学任务要长期备课。概括起来称为"一夹一案三单"："一夹"是指一个主题或单元内容创建一个备课文件夹；"一案"是指一个主题或单元内容设计一个完整教案；"三单"是指教师围绕一个主题或单元内容研发"问题发现单""问题生成单"和"问题训练单"。其中"问题训练单"的研发和设计，要根据教学任务和课型需要研发"问题拓展课"中使用的"问题训练单（二）"内容。从备课过程来看，教师备课过程是一个发现问题、生成问题、解决问题的过程，也是教师自主学习，提升素质，促进教师专业发展的体验过程。

六、与 FFS 教学模式相适应的学生学习方式变化

FFS 教学模式是以建构主义为理论基础，主张"先学后导"教学思想，强调学生在自主合作探究学习过程中，发现问题，使知识问题化，继而使问题能力化，让学生在整个学习过程中得到体验。在学生操作层面上，教师要帮助学生转变学习方式，构建学习愿景，学习自主合作探究学习的方法，接受"先学后导—问题评价"教学思想，具体贯彻"预习结构化""学习责任化""评价多元化""时间效益化"和"记忆高效化"的行动理念。课前，努力使学生的被动性学习转变为主动性学习，逐步使学生学会依据文本内容，通过自主学习发现问题、生成问题。学生在教师指导

下能够根据教学目标和要求，对学习内容事先进行结构化预习，人人完成"问题发现单"，并及时评价预习效果；课中，使学生的等待式学习变为体验式学习，让学生人人参与到学习活动中，"启开学生嘴，让他们说起来，动起来，活起来"，让学生积极配合教师和同学投入到有效学习中来，积极完成"问题生成单"和"问题训练单"；课后，学生在教师指导下，遵循"三、七、十五有效复习法则"，按时进行回归性复习，巩固学习效果，促进学业成绩持续提高。

从实验情况来看，转变学生学习习惯、激发学习动力是我们要进一步研究的一个重要课题，为了尽快培养学生新型学习习惯，本课题采用行动研究，使理论下移，开放和设计了 20 多种使实验教师和学生接受的教学行动工具表。通过两年多的实验研究，学生学习方式转变难度不大，约有一个月，就能基本适应和实现转型。

七、FFS 教学模式的实验效果分析

从 FFS 教学模式实施进程来看，基本上分为两个阶段：开始阶段建构的是"教师支持型有效课堂教学"，在"问题发现"环节中，学生在教师指导下学会发现问题，完成"问题发现单"；在"问题生成"环节中，由教师提出问题，组织学生对话，并设计具有任务驱动性的"问题生成单"，让学生完成"问题生成单"；在"问题解决"环节中，由教师呈现问题、创设情境、规范指导、科学评价，组织学生训练问题，让学生完成事先设计的"问题训练单"。经过一段时间实施以后，教师和学生基本适应该模式，学生的自主合作探究学习意识得到调动，逐步养成了善于发现问题、生成问题、解决问题的学习习惯。这时便进入第二阶段，即"学生支持型有效课堂教学"。达到这个阶段以后，学生在真正意义上能够进行自主合作探究学习，不论哪个环节学生都能不完全依靠教师的监督和管理，自主、自觉、自愿地完成"问题发现单""问题生成单"和"问题训练单"，学科教师任务是提供有效课程资源，对于学生困惑的疑难问题提供高明的指导和服务，及时评价学生的学习表现和质量，提供有效的学习策略，帮助学生个性化发展。

经过两年多的实践研究和探索，山东省枣庄市、广州颐和实验学校和内蒙古自治区赤峰市乌丹第五中学等实验学校取得了实质性进展，收到了令教师和学生以及家长满意的实验效果，他们认为这是一种有较强的针对性、具有可操作性的新课程有效教学模式。以广州颐和实验学校为例，鲁珊老师执教的语文课，实施 3 个月后全班学生语文成绩由 77.78 分上升到 86.3 分，其中第六单元测试成绩与第二单元成

绩相比人均提高 8.52 分；标准分由 16.65 分下降至 8.22 分，充分表明学生差异正在逐步缩小。

广州市颐和学校语文单元测试成绩平均分提高情况

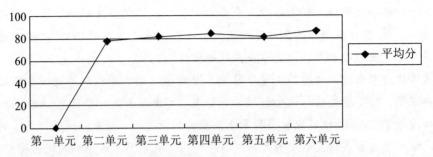

从实验效果来看，学生学习方式得到有效转变，学生学习能动性和积极性得到最大限度的提高，几乎每个学生都在积极主动学习，明显地缩小了学生之间的差异，大面积地提高了课堂教学效益。通过课堂观察看出，学生最大的变化是在真正地听、真正地思、真正地议、真正地做，学生在有效课堂中是真实、个性、活泼、有效的学习。最让人振奋的是，FFS 教学模式的实施，在课堂教学中让我们感悟到素质教育理念处处得到体现，课堂教学做到了面向全体，促进每个学生主动发展和全面发展。

（三）研究成熟期——梳理定格《韩立福：有效教学法》

自 2010 年下半年起，我在知识建构型视野下继续深度研究，提出了以学习者学习为本的学本课堂观点，并将课堂划分为"知识讲授型课堂""教师导学型课堂""问题导学型课堂""自我导学型课堂"四个发展阶段（《韩立福：有效教学法》第八章"方案设计"中提出课堂发展四阶段理论，并明确提出了学本课堂概念），提出课堂是动态发展的生命体的新观点，认为课堂将随着学生身心发展和认知发展而不断成熟和发展，前两阶段为教本课堂，后两阶段为学本课堂。"学本课堂"是指以学习者学习为本的课堂，学习者包括教师和学生以及直接参与者。在学本课堂视野下创新了一系列教与学理论，系统研发了课前、课中和课后阶段的一系列完整的导学策略和行动工具。2012 年出版了《韩立福：有效教学法》（首都师范大学出版社），为创建学本教育视野下的"问题导学型课堂"和"自我导学型课堂"提供了一个完整

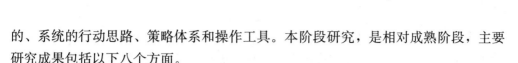

的、系统的行动思路、策略体系和操作工具。本阶段研究，是相对成熟阶段，主要研究成果包括以下八个方面。

1. 理论创新

在研究中，随着有效教学研究的不断深入，研究重心逐步从"教"的课堂走向"学"的课堂，一些基本概念和含义也逐步发生了变化，为了适应以"学"为中心的研究需要，在研究实践中逐步对"新课程有效教学""先学后导""问题评价""结构化预习"等四个概念进行了创新性的建构。

（1）"新课程有效教学"

对于"有效教学"内涵的理解，定位于"知识建构型"教学认识论基础上，在"知识建构型"教学范式的框架内进行建构。"新课程有效教学"是指在教师指导下创建学习共同体，使学生学会自主合作探究学习，单位时间内提高学习绩效，全面实现课程目标，有效促进学生全面发展和教师专业成长的学习过程。"有效教学"不仅是一个教学活动，更是一个持续发展的、高质量的合作学习过程。其核心理念是"以学生为中心，先学后导，全面发展"。"有效教学"的最终衡量的标准就是"学生成长"。①

（2）"先学后导"

"先学后导"是符合建构主义教学思想的行动话语，是针对传统教学"先教后学"提出的新思维，这里的"学"，有两层含义：一是要求教师事先对文本知识进行结构化备课，对课程和学生做出科学分析和问题预设，深度开发相应的学习工具，选择适当时机支持学生进行有效学习；二是要求学生课前对文本知识进行结构化预习，对课程内容尽可能做出结构化分析和问题发现，围绕"概念性问题""原理性问题""习题性问题"和"拓展性问题"进行自主合作探究学习。这里的"导"，是指对学生自主合作解决而尚未解决的问题，经过教师或学生整合优化后，进行合作指导的系统，具体的"导"有三层含义："生本联导""生生相导"和"师生互导"。绝对不能理解为学生先学教师后导。

（3）"问题评价"

"问题评价"是符合建构主义学习理论和问题教学思想的行动话语，是针对传统

---

① 钟启泉：《有效教学的最终标准是学生成长——"有效教学"研究的价值和展望》，中国教育报，2007-06-16(3).

教学无问题学习、缺乏评价学习而提出来的。引入这个概念对教师"教"的行为和学生"学"的行为以及学习方式转变，提出了新的要求，期望教师和学生逐步建立这种"问题评价"的学习思维。教师和学生对文本知识的结构化学习，要本着如何发现问题、分析问题、解决问题的线索来展开，同时要在问题发现、问题分析、问题解决、问题拓展等阶段都要嵌入评价，保障教师和学生的问题生成质量以及问题解决的质量。"问题评价"主要指的是一种学习方式，要求学生在学习过程中，以问题为主线、以评价为手段、以任务驱动为方法来进行自主合作探究学习。

（4）"结构化预习"

"结构化预习"是针对传统教学中轻视课前预习和简单化线性预习问题而提出来的一个新概念，旨在让学生在课前进行深度预习，真正意义上走进文本，实现与作者、文本、文本人物的三次对话。通过结构化预习，使学生初步达到基本（基础性）学习目标。经过一段时间的结构化预习，使学生学会发现问题、生成问题，逐步学会自主合作探究学习。这里指的结构化主要是根据"问题结构"提出来的，我们把"问题"在结构上分为"概念性问题""原理性问题""习题性问题"和"拓展性问题"等四类，学生预习就是根据问题分类进行深度预习。其逐步可以理解为思维结构化、目标结构化、问题结构化和能力结构化等。

2. 基本模式

在3年多的研究实践中，不断地完善和丰富"问题评价"教学模式，于2009年提出了"先学后导—问题评价"的教学模式，使之更加切合教学实践，更便于一线教师的操作和使用。在整个模式系统中，创新了系列教学行动策略，研发了一整套教学行动工具，收到了非常理想的教育效果。

构建"先学后导—问题评价"（FFS）有效教学模式。"先学后导—问题评价"（FFS）有效教学模式的基本含义是师生双方在"先学后导"教学思维系统中，以问题为主线、以评价为手段、以任务驱动为途径开展的一系列有效教学活动。"以问题为主线"就是将文本知识问题化，为知识转化为能力搭建"桥梁"，经过问题发现、问题生成、问题解决三个阶段的学习，使学生掌握文本内容的基本知识与技能；"以评价为手段"就是在三个阶段学习过程中对学习效果和过程不断进行反思性的、多元化的评价，达到巩固和强化知识、技能，感悟知识，提升意义的目的；"以任务驱动为途径"就是在三个阶段采用不同的教学工具，使全体学生在任务驱动下实现人人学习，全员完成学习任务，实现课程目标。

　　"先学后导—问题评价"有效教学模式是一个贯穿教学过程的综合性教学模式，可以说是中观层面的教学模式，主要适合单元教学和主题教学。即使一种适应课堂教学的"教"的模式，也是一种适合学生自主合作探究学习的"学"的模式。从操作层面上看，文本知识的教与学过程分"问题发现""问题生成""问题解决"三个阶段来进行，把教学过程简单概括为"问题发现＋问题生成＋问题解决"教学模式，简称为FFS教学模式，可以理解为"先学后导—问题评价"有效教学模式的操作模式。根据教学需要可以延伸到"问题拓展"学习。

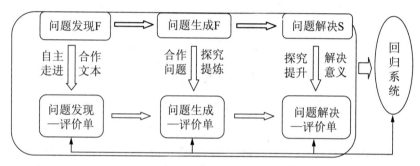

有效教学模式操作图

　　该模式主要包括"问题发现""问题生成""问题解决"三个要素，教师和学生要树立这种要素意识，体现在教与学的过程中，也可以称基本的三个操作性行动。上述三个要素可以视为教与学的步骤，教师教学行为和学生学习行为都要遵循这种流程和步骤。这种问题发现生成评价教学模式是属于综合性问题解决教学模式，也是最基本的"胚胎"模式，同时也是一个模式系统，可以创新出符合"先学后导"教学思维的若干模式。

3. 行动策略

　　"先学后导—问题评价"（FFS）有效教学模式是一个综合性的系统学习模式，包含课前、课中、课后三个阶段的教学过程，在这三个阶段的教学过程中，只有采用相应的教学行动策略来支持，才能使这个教学模式"活"起来，发挥它应有的作用和价值。

新课程有效教学"先学后导—问题评价"模式行动策略体系一览表

主体	课前阶段行动策略体系	课中阶段行动策略体系	课后阶段行动策略体系
学生	**结构化预习行动策略** 读：走进文本策略 　　要求保证阅读遍数 　　启用阅读评价章 　　采用"阅读六字诀" （查、画、写、记、练、思） 导：完成导读评价 　　问题导读—评价单 作：完成课后作业 　　预习笔记 　　预习作业 问：完成问题评价 　　填写"问题评价单"	**自主合作探究学习策略** 自主学习策略 　　三定"123"策略 小组讨论学习策略 　　指导策略："12345"策略 　　学科长负责制，建多元评价 　　重点是"一真二助三评价" 展示对话学习策略 　　采用"展示学习"六字诀（展、思、论、评、演、记） 问题生成策略 　　三步生成法，利用问题生成单 工具性训练学习策略 　　任务驱动法，利用问题训练单 高级思维训练策略 　　联想创编法	**回归评价型学习策略** 拓展学习"六字诀"（纳、展、问、忆、练、思） 学习反思（周）日记 知识模块归纳表 三、七、十五有效复习法则 创建学科文件夹
教师	**结构化备课行动策略** 全：全景式评价表 单：结构化教学设计 [一案三单] 　　学习方案设计 　　问题导读—评价单 　　问题解决—评价单 　　问题训练—评价单 定：落实"五定"要求 　　定内容 　　定标准 　　定时间 　　定目标 　　定期望 （简要行动口诀）	**教师智慧教学行动策略** 型：按课型组织课堂学习 　　比如，按问题解决课展示学习，即问题呈现—自主合作—展示—评价—问题训练—提升意义 组：组织新型小组合作学习 　　实现"三化"，狼性学习 智：智慧性指导教学 　　角色行动策略（"生进师退"） 　　关注问题与"待优生" 　　随堂记录评价卡 　　实抓"一激二评三落实" （简要行动口诀）	**回归评价型指导策略** 组织单元回归复习 "契约"评价表 学生作业评价 学业成绩评价 个性化拓展学习
备注			

（本表由韩立福博士研发设计，版权所有，不得翻录传播，不得传阅给其他学校）

4. 课型体系

在课型研究方面，对现行"新授课"课型进行了创新和调整，提出了"问题发现评价课""问题生成评价课""问题解决评价课""问题拓展评价棵"和"问题综合解决课"。并拓展性提出了两种新课型，即"单元回归评价课""能力测试评价课"。对于课型的选择与匹配要求方面提出了具体的指导方案和标准，同时，鼓励英语、理化生学科、音体美学科也可创新具有学科特色的新课型。衡量创新的标准就是要看课堂教学效益是否得到明显提高。

5. 团队创建

FFS教学模式要求与之相适应的新型小组合作团队学习，把原来秧田式学习创新为小组合作团队学习，通过"十六字"创建策略（愿景、角色、体系、团会、公约、评价、组织、文化），建设成具有生命活力的，有凝聚力、学习力和归属感、荣誉感的合作型团队。通过小组合作学习，让学生学会自主合作学习，逐步缩小学生学习差异，大面积提高学业成就；通过小组合作学习，让学生学会合作交往，提高社会化能力。传统班级管理组织形式，主要是舞台式管理，其主要特征是以教师为中心，"我对您"的讲授、指导和管理形式；师生关系是单向的或双向的、"上对下"的封闭关系；逐步走向专制、大一统的教学关系，逐步变成一种"官本位"课堂，教师是领导，学生是"奴隶"，最终将导致课堂教学失真和低效。而小组合作式的团队学习特征：一是建立多元、双向的对话关系，二是建立开放、民主的人文关系，三是建立和谐、促进的合作关系，四是建立平等、互助的团队学习，所追求的课堂学习效果是真实和高效。最终实现"三化"效应：个体学习愿景化、同伴学习合作化、小组学习承包化。其课堂学习的生态效应，是实现"狼性学习"。

6. 问题工具

在问题工具开发方面，有了新发展和创新，将原有的"问题发现单""问题生成单""问题训练单"，根据研究和实际需要，发展和创新为"问题导读—评价单""问题生成—评价单""问题解决—评价单""问题训练—评价单"（根据学生学习需要而定）和"问题拓展—评价单"，简称是"三大单和两小单"。另外，在"问题综合解决课"也可使用"问题综合解决单"，将"问题导读—评价单"和"问题解决—评价单"整合为"问题综合解决单"。系统提出了问题工具开发的原理、操作步骤及评价标准。

7. 方案设计

在方案设计创新方面有了较大突破，跳出了教案和导学案的范畴，提出了"编辑、导演、演员"三位一体设计法和"时间图谱"设计法，并研制了方案设计标准。尤其是在单一课型设计上有了突破性研究进展，将方案设计视野放大到课前、课中和课后以及整个学习过程。

8. 课堂导学

本内容是对常用的"问题发现评价课""问题生成评价课""问题解决评价课""问题拓展评价课""问题综合解决课""单元回归评价课""能力测试评价课"等七种课型，在操作层面上给予具体化，明确了各种课型的操作流程，以及各个环节的教师导学行为和学生学习行为，并且具体地提出了教师和学生在课前应做哪些充分准备。

9. 实践指导

这期间主要指导的地区有：山东省枣庄市市中区教育局，内蒙古自治区赤峰市翁牛特旗教育局，甘肃省陇南地区礼县教育局，陕西省宝鸡市教育局，安徽省霍山县教育局，内蒙古自治区通辽市奈曼旗教育局、库伦旗教育局、科左后旗教育局、科左中旗教育局。在此基础上，又重点指导了河北省邯郸市邯山区教育局。

指导的中小学校有：河北省鹿泉第一中学、四川省棠湖中学、江苏省沭阳中学、湖北省枝江第一中学、内蒙古自治区赤峰学院附属中学；内蒙古自治区赤峰市乌丹第五中学、山东省枣庄市第十三中学、安徽省霍山县文峰中学、江苏省徐州市潘塘中学、山东省济阳县竞业园学校、江苏省南闸中学、内蒙古自治区赤峰市平庄中学、山东省聊城市莘县实验初中、山东省聊城市莘县妹冢中学、内蒙古自治区奈曼旗青龙山中学、内蒙古自治区科左中旗宝龙山初中、内蒙古自治区科左中旗花加拉古中学等；山东省枣庄市红旗小学、广东省广州市颐和实验学校、北京市周口店中心小学、深圳市南山区阳光小学、安徽省霍山县城关小学、内蒙古自治区奈曼旗第四小学、内蒙古自治区奈曼旗青龙山小学。

在此基础上，又重点指导了以下学校：山西省太古第二中学、河南省漯河高中、

内蒙古通辽市第十一中学、辽宁省沈阳浑南第一中学、陕西省合阳中学、重庆市开县第一中学、重庆市开县实验中学、山西省大同云冈中学、北京大学附属中学云南实验学校、山东省济阳县第二实验小学、河北省唐山市银丰学校、河南省洛阳市新城实验小学、北京市大兴区团和小学、深圳市沙河小学、深圳市育才第四小学、深圳市南油小学、深圳市桃园小学、深圳市育才第一小学、河北省邯郸市渚河路小学、邯山区光明南小学、农林路小学等。

10. 观研课笔记照片汇集

——十年孜孜以求，心中秉持信仰，坚持指导课程改革，行走基层学校，蹲在中小学课堂，用心谱写学本课堂。这些观研课笔记记录着创建学本课堂的收获与艰辛，映照着汗水与心血。这是无冕的奖状。

11. 各类聘书照片汇集

——十年行走基层中小学，用课程改革理念和智慧赢得校长、教师的信任与支持，用热情和心血追求一位研究者的生命价值。这些聘书映衬出一位立志为实现中国教育梦而做出积极贡献的研究者的价值。

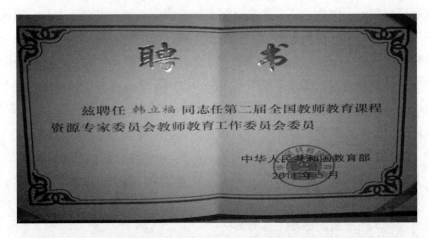

（四）品质提升期

时间为 2013 年初至今。这期间主要是采用韩氏有效教学法指导中小学课堂改革，在实验学校创建学本课堂。随着课堂教学研究的不断深入，"学本课堂"的概念逐渐清晰，"学本课堂"创建体系逐步完善，"学本教育"的观点逐渐形成，"学本教育"的思想理论逐渐成熟。本阶段主要取得了以下标志性成就。

1. 学本课堂理论与实践探索成果

《人民教育》（2014 年第 16 期）以专辑形式进行了报道，刊登了我的两篇文章：一是《何为学本课堂》；二是《如何创建问题导学型学本课堂》，并从不同角度系统报道了 18 所学校的学本课堂创建成果。

2. 学本教育研究首次得到学界认可

我在《人民教育》2014 年第 9 期上发表了《教育新视野：学本教育》，提出六大新观点。

3. 实践指导

在区域指导方面，主要指导通辽市科左中旗教育局；内蒙古自治区教育厅"新课程有效教学实验校"项目，具体指导 60 所中小学的课堂教学改革。

在学校指导方面，具体指导了山东省济南市永长街回民小学、内蒙古自治区呼和浩特市第二十中学、呼和浩特市第六中学、乌兰察布市商都县新世纪小学、江苏省文正学校、河南省南阳市菊潭学校、河北省玉田第一中学、北京市第十九中学、北京市海淀区黄村中心小学、重庆市开县第一中学、重庆市开县实验中学、重庆市南坪中学等学校。

总之，"先学后导—问题评价"（FFS）有效教学模式是符合素质教育思想、新课程理念的、符合中国教育改革实际的一种教学模式，FFS 教学法就是以问题导学为主线、以多元课型为途径，以团队学习为平台、以智慧导学为抓手的一种综合性有效教学法，在严格意义上讲也可以称为一种有效导学法，也可称为"韩立福有效教学法"，简称"韩氏教学法"或"韩氏导学法"。这一教学法是经过十余年的理论研究和实践探索产生的，是由早期研究的"问题—评价"教学模式到中期研究的"先学后导—问题评价"有效教学模式，再到现在研究的"韩立福有效教学法"，经历了理论创新、思想超越、体系丰富的嬗变过程。当下研究正在继续完善之中。以"韩立福有效教学法"为抓手，继续到各个实验学校指导基础教育课程改革，

给各个学校创建符合学校实际的、具有特色化的学本课堂，帮助学校建构个性化的学本课堂模式。使这些实施深度课程改革学校的教学方式发生了革命性变化：学生学业成绩大面积得到提高，学生综合素质水平得到提升；使教师学会了有效教学，有效促进了教师专业化发展。

二、课堂强国梦：从学本课堂实践中入境

我在多年的有效教学研究实践中，经常思考着这样一些问题，通过新课程有效教学研究，我究竟想要创建什么样的课堂？什么样的课堂才能培养实现中华民族伟

大复兴所需的创新型人才？经过反复思考和实践研究，我认识到今日课堂明日国家，不同品质的课堂将孕育不同品质的人才，课堂是高素质、高品质人才培养的"胚胎"和"摇篮"，素质教育课堂将培养中华民族伟大复兴所需要的高素质人才。如何创建符合素质教育思想的课堂？什么样的课堂既能满足国家发展目标，又能满足人民群众的普遍利益和基本需求？为此，我进入了长时间的沉思和探索，苦思冥想如何才能突破"重围"。虽然在有效教学理论和技术上我已经寻找到了结论，但是在实践层面上始终没有真正验证。因为，2009 年之前真正实施课程改革的学校为数不多，学生生源好的、在当地有知名度的学校实施高中课程改革的更少，这期间我指导的高中学校往往是生源一般的学校，生源差的学校实施课程改革更有难度，高考取得巨大成绩更难。2010 年河南省漯河高中领导班子集体到四川棠湖中学诚邀我去指导，经过一年多的指导和实验，在 2011 年下半年高考中，河南省漯河高中和山西省太谷第二中学的高考成绩都取得惊人的成就。这个高考成绩，充分说明了通过实施新课程有效教学，创建学本课堂，不但不影响高考成绩，还能提高高考成绩，更能培养学生的黄金版素质。此时，我才在真正意义上走出了课程改革"重围"。

我每次去这两所学校看到学生们的精彩学习表现，从内心深处洋溢出无比喜悦和幸福之情。学生们都那么愿意学习，都那么会学习，都那么主动学习、合作学习，真正变成了课堂学习的主人。我看到国家的希望和民族的未来，这些孩子不正是我们国家和民族所期望的吗？当时，我想到李大钊先生的名言：少年强则国强，少年智则国智，少年富则国富。继而，我联想到这样"强、智、富"的少年在什么样的课堂中培养，才能真正能够做到"强、智、富"。那就是符合素质教育思想的新课程课堂，即学本课堂。

（一）伟大的中国梦从哪里起步——学本课堂

实现中华民族伟大复兴是我们几代中国人的梦想，中国共产党第十八次全国代表大会高瞻远瞩地提出了中国梦——早日实现中华民族伟大复兴。伟大复兴靠什么？主要靠高素质的人才。《国家中长期教育改革和发展规划纲要（2010－2020 年）》把"坚持以人为本、推进素质教育"作为今后教育改革发展的战略主题，明确指出核心是解决好培养什么人、怎样培养人的重大问题，重点是面向全体学生、促进学生全面发展，着力提高学生服务国家人民的社会责任感、勇于探索的创新精神和善于解决问题的实践能力。这种高素质人才必须具备"服务国家人民的社会责任感、勇于探索的创新精神和善于解决问题的实践能力"。这是一个实现培养目标的核心问题，是个"路线"问题，是在教本课堂视野下培养，还是在学本课堂视野下培养，也是我们共同研究的重大课题。

从学术的角度，课堂教学分为知识传递型和知识建构型，知识传递型课堂教学主要是教师系统讲授知识，学生认真听讲和记录，通过教师言传身教完成教学任务的课堂。这种以教师教授知识、讲授知识为中心的课堂称之为教本课堂。而知识建构型课堂教学主要是师生预设问题，共同围绕问题开展自主合作探究学习，通过师生合作交往、相互对话、相互帮助，共同解决问题，完成学习任务，实现学习目标，师生双方共同分享学习收获，体验成功快乐，最后，共同实现双赢的课堂。这种以师生合作交往为中心，通过合作交往解决问题、共同建构知识、促进师生成长的课堂称之为学本课堂。当然，这只是基本的、基础的概念，学本课堂的含义还包括更多的学习主体。

教本课堂培养被动型、复制型人才。对于教本课堂，大家都十分熟悉了。教师事先备知识，上课向学生讲授知识，学生的主要任务就是认真听课、认真记录，课后及时复习，以备考试。整个教学过程就是这么简单。常常是哪位同学认真听讲理解了，及时复习了，完成作业了，就能考得好成绩，这位学生便是听话的好学生。日复一日、年复一年，便能考到好大学。由于教本课堂的"遗传基因"就是听话、记录、训练、考试等，因此，传统的教本课堂"遗传"给学生的"基因"通常就是会听话、会记录、会训练、会考试等。目前，为什么国际社会评价中国擅长于制造，称"中国制造"。其根源在于教本课堂的"基因"问题。近20年国内出现了一个怪现象，说经济体制改革后，大学生毕业后不包分配了，于是许多"80后""90后"就在家成了"啃老族"。其原因可能就是在教本课堂中教师始终是"牵手型"教师，从小学入门到大学毕业，都是教师"牵手"完成学习任务。一旦没有人牵手了，就不知如何"走路"了。所以说，在一定程度上，教本课堂培养的是被动型、复制型人才，难以培养出主动型、创新型人才。

学本课堂培养主动型、创造型人才。对于学本课堂，大家往往认为是以学生为中心的课堂，其实不是指以学生为中心的课堂，而是指以学习者的学习为中心的课堂，这里的学习者包括教师、学生和其他参与者。

教本课堂	学本课堂
教师讲授知识	教师指导下学生自主合作探究问题
学生静听记录	对发现生成问题进行师生对话解决
师问生答互动	学生理解建构基础上思维训练评价
课堂练习应用	学习过程中教师提供适宜智慧策略
布置作业任务	师生在学习过程中体验成功和快乐
整个教学过程	基本的学本课堂范型

　　基本的学本课堂范型，也是最基础的范型。因为学本课堂所要解决的问题分为三个境界：第一阶段是教师预设问题，供学习者合作解决；第二阶段是师生整合问题，供学习者合作解决；第三阶段是学生生成问题，供学习者合作解决。

　　这一最基本的学本课堂范型是指教师预设问题，事先将知识问题化，以便在课堂上师生合作探究，通过师生对话来解决这些问题，当解决全部问题和理解全部知识后开始思维训练，培养学生高级思维能力。在整个学习过程中，教师根据学习需要提供适宜、科学的智慧指导策略，通过学本课堂的学习使师生真正体验学习的成功和快乐。要实施学本课堂对教师和学生来说有一定的挑战性，因为上教本课堂之前，教师简单备知识即可，学生可以不用预习，当然如果预习的话更好。而在上学本课堂之前教师和学生都有一定的学习任务：教师事先充分准备，落实知识问题化，为学生学好本主题知识搭建"问题的梯子"；学生要事先做结构化预习，自己能够学会的一定自己学会，将不会的问题标记出来，最好在小组内生成本组成员共同困惑的问题。此时，有两种方式：一是教师课前收集学生问题，与自己的预设问题整合后，在课堂中师生共同合作解决；二是与学生合作直接解决教师预设问题。通过这种学本课堂的学习，逐步培养学生的发现问题、生成问题、解决问题能力。这种师生对话、生生对话解决问题的过程，又培养了学生以分析、综合、类比、类推、评价等为主要特征的高级思维能力。这为以后培养学生的创新意识和创新能力奠定了良好的基础。

反过来看，我们要想培养具有创新意识和创新能力的人才，就必须培养他们的思维品质和思维能力；要想培养思维品质和思维能力，就必须培养他们的问题意识和问题能力。而这个问题意识和问题能力不是到社会工作岗位上来培养，最好在中小学课堂中来培养，这样我们培养具有创新意识和创新能力的人才，就"水到渠成"了。

从课堂生态来看，学本课堂"基因"主要是体现"情感""思维""智力""潜能""个性"等方面，通过师生对话、生生对话激活了学习者学习情感，促进了学习者思维发展，开发了学习者智力，挖掘了学习者潜能，发展了学习者个性。在这种学本课堂中，日复一日、年复一年，学生日益熏陶，逐渐养成了良好的学习习惯和学习品质。主要表现：学生对学习富有热情、有积极性和主动性；学生善于动脑子思考问题、解决问题和具有多元思维能力；学生天赋智力得到开发、发育和生长；学生各方面潜能得到挖掘、释放和培育；学生每个人的个性得到发展、绽放和灿烂。由此看出，学本课堂的"遗传基因"决定了学本课堂将培养主动型、创造型的一代新型人才。

（二）学本课堂的研究目的——强民强国

曾有人问我："韩教授，您这么辛苦推动基础教育课程改革，为什么呀？"我爽快地回答："为了中华民族的伟大复兴，为了国家强盛和孩子们的一生幸福。"

意大利列奥纳多·达·芬奇曾说："对某事物的爱好产生于对该事物的理解，理解越透彻，爱得越炽热。"我觉得这句话说到我心坎了，我对有效教学、学本课堂理解得越深刻、越透彻，爱得越炽热，甚至愿意拼出生命来推动基础教育课程改革。

十多年来，我日夜不停地工作，白天指导课程改革，晚间写作，并且课程改革指导过程不是一帆风顺的，而是平均每周都会遇到一次课程改革"冲突"或"尴尬"。从此，我这个血肉凡胎之躯累得全身是病，但是我爱我的国家和人民，我爱所

有的天真烂漫的孩子。因此，每当看到在教本课堂中学生呆板无神的学习，我就感到心痛和内疚，一种一定要解放这些孩子的责任感、使命感油然而生，顿时让我充满活力，打起精神走向课程改革工作。

多年以来，我始终以袁隆平为榜样，视他为我事业的偶像，因为我们有异曲同工之处，他想让中国的每亩地取得高产，我是想让中国的每一节课都"高效"，通过创建学本课堂让每一位孩子都考得好成绩，每个人都有幸福人生。真心希望有那么一天，能够从国家高度来推动，通过创建学本课堂让每一个学生的潜能得到开发，让每一位公民都能成长为优秀人力资源。民强则国强，民富则国富。只有培养"强民"，才能实现"强国"。这就是我如此热衷于研究学本课堂的真实目的。

我的学本课堂观

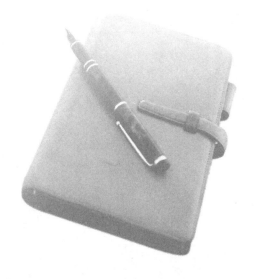

　　教育是伴随着人类生产而产生的一种社会现象，源于人类传播生产经验和生活经验的需要。早在原始社会，课堂伴随着教育的产生而诞生。经考古发现：西安半坡遗址是母系氏族公社遗址，在居住区的中心，发现有一座 160 平方米的大房子，考古专家推测是氏族公共活动的场所，氏族聚会、节日庆典、宗教活动都在这里举行。氏族的青少年正是在参加这些活动时，受到氏族风俗传统的教育。这座大房子就是传说中被称为"大教之宫"或称"明堂"的建筑。[①] 这时期的教育内容主要是学习农业、家畜饲养和制陶技术，学习原始的宗教礼仪和掌握最古老的记事手段。古代的"明堂"是明白事理、想通事理的地方，从此一直在沿用这个古老的含义。从现代教育学的意义上解读，课堂是指完成课业的地方，具体指教师完成教学任务、学生完成学习任务的地方。

　　课堂教学观是对课堂教学的过程、模式、教学技能、教学技巧以及课堂教学研究、分析和计划等持有的固定的想法和观点。[②] 教本课堂教学观认为，课堂教学过程就是教师教授知识，学生被动接受知识，所倡导的教学模式主要是"五步教学法"，在教学技能方面强调教师的讲授式教学法和提问题教学法，在课堂教学研究、分析方面往往是以静态思维方式来研究。致使目前我国中小学课堂教学改革如此艰难和缓慢。随着我国基础教育课程改革的不断深入，教学课堂教学观也逐步发生演变，正在以极强的生命力迈向素质教育课堂。尤其是经过第一个十年的基础教育课程改革，我国中小学课堂教学改革取得了历史性的发展成就，从完整意义上的教师讲授型课堂教学走向教师导学型课堂教学，还有部分学校正在超越教师导学型课堂教学走向问题导学型课堂教学，正在积极地回归教育本真，追求教育改革的本质。隐约呈现出体现素质教育思想的、以学习者和谐学习为中心的课堂特征。

一、"学本课堂观"的诞生

　　在研究新课程有效教学、创建学本课堂过程中，我在课堂主体观方面实现了三

---

① 刘德华、刘绪禹：《中国教育管理史》，第 3～4 页，郑州，河南教育出版社，1990。
② 顾明远、季啸风等：《教育大辞典》，第 903 页，上海，上海教育出版社，1999。

次超越：第一次超越是在研究新课程有效课堂教学行动策略时，实现了由"以教师为中心"向"以学生为中心"的转型；第二次超越是在研究"先学后导—问题评价"有效教学模式时，实现了由"以学生为中心"向"以师生合作为中心"的转型，逐步体现"师生共备""师生共学""师生共拓"的新思维和新理念；第三次超越是研究有效教学转向"学"的课堂研究时，实现了由"以师生合作为中心"向"以学习者学习为中心"的转型，认识到师生不是课堂的唯一主体，未来的课堂不一定局限在教师和学生两个方面，还要包括更多的学习主体，如校长、研究人员、社区成员、家长等，认为以学习者为中心更为恰当，也符合素质教育思想和终身教育思想。由此引发一个新的想法：未来的素质教育课堂不应该仅仅是突出"以学生为中心"的"生本课堂"，而应该是学习者之间合作学习、共同研究、彼此分享、实现多元发展的突出"以学习者学习为中心"的"学本课堂"。随着课堂主体观的不断研究、发展和成熟，更加坚定了我对"学本课堂"的研究信心，将研究目标锁定在"学本课堂"研究上，从此拉开通过"韩立福有效教学法"如何创建高品质学本课堂的行动研究序幕。

（一）我们不能回避的重要规律：从"生本"到"学本"

我国实施基础教育课程改革以来，新课程标准提出了"一切为了促进学生全面发展"的核心理念，由此，全国范围内各个中小学都普遍提倡三个"一切"，即一切为了学生，为了一切学生，为了发展一切。这个理念和提法毋庸置疑是正确的，也是科学的，一定程度上超越了传统的以教师教授为中心的教学观念，走向了体现人本主义思想的教育观念，也在一定程度上体现了素质教育思想，我们教育教学关注的视角终于移向了一贯被忽视的学生，教育的阳光终于洒向了学生。这对5000多年沉积传统文化的中国教育而言，是一次历史性的飞跃和发展。当时，许多学校都认为这是一种时尚和时髦，学校围墙和教室的后墙上都渲染着这种理念文化，我们处处都能看到"三个一切""让学生成为课堂的主人"和"让师生得到解放"等口号性新校园文化。

那么，反思一下这段历史，回头再审视现在，我们经过十几年的基础教育课程改革让我们的学生真正成为课堂的主人了吗？非也。为什么这么好的理念没有变成美好的现实呢？笔者经过深度研究发现有以下几点原因：一是保守、单一、古板、陈旧的师生关系，这是一个难以逾越的屏障，那种上对下的"长幼关系"，没有让教师放手让学生成为课堂学习的"主人"；二是封闭、单一、呆板、落实的教学方式、教学方法，教师没有为学生搭建成为"主人"的平台；三是传统课堂教学观在内涵上依旧锁定在知识是靠教师的系统传授，而不是师生共同建构的。面对新课程改革，广大教师放不下"师者传道授业解惑"的神圣职责，没有认识到基础教育课程改革的深远意义和历史性的战略意义，从而，忽视了学生学习的潜能、智力、情感、思维等重要因素，仅仅是片面依靠简单机械传授、重复训练赢得少数学生得高分，而忽视了全体学生的多方面成长和进步，认为学生不懂什么，教师不讲授，学生学不会。因此，经过十多年的基础教育课程改革，我们的学生还是没有成长为课堂学习的真正"主人"。其实，"主人"意味着拥有学习的权利和地位，有学习的自由和空间，有学习的方法和智慧，有学习的兴趣和爱好。课堂的"主人"是爱学习、会学习、善学习、有学习智慧、有学习权利和自由的人，而不是被某种教育思想禁锢的、由于教师所谓关心和负责任的行为而被"剥夺"学习权利和自由的人。每天在固定的教育体制框架、程式下按照教师意图被动学习的绝不是课堂学习的"主人"，这种被"剥夺"学习自由和权利的人很难发展智力、开发潜能，也很难成为学习型人才，更谈不上成为创新型人才。从根本上分析，传统的传递型课堂不论如何强调"以学生为本"，也不可能让学生成长为学习的"主人"，更不可能培养学习型、创新型人才。

《国家中长期教育改革和发展规划纲要（2010—2020年）》在战略目标中提出"到2020年，基本实现教育现代化，基本形成学习型社会，进入人力资源强国行列"的总体发展目标，在总则中提出教育要"按照面向现代化、面向世界、面向未来的要求，适应全面建设小康社会、建设创新型国家的需要，坚持育人为本，以改革创新为动力，以促进公平为重点，以提高质量为核心，全面实施素

韩立福博士在山东省昌邑市全国课程改革现场会报告时，采用情境教学法解读教师角色如何转型，如何做到"一放二扶三退四隐"

质教育，推动教育事业在新的历史起点上科学发展，加快从教育大国向教育强国、从人力资源大国向人力资源强国迈进，为中华民族伟大复兴和人类文明进步作出更大贡献"的战略指导思想。其中"形成学习型社会""建设创新型国家""教育强国"和"人力资源强国"等具体目标，更为教育改革与发展提出了具体方向和要求。比如，"学习型社会"意味着全体公民、社会成员都要学会学习，都是学习型公民。也就是说实现学习型社会后，政府机关是学习型政府、企业公司是学习型企业、家庭是学习型家庭、学校是学习型学校、社区是学习型社区。那么，这种学习型公民无疑是通过学习型学校来培养。学习型学校的主要载体是学习型课堂，学习型课堂由学习型教师和学习型学生来创建。反过来讲，学习型课堂将培养学习型教师和学习型学生，也就是说，学习型公民是由学习型课堂培养的。这是"形成学习型社会"的关键环节。

　　谈到学习型课堂，我们就要谈到课堂"主人"问题，在学习型课堂中，教师和学生都是平等、民主的同一个主体，都是学习者，都是学习的"主人"，不存在"主导"和"主体"的关系，是相互帮助、相互合作、相互促进的和谐学习者。由于年龄、阅历、知识等方面存在差异，教师和学生作为同一主体的学习者、发展者，在学习成长过程中是"显性主体"和"隐性主体"关系。当学生年龄小、认知能力小的时候，可能呈现为学生是隐性主体，教师是显性主体；随着学生年龄不断增长、认知能力不断提高，学生主体的隐性逐步走向显性，反之，教师主体的显性也将逐步走向隐性。在这个主体转化过程中，教师必须遵循"一放二扶三退四隐"的转化规律："一放手"，就是放"师生关系"、放"教学方式"、放"课堂氛围"；"二扶手"，就是"扶学习方法"、扶"学习智慧"、扶"学生自信"；"三退出"，就是教师要逐步"退出课中心""退到弱组中""退到'待优生'身边"；"四隐身"，就是教师逐步走向专业成长，要"隐到学习中""隐到研究中""隐到专家中"。当然，这种学习型课堂不是靠教师单方面传授知识，而是师生共同建构知识的课堂，如果教师强调单方面传授知识，不可能实现这四步转型。由此看出，在学习型课堂中，不存在"主导"与"主体"的高利害关系，而教师和学生作为平等的、都具有学习权利的、具有学习尊严的同一个"大主体"，师生相互信赖、共同合作、共同建构知识、共同促进成长。于是，教师和学生两方面都成长为课堂学习的"主人"，体现了"以学习者学习为本"的主体观。只有这样，学生才能在教师指导下学会学习，学习能力不断提高，并具备终身学习能力，成长为学习型学生；教师在指导的同时也将不断学会学习、学会研究，也将具备终身学习能力，逐步成长为学习型教师。

通过上述分析，可知：创建体现"以学习者学习为本"的学习型课堂是符合《国家中长期教育改革和发展规划纲要（2010－2020 年）》精神的人本课堂，是指向培养学习型公民、建设创新型国家的素质教育课堂。就课堂性质而言，这种以学习者学习为本的学习型课堂就是"学本课堂"，不是"教本课堂"。从我国创新型国家建设和人力资源强国建设的战略高度来看，教育改革理念必将超越"以学生为本"，走向"以学习者学习为本"，这是我们不可回避的发展需求，这也是我国教育深化改革、持续改革的重要规律。

（二）学本课堂观：一切为了促进学习者全面、和谐成长

日本教育家佐藤学在《教师的挑战：宁静的革命》中写道："可以毫不夸张地说，除了日本在内的东南亚国家和地区之外，那种以黑板和讲台为中心、众多儿童整齐划一地排座的课堂，以学科为中心、让儿童习得教师所传递的知识、技能，然后借助考试来加以评价的教学方式已经进入历史博物馆了。""全世界学校的课堂都在进行着'宁静的革命'，都在由'教授的场所'转换为'学习的场所'。这种课堂革命，在学习方式上表现为从各自呆坐的学习走向活动性学习，从习得、记忆、巩固的学习转向探究、反思、表达的学习；在教学方式上表现出为从传递、讲解、评价的教学转向触发、交流、分享的教学。"这两句话深刻地分析了全世界课堂变革的现状和趋势，指出人类社会的课堂都在由"教授的场所"向"学习的场所"转变，这是一种趋势，也是不争的事实。

我国《基础教育课程改革纲要（试行）》强调"改变课程实施过于强调接受学习、死记硬背、机械训练的现状，倡导学生主动参与、乐于探究、勤于动手，培养学生搜集和处理信息的能力、获取新知识的能力、分析和解决问题的能力以及交流与合作的能力"，突出强调"传统学习方式向自主合作探究学习方式转变是本次课程改革的显著特征和核心任务"。这给我国基础教育课程改革指明了正确方向，也是实施课堂教学改革的新任务和新目标。

多年以来，我们把课堂尊为神圣的"教授的场所"，突出教师的权威性教授过程，忽视了学生主动学习、积极学习的成长过程。在学习方式上表现各自呆坐、静

听、机械、呆板的被动学习，主要任务是习得、记忆和巩固；在教学方式上表现出传递、讲解、评价的教学。这种以"教授"为重心的课堂教学为"教本课堂"，强调学生全面发展，但是，最终还是难以实现教学哲学层面上的"全面发展"。因为这种教本课堂强调了接受性学习、死记硬背的学习和机械重复训练，缺失了学生的主动参与，忽视了学生积极探究、勤于动手的兴趣和欲望，这种机械学习、被动学习使学生的搜集和处理信息的能力、获取新知识的能力、分析和解决问题的能力以及交流与合作的能力没有得到应有的提高和培养。

学本课堂是"以学习者学习为本"的课堂，这是教师和学生共同"学习的场所"。与教本课堂相比，这种学本课堂以问题导学为主线走向师生围绕问题开展活动性学习，将围绕问题开展探究、对话、反思、表达的学习活动；教师的导学方式追求智慧导学，主要任务是触发、交流、分享、促进；重点关注学生的智力开发、潜能挖掘、情感丰富和思维发展；突出强调自主性、主动性、积极性学习，强调建构式学习和高级思维训练，激发学生主动参与、积极探究、勤于动手的兴趣和欲望，着力培养学生的搜集和处理信息的能力、获取新知识的能力、分析和解决问题的能力以及交流与合作的能力，重点培养创新意识和实践能力。概括起来，学本课堂观主要是师生共同围绕问题通过开展自主合作探究活动，开发学习者智力、挖掘学习者潜能、丰富学习者情感、发展学习者思维，最终目的是促进学习者在智力、潜能、情感、思维等方面得到全面、和谐发展。

从课堂视域来看，我们对学本课堂的认识要有新的认识，要跳出"向45分钟要质量"的狭隘课堂观，要倡导"向学习过程要质量"的多元、科学课堂观，目的是让学习者学会终身学习。这里所说的学本课堂是指"大的课堂"，不是指那个铃声响起课堂开始的"小课堂"，包括课前、课中和课后。我们要从三个层面理解其含义：一是指微观性学本课堂，即铃声响起课堂开始的课堂。二是中观性学本课堂，即从教师开始部署预习算起，到上课结束的课堂。从教师部署预习到上课铃声响起这段时间是指学习者自主探究学习的学本课堂时段，从上课铃声响起开始上课到下课铃声响起上课结束是学习者合作探究学习的学本课堂时段。三是宏观性学本课堂，即从上学期结束，明确本学期学习任务时算起，到上课铃声结束。也就是从知道本学期学习任务到开始上课这段时间属于学习者自主探究学习的学本课堂，从铃声响起上课到下课铃声响起这段时间属于学习者合作探究学习的学本课堂。学本课堂是只有起点，没有终点，也就是说课后拓展阶段是没有终点的。比如，对《散步》这篇课文的学习，我们只有起点，而没有终点，可以说生命不止，《散步》学习活动不止。这样才能体现终身学习思想，培养学习者终身学习的意识和能力。一个人将一生在学本课堂中生活和成长，人的一生是学习的一生，一出生接触世界就开始了学习历程，尤其是开始系统接触到的学校教育的所有显性课程、隐性课程，以及学校教育以外接触到的兴趣课程，都是学本课堂的课程。通过学本课堂的学习活动，使学习者学会自主学习、合作学习、探究学习。最终使学习者在学习型社会课堂中促进学习者全面、和谐成长，从终身教育角度去追求教育本质——实现自我教育。

二、学本课堂核心观点

我们在这里研究的学本课堂主要是在学校教育体制下完成教学任务的学本课堂。这种以学习者学习为本的课堂，符合素质教育思想，体现新课程理念的促进学习者全面、和谐发展的人本课堂。其核心观点与教本课堂相比，有着十分显著的差异。在学本课堂视野下，不存在教师向学生传递知识，课堂学习活动是学习者共同合作探究、共同建构知识的活动过程，师生之间的教与学活动被学习者共同学习活动所取代。所以，几乎不存在"教、学"二字，本节主要介绍学习者如何学习。

（一）学习建构观——师生协作建构知识

在学本教育范畴下，只有学习观，不存在教学观，也就是说没有教师对学生的传授知识过程，而是学习者之间建立科学的学习共同体，通过结构化组织活动来共同建构知识。如果学习者不会，就鼓励、引导学习者主动学习探究；如果通过自主探究还不会，就向其他学习者咨询、询问；如果学习共同体成员发现有学习者学习困难时，那就主动、自觉地给予必要的帮助和指导。学本学习观强调学习者基于团队学习基础上的个体自主学习，主动发展和合作发展。从空间上看，建立大学习观，不只是局限于课堂学习，而是拓展到课前、课中和课后学习。从内容上看，建立整体学习观，突出整体学习任务，强调学期整体学习和单元整体学习目标的实现和完成，尽可能淡化以课时为单位的教学。比如，高一上学期数学教学任务作为一个整体来设计，共计需要多少时间自主学习，需要多少时间来合作探究，需要多少时间来拓展训练和测试等。其中，合作探究学习时间和测试时间就是指在学校的课堂学习时间和学校组织的监测时间。在校注册学生可在家庭自主学习，也可在学校自主学习，在自主学习过程中发现的问题，通过书面和网络提交给学习共同体学科负责人，各个小团队组织合作讨论解决后，学科负责人将小团队的问题提交给学校学科"大同学"，"大同学"事先将学生问题与自己预设问题整合后，在课堂学习中与学生共同合作解决，直至所有学生都能够得到圆满解决。简而言之，教本教育视野下的教学观强调教师如何有效地"教给"学生什么？教师通过知识讲授、启发引导等手段，达到教师对学生知识传递、能力培养、道德成长的单面化目的；而在学本教育视野下的学习建构观强调教师和学生如何开展有效学习，共同实现知识建构、能力培养和情感丰富，达到共同提高和发展的目的。

（二）学习者发展观——师生一体双赢发展

在学本教育视野下，学生即教师，教师即学生，教师称其为"大同学"，师生关系是"大小同学"关系，所以，严格地说学本教育没有学生观、教师观和师生观。在教本教育视野下，教师往往被尊崇为"传道授业解惑"者，认为"师道尊严"，教师高高在上，似乎被视为教导、管教学生的"奴隶主"。而学生则常常被视为听从教师安排、服从教师指令的"奴隶"，为了科学调和两者关系，诞生了一种师生观，最终经历了几百年的调和与研究，也没能解决师生关系。基于难以克服的"奴隶主"与"奴隶"关系，有学者提出在课堂教学中师生关系应是"教师是主导、学生是主体"，但是，始终也没能解决问题。在学本教育视野下，在课堂学习中，教师和学生都是主体，既不是双主体，也不存在教师主导和学生主体的关系问题，这个主体还包括其他参与者，包括直接参加和间接参加的主体，如学生家长、学校领导、社会成员等。虽然教师是成人，学生不是成人，二者认知程度、生活经验和身心发展程度都存在差异，但是在学本课堂中，师生一体，都是一个主体，都是实现同一个学习目标的主人，"大小同学"共同确立学习目标，共同发现问题、生成问题、解决问题、拓展问题，通过以问题为中心的学习活动，来实现师生知识建构、能力培养的学习目的。在教本教育视野下，教师观往往把教师视为"完人"，学生观往往把学生视为待教育、待发展、待成长的"不完善"的人；在学本教育视野下，学习者发展观认为教师和学生都是富有无限潜能的、有待于发展和完善的学习者、成长者。由于人的潜能是无限的，教师不是一个"完人"，不过是年龄稍大的先知者，也是发展中的人，也是有待完善和发展的人。只有建构这种认识，才符合终身教育理念和未来社会人才需要的要求。学本教育的目的是最终促进学生和教师两方面的发展，甚至能够促进其他参与者发展。

（三）全面课程观——创新显性开发隐性

课程是实现教育目标、完成教学任务的主要载体，也是师生开展学习活动的重要"抓手"。学本教育强调全面课程观，全面课程主要分为显性课程和隐性课程。显性课程主要是指国家课程、区本课程、校本课程等有形课程；隐性课程主要包括道德课程、情感课程、精神课程、活动课程、实践课程等无形课程。显性课程是有限的，有边界的，而隐性课程是无线的，无边界的。在教本教育视野下，我们过分重视显性课程，忽视隐性课程。其实，由于教学观念、教学方法、教学方式的落后，显性课程的基本目标也没有实现。在学本教育视野下，首先是科学落实显性课程基本目标，用先进的学本教育理念、科学的学本课堂学习方法完成显性课程目标；其次是创新显性课程，当学习者学会自主合作学习以后，学习者将超越国家指定课程范畴和内容，可根据学习者的学习需要来整合课程资源，创新出学习者需要的系统化课程；再次是开发隐性课程，学习者要根据国家目标和学生发展需要来挖掘隐性课程资源，教师要设计隐性课程目标，师生共同开发隐性课程资源，具体开发道德课程、情感课程、活动课程、实践课程等，从而，在广度和深度上拓宽学习者能力发展的视野，搭建有效培养创新意识和实践能力的课程平台；最后是提高课程执行力，学习者在充分认识全面课程的基础上，认真落实全面课程，自觉践行全面课程，通过实践全面课程来不断完善和丰富全面课程建设。

（四）人本评价观——凸显软性走向综合

人本评价是基于学习者的发展的需要而实施民主评价，从而促进每位学习者发展的过程性评价。人本评价观倡导以人为本的民主教育理念，学生是人，教师也是人；学生不是"完人"，教师也不是"圣人"。教师对学生行为的评价，不是单纯指一个完整的教师对不完整的学生实施评价，而是基于学生和教师发展的需要，通过师生对话来相互帮助、相互指导、相互促进。教师作为"大同学"要对学生施以心灵评价，用自己的热情来温暖学生，用自己的心灵呼唤学生的心灵；反之，学生也要用自己的热情来温暖"大同学"，用自己的心灵完善"大同学"的心灵。从技术角度来讲，心灵评价主要是对学生行为表现进行评价时采用心灵评价，也就是指软评价，往往不采用表格、工具等方式进行评价。软评价方法最便捷、最直接有效的方法是对话式评价法，也就是在共同创设的一种适宜的情境下师生进行谈话和交流。通过这种对话式评价，使教师和学生都能够反省自己的行为，提高认识，达到改进自我的目的。人本评价观强调面向群体的成功评价，维护人的尊严，目的是促进一个团队的集体成长和成功。比如，学业成绩评价，强调以小组为单位进行整体性评价，不实施以学生个体为单位进行的排名和评价，重点要维护学生个体（尤其是待优生）的人格和尊严，减少对学生发展的情感刺激和伤害。比如，学业成绩考试评价，假设全班36人，加上任课教师是37人（建议任课教师要参加考试，由任课教师之外的其他教师或学生编题），进行学业成绩分析时，对37人的成绩进行深度分析，如平均分、标准差、全距、最大值、最小值以及得分率等数据。分数公布以小组为单位。比如，实施综合素质发展评价，就从学生道德素质、情感素质、知识素质、能力素质、身心素质等方面进行综合评价，建立学习者综合素质发展成长记录袋评价制度，包括教师专业成长记录袋。这种评价是主要关注学生和教师的过程性评价，评价主体走向多元，主要是依据学生主体评价的结果作为重要参考。

（五）学习研究观——内涵转向关注学品

研究视野是全人教育研究，不是单纯研究某个阶段和某个时期；不是单纯研究教师如何"教"，更重要的是研究学习者如何"学"。在教本教育视野下，研究者把研究的视角普遍聚焦于教育者向受教育者如何施教、指导和管理，可以说我们在开展教本教育研究方面取得了举世瞩目的成就。在学本教育视野下，研究者研究视角不是完全聚焦于教本研究，而是聚焦于学习者如何开展高质量学习。这种研究视角的转换，是一种革命式、跨越式的发展。从教学研究向学习研究转型，研究重心将走向学习者的学习质量和发展质量，研究领域主要分为4个范畴：一是研究"大同学"如何开展有效指导、学习，在有效学习过程中得到什么样的发展；二是研究学生如何进行有效学习和发展；三是研究"大小同学"如何开展合作学习和成长；四是研究"大同学"在教与学过程中如何实现专业发展。在教本教育视野下，教育研究观主要强调研究者致力于教育者如何"教"受教育者以及受教育者的接受效果，这种单纯研究教师的"教"和学生的考试成绩的方式，使研究领域越来越窄，甚至走向死胡同。之所以会出现这种现象，主要是教本教育研究忽略了学生的无限潜能，使教学没有遵循学生身心发展和认知发展规律，由此极容易导致教师的"教"与学生的"学"之间的对立和矛盾，从而，使教本研究往往走向自己都不能解决问题的局面。当我们的教育研究跨入学本视野中时，那些矛盾的问题将会迎刃而解，因为我们遵循了学生发展规律和教育发展规律。只有教育发展规律与学生发展规律相互适应时，其教育研究的价值和意义才会凸显出来。

（六）多维目标观——多元个性多元发展

《国家中长期教育改革和发展规划纲要（2010－2020年）》把"坚持以人为本、推进素质教育"作为今后教育改革发展的战略主题，明确指出核心是解决好培养什么人、怎样培养人的重大问题，重点是面向全体学生、促进学生全面发展，着力提高学生服务国家人民的社会责任感、勇于探索的创新精神和善于解决问题的实践能力。如何"提高学生服务国家人民的社会责任感、勇于探索的创新精神和善于解决问题的实践能力"，这是一个实现培养目标的核心问题，是在教本教育视野下，还是在学本教育视野下培养学生的上述能力，是我们共同研究的重大课题。不同教育视野下将会培养出不同类型的人才。

在学本教育视野下，人与人之间存在差异，但不存在待优生；只有个性化品质的学生，不存在差品质的学生。在教本教育视野下，如果我们用狭隘、单一的学生目标评价体系去评价和衡量学生发展，就好比用细细的椎管子去看人，把人都看扁了。未来社会是多元化发展的社会，需要多元化人才。多元化人才需要开放、多元的学本教育来培养。我们必须要跳出"正态分布"理论樊篱，基于多元智能理论确定我们的人才发展目标，建立尊重生命自然成长、激发生命潜能的多维目标观。多维目标观主要包括情感目标、学习能力目标和创新能力目标，这些目标基本上属于质性目标，一个人一旦具备了这些质性目标后，那些可量化的知识目标将自然形成。

在多维目标观指导下培养出来的人才将具备以下品质。首先是情感健康和丰富：一是能够热爱家庭、亲人和国家；二是爱惜生命、尊重生命，有生活热情；三是有人生目标，对人生未来充满美好憧憬，有具体的人生发展愿景和规划设计；四是品德高尚，善于与人交往、乐于助人、团结他人、善于合作；五是有规则意识，自觉遵守公共法律和社会道德规范；六是行为自觉、敢于负责、敢于担当、有责任感；七是有科学人生观和正确的价值观。

其次是学会学习，具备终身学习能力：一是有学习意识，能够认识到学习的价值和意义；二是具备学习能力，掌握自主合作探究学习方法；三是有良好的自主学习、合作学习的习惯。

最后是具有创新意识和实践能力：一是善于思考，善于动脑子思考问题和事物，能够举一反三，分析事物特征；二是善于观察事物，具有发现问题、分析问题、解决问题的能力；三是具有思维能力，能够挑战固有体系，对事物能够进行分析、加工、综合、类比、评价，并具有概括和提升的归纳与分析能力；四是善于动手实践，敢于向同类事物质疑、敢于向真理挑战，并能够进行创新和改造。

三、学本课堂是什么样的课堂

学本课堂是符合素质教育思想和新课程理念的课堂。教育部基础教育课程教材发展中心主任田慧生教授曾高度评价说："学本课堂是深度课程改革的重要体现。"这句话说明了今后我国深度课程改革将追求和创建学本课堂，也可以理解为创建问题导学型学本课堂是我们今后基础教育课堂改革的新方向。这里所说的学本课堂是指"问题导学型"学本课堂，不是"自我导学型"学本课堂。"问题导学型"学本课堂不属于教本课堂，在学本课堂视野下，属于初级阶段。这种"问题导学型"学本课堂将体现与"教师讲授型"课堂、"教师导学型"课堂俨然不同的明显特征。那么，问题导学型学本课堂将是什么样的呢？

（一）在学本理念下将"问题"要素嵌入课堂

在教师传递型课堂教学、教师导学型课堂教学中，课堂教学基本要素为"学生""教师""课程"和"环境"等四个要素，往往强调这四个基本要素的关系和变化，突出的主要是显性要素，忽视了隐性要素，如目标、情感、问题、思维、潜能等。而要实现高质量教学、提升课堂教学的内涵型品质，隐性要素将发挥不可低估的作用，甚至隐性要素将改变显性因素的作用。在问题导学型课堂中，特别突出"问题"要素地位，全程体现知识问题化、目标问题化理念，追求"问题"为主线的学习，而不是教师为主线的学习。将十分重视"问题"这一隐性要素的发挥，这是一个非常重要的、不可回避的核心要素。将隐性的"问题"要素，提升为显性的核心要素。将原有的四个显性基本要素增加为"学生""教师""课程""情境"和"问题"等五个基本要素，并将其中的"问题"要素视为关键性要素。

将"问题"要素提升显性要素的目的主要有三：一是有利于实现教学目标，提高教学质量。因为"目标"与"问题"是亲生姊妹关系，"问题"是"目标"的下链，"目标"是"问题"的上链，如果问题解决了，自然就实现学习目标了。如果每堂课都能够完成教学，就能够提高教学质量。二是有利于开展自主合作探究学习，促进教学方式转型。在课堂教学中，如果有了"问题"，师生的教与学就有了"抓手"。有了"抓手"，师生就可以自然而然地进行自主探究、合作探究、展示对话等学习。坚持一段时间后，自然能够促进教学方式转型。三是有利于培养问题发现、问题解决能力，指向学生学会终身学习的能力。提升"问题"要素后，学生就逐步学会问题发现学习、问题生成学习、问题解决学习等，不仅使学生的实践动手能力得到提升，而且还能够培养学生的研究性学习兴趣，最终使学生学会学习，培养其终身学习的良好品质。

以上三点正是我国基础教育课程改革所急需解决的难点问题，在教师讲授型课堂和教师导学型课堂中是难以实现的。因此，提升"问题"要素，是国家培养优秀人力资源的战略需要。

（二）在人本视野下建立"大小同学"式关系

在问题导学型学本课堂视野下，师生关系将发生本质性变化：由"上对下"的传递关系发展为"大小同学"间的合作关系。由于受"师者传道授业解惑也"的影响，在教师讲授型课堂和教师导学型课堂中，往往认为教师就是权威的告知者，是学生们的"长辈"，其师生关系是上辈对下辈的管教关系。于是，虽然我国实施基础教育课程改革已经十多年，课堂教学方式转型仍然十分缓慢，"官本位"教本课堂始终占据主流。不仅影响了学生的全面发展和教育质量的提升，还影响了基础教育课程改革的进程。

问题导学型学本课堂不是权威式讲授课堂，而是基于学生具备一定的自主合作探究学习能力的，师生共同围绕"问题"开展自主合作探究学习的课堂。课堂教学组织将由教师组织逐步移向师生合作组织，再从师生合作组织移向学生独立组织。例如，课堂主持不限定于教师，而是由师生合作主持，逐步走向学生轮流主持。不仅使学生的主体意识得到弘扬，还能呵护学生的自信心；不仅能够提高学生的社会化能力，还有利于促进学生综合素质的发展。

在问题导学型学本课堂中，首先从教师角色称谓上进行创新，教师要根据学生身心发展情况、认知能力发展情况，逐步转变为由教师讲授、教师指导走向与学生共同合作、解决问题的"大同学"。当教师走进教室时，立刻转换身份，让学生称其为"大同学"。在真正意义上与学生建立民主、平等、人文、自由、开放的合作学习关系，建立一种"平辈"的合作、对话、协商、和谐、发展的同学关系。只有教师转换角色和身份，与学生建立平等、合作、发展的关系，才能以平和、愉悦的心态与学生开展合作对话学习，创设民主、安全、积极、健康的学习氛围；才能以理性和智慧的方式与学生共同发现问题、分析问题、解决问题，提高单位时间内的学习效率，高质量实现学习目标；才能以专业化视角与学生共同体验成功的喜悦，促进自我专业成长，实现师生"双赢"。

（三）在主动范式下采用建构式学习法

在问题导学型学本课堂视野下，对教学方法进行深度创新：由被动式接受法创新为主动式建构法。在教师讲授型课堂和教师导学型课堂中，最擅长使用的教学方法主要是讲授法、提问法和启发法等。而在问题导学型学本课堂中，教师和学生以及参与学习者都是学习的主体，教师和学生将以平等身份来投入到自主合作探究学习中，教师和学生都是课堂学习的第一显性主体。

由于问题导学型学本课堂充满民主、开放、和谐、合作、自由、发展的学习氛围，学习过程是师生共同围绕"问题"开展自主合作展示对话，学习活动都是学生轮流主持；随着学段、年龄的增长，课堂逐步由教学走向学习。甚至，可理解为学本课堂几乎不存在纯粹意义上的教师"教"。问题导学型学本课堂重在建立小组合作团队学习机制，发挥每个学生主体、每个小组主体的学习积极性和主动性，课堂学习过程变成"大小同学"共同学习、共同成长、共同体验成功的交往过程。所以，这种课堂主要采用的学习方法是自主探究学习、合作探究学习、展示对话法、问题发现法、思维训练法等。这些方法都属于主动范式下的建构式学习方法。由于课堂内涵发生质的变化，传递型课堂已经向建构型课堂转型，教师无须使用或尽可能少采用讲授式教学法、提问教学法和启发式教学法等。但是，根据知识难易程度和问题解决难度，师生之间、生生之间、小组之间也可使用提问教学法和启发式教学法等。教师在使用讲授式教学法时，一定要针对学生经过小组充分讨论、全班展示对话仍不能解决的问题，进行规范性指导或补充。

（四）在建构思维下开发合作型智慧导学策略

在问题导学型学本课堂视野下，对教师如何智慧导学进行深度创新，积极倡导建构型学习思维和合作型智慧导学意识。因为，在教本课堂教学中，教师践行的是传递型教学思维，认为课堂教学活动就是教师向学生系统传授知识，教师"教"的活动和学生"学"的活动是相对独立的，不是合作型教学活动。也不存在智慧导学活动，所谓的智慧点拨就是有效提问和启发式教学。最终往往没有让学生学会学习，教师也没有得到专业成长。学本课堂是学习者自主学习、合作学习的课堂，不存在传递式教学，没有"上对下"的师生关系，师生在民主、人文、和谐的对话系统中进行平等对话，共同合作解决问题，丰富人生情感，促进能力成长。作为"大同学"的教师要如何发挥作用呢？教师要开发合作型智慧导学策略，要根据学生对话学习需要给予智慧引导，启用多元激活策略。当学生之间的对话遇到困难时，教师可采用"煽风点火"策略、"挑拨离间"策略、"小纸条"策略、"二次讨论"策略、"诱思引导"策略和"直接指导"策略等。比如，"小纸条"策略可以在备课设计中准备，课堂导学过程中使用。教师尽可能少使用"直接指导"策略，尽可能不要剥夺学生思考的权利和时空，千方百计让学生在"大同学"智慧导学支撑下得到最大限度的发展。

（五）在合作机制下建小组合作团队学习体系

在教师讲授型课堂和教师导学型课堂视野中，我们往往采用的教学组织形式都是舞台式教学组织形式，教师便于向全体学生讲授知识，也便于学生用眼睛盯着教师进行接受式学习，从而形成了相对稳定的"一对多"的舞台式教学组织形式。基于这种教学组织形式开展的课堂教学，往往会导致官本位课堂教学，教师像"领导"，学生便成了课堂教学的"奴隶"，从此，课堂教学便失去了真实性、有效性、人文性、科学性、智慧性和艺术性。最终，往往只有少数得到"教师"关注和青睐的学生得到发展，大多数学生都没有得到发展。

问题导学型学本课堂是面向全体学生全面发展的课堂，在问题引领下，师生共同开展自主合作探究学习，实现教学目标。通过合作探究学习实现教学质量和教学效益的最大化，最终使全体学生和导学教师人人得到成功、人人分享成功快乐、人人得到不同程度的发展。如果要实现人人成功的教学目标，我们就要引入合作学习、团队成长的理念。建立小组合作团队学习机制，设立学科长（组内课代表）、学术助理、学习长等新职务，成立学科学习团队（由任课教师、学术助理和每组学科长组成）、行政工作团队（由班主任、主任助理、小组长组成）和教师教育团队（由各个任课教师组成）。教师教育团队负责"怎么学"，学科学习团队负责"会不会"，行政工作团队负责"学不学"。每个团队都建立本团队的愿景、口号、公约、团歌等组织机制，逐步增强团队意识，提高合作能力。在整个教与学过程中，三"管"齐下，相互促进，有机结合，使每个团队最大限度地发挥合作力、学习力。共同追求"个体学习愿景化、同伴学习合作化、小组学习承包化"的高效益学习机制，即"狼性学习"机制。最终使问题导学型课堂的学习呈现出合作学习机制下的小组合作团队学习的特征。

（六）在问题导学下使用问题学习工具单

在教师导学视野下，我们往往使用教师开发的各种导学案，教师将教材二度开发，将知识内容、教学方法和教学流程融在一起，设计成面向每个学生使用的导学案。导学案使用的最大优点在于当知识讲授型课堂向教师导学型课堂转型时其能够起到巨大的推动作用，能够促进师生教学方式和行为的有效转型。但是，导学案不宜长期使用，当学生自主合作探究学习能力提升后，便不宜使用，因为导学案此时又开始限制学生学习能力的提高，不能指向学会终身学习能力的培养。

问题导学课堂境界是高于教师导学型境界的课堂学习，是基于学生学会自主合作探究学习和教师智慧导学基础上的以问题为主线的课堂学习。问题导学型课堂不再使用"新授课"来实施教学，而是走出"新授课"，走向问题学习为主线的多元新课型。如问题发现评价课、问题生成评价课、问题解决评价课和问题拓展评价课等。在这种课堂中，如果教师和学生围绕"问题"开展自主合作探究学习，为便于学生实现目标，最好将"问题"设置在一个"载体"上。这种放置"问题"的载体，我们称之为"问题学习工具单"，也可称为"问题导学单"，具体也可称为"问题发现—评价单""问题生成—评价单""问题解决—评价单""问题训练—评价单"和"问题拓展—评价单"等。在问题导学型课堂中，师生所使用的不是导学案，而是各种问题导学工具单。这种问题导学工具单，也不是固定的，将随着不同课型的需要而变化，具有灵活性、创新性和开放性的特征。尤其是，当学生学会以问题为中心的自主合作探究学习后，这种问题导学工具单将自然消失，师生可直接依据教材开展自主合作探究学习。

那么，从课堂生态上看，学本课堂又是什么样的呢？它是人人愿学习、人人都学习、人人会学习的真学习环境，体现出以主动学习、积极学习、合作学习、团队学习为特征的"狼性学习"。"大小同学"在生生互动交流、师生交往交流中找到自尊自信、体验成功的快乐、品味成功的愉悦。在这里没有因呵斥、惩罚、强迫、分类、排队等原因导致的压抑、郁闷、烦躁、睡觉、逃避、厌学等。而是因学生学会自主、合作、探究学习而产生的自信、真诚、合作、快乐。学习活动由单打独斗的消极学习转变为团队合作发展的积极学习。这种真实、自然、人文、生态的课堂不会产生"待优生"，而是能够让学习者人人都灿烂、人人都成功的真课堂。

四、学本课堂培养什么样的人

毫无疑问，不同内涵、不同品质的课堂将培养不同素质、不同品质的人才，第一章第二节"课堂强国梦"中简单论述道："教本课堂培养被动型、复制型人才，学本课堂培养主动型、创造型人才。"本节具体论述学本课堂究竟培养什么样的学生，或者说是什么样的合格公民。我国春秋战国时期著名的思想家、教育家荀子对教育所培养的人才提出了划分标准，从言与行关系的角度给予等级划分，认为最上等的首先是"口能言、身能行"者，是"国宝"；其次是"口不能言、身能行"者，尚可以作为"国器"；最后是"口能言、身不能行"者，虽自身不能作则，但其言仍可为"国用"；最下等的是"口言善、身行恶"者，这种口是心非的人只能作为"国妖，应加以清除"。这些标准说明荀子认为教育应培养既有高尚的品德，又有渊博的学识，既有思想理论造诣，又有处理实际事务的本领的人才。

从欧洲文艺复兴时期的人本主义教育家维多利诺的观点来看，他想把学校办成

"快乐之家"，认为教育的最终目的是培养精神、身体、道德都充分发展的人。18世纪捷克教育家夸美纽斯提出"人的本身，里外都是一种和谐"，认为教育目的就是身体、智慧、德行和信仰几方面和谐发展的人。到了19世纪初裴斯泰洛齐基于适应自然的原则，提出教育目的就是发展人的天性和形成完善的人。赫尔巴特认为教育就是培养"真正善良"的"完人"。第斯多惠认为教育的目的在于培养"全人"。马克思、恩格斯则强调人的全面发展。上述教育目的都有其合理性和局限性，因为那一时代的社会背景主要是西方工业社会，对人的看法相对单一，当时社会经济的发展对人才的需求有一定的局限性。

　　然而，当下人类社会已经步入以信息技术为特征的知识经济时代，并且向前发展的速度日新月异。面向未来社会的发展，美国著名教育家、哈佛大学教育改革负责人托尼·瓦格纳在大量调研后在《教育大未来》一书中提出了未来世界需要的创新型人才必须具备的七个关键力：①一是批判性思考和解决问题的能力；二是跨界合作与以身作则的领导力；三是灵活性和适应力；四是主动进取和开创精神；五是有效的口头与书面沟通能力；六是评估与分析信息能力；七是好奇心和想象力。这七种能力是面向未来世界社会发展的前瞻性提出的，对世界各国的教育改革都有重要的借鉴意义和指导意义。进入21世纪后，我国政府在《国家中长期教育改革和发展规划纲要（2010—2020年）》中提出了具有战略意义的教育改革主题，即"坚持以人为本、全面实施素质教育是教育改革发展的战略主题"，重点是面向全体学生、促进学生全面发展，着力提高学生服务国家、服务人民的社会责任感，勇于探索的创新精神和善于解决问题的实践能力。这对我国教育改革和发展提出了新的人才培养目标。那么，具有这种品质和能力的人才在什么课堂中培养？

　　笔者曾对教本课堂和学本课堂的教

韩立福博士在深圳市第二实验学校学本课堂创建中指导学生进行展讲

────────────

①　托尼·瓦格纳：《教育大未来》，余燕译，海口，南海出版社，2013。

育效果做过感性的比较分析研究，其结果是迥然不同的。

教本课堂是知识传递式课堂，是静态的、强制性教学，主要特点是"灌输知识"，教学方式和教学方法是单一的，久而久之，表现为控制、强制、专制、单一、官本位等特征。学生是被动接受知识，逐渐失去主人地位，变成学习"奴隶"。试分析一下教本课堂特征对学生素质发展的影响。

第一，被动式教学方式的影响。教本课堂强调学生被动学习，强行接受知识，要求安安静静地，双手交叉束缚伏案，不许提前学习，否则，就是违反纪律。长期在这种机制和环境下被动学习，绝大多数学生养成了被动学习的"好习惯"，这种意识慢慢潜移默化、根深蒂固，长大成人后便养成了按部就班做事的、不喜欢学习的"好习惯"，渐渐对学习、生活没有了自信、兴趣。若没压力推动便不学习。因此，目前，我们所熟悉的许多同人和朋友，都是没有考试不学习，不评职称不写论文，领导不催工作不主动。其根源都在于教本课堂教学方式所带来的负面影响。

第二，告知式教学方法的影响。教本课堂强调教师的告知教学法，上课即讲课，不讲课就不是好教师，从校长到家长多数都是这么一个价值标准。并且，教师总是怀疑学生自己能否学会，不让学生自主学习、合作学习、探究学习，认为他们合作不能够解决什么问题。对学生的学习要求主要是简单的认真听讲、认真记录、有问就答、按教师的部署及时训练。否则，教师不是"好教师"，学生不是"好学生"。那么，学生在这种告知式教学方法的长期影响下，很容易形成接受型思维，凡事都想得到别人的帮助和引领，长大后遇到什么事都不思考，懒得动脑子。最大表现就是不会学习，更不会合作学习，因为这种告知式教学方法会使学生失去喜欢学习、喜欢探索的天性，最可怕的是会使学生失去终身学习能力。比如，现在许多大学生不找工作，不去"打工"，即使考上公务员上班后，也只会按领导要求去工作，在家庭生活中只能按前辈的明示去生活。

第三，长幼型师生关系的影响。由于传统教师观强调"师徒如父子""一日之师终身为父"等观点，所以，在教本课堂中的师生关系是"上对下"的辈分型师生关系，教师具有权威性，有人戏称"教师永远是对的，错了也是对的；学生永远是错的，对了也是错的"。很多教师在课堂中站在讲台上，高高在上，趾高气扬，在教室中行走自如，抑扬顿挫，自信满满。而学生往往是忠诚的、老老实实的听众和接受者。在舞台式教学组织形式的环境中，教师和众多学生形成了"一对多"的单向输出、多点接受的线性关系，对学生主要的要求就是"听话"，常常不让学生说、不让学生动，更不让学生合作交流，如果不听话就变成违反纪律。假使学生长期在这种单一化的师生关系下学习和成长，便会渐渐失去自信，长大后也通常不会合作，不会交往，不会表达，所谓的好孩子也就只会听话、顺从，遵守纪律。

从深层次看，一旦学生在思想意识中形成了我永远"矮人一等"的想法，便会逐渐缺乏尊严意识、民主意识、合作意识、交往意识等。比如，我国中小学生刚出国时总是显得那么内敛、木讷，生活一段时间后才大方、自信起来，根源都在于此。还有我国足球之所以踢不出亚洲，从一定程度上来说是因为队员之间不会有效合作，不能形成强有力的团队，其很大一部分原因就是我们教本课堂没有让学生合作学习，致使我们学生不会有效合作拼搏。目前，我国政府加大反腐力度，几乎各个系统都存在腐败分子，除了"读书做官伦"的传统文化影响、体制问题等原因以外，其中一个主要原因就是传统型教本课堂留下的祸根。由于，在教本课堂中存在严重的长幼型师生关系，为了改善师生关系，小孩子们"委曲求全""绞尽脑汁"讨好教师；家长也为了让孩子的学校生活过得幸福，也是"绞尽脑汁""不择手段"与教师搞好关系。这种潜移默化的影响是深远的。长大后，每个人在各自生存环境中也都想得到个体尊严、利益和地位，这是人之常情。但是，为了获得某种尊严、利益和地位，就带着孩童时代形成的"幼稚腐败"的影子，不假思索地选择"沟通"和"表示"的方式。于是各类腐败就产生了，有的没有及时反省，甚至越演越烈。

第四，专制型课堂性质的影响。从古到今，我们有尊师重教的文化，这本身是一件好事，但是，我们往往过分强调课堂的神圣和威严。于是教师的教学活动成为权威性教学，个别教师俨然像一位"领导"，学生像接受知识的"奴隶"。久而久之，在性质上导致了专制、封闭的课堂，言外之意是"学生最好要怕教师"，教师一瞪眼，学生要哆嗦。在这种神圣课堂中，造成的结果往往是师生关系紧张，学生学习压力大、情绪紧张，学生情感被忽视，除少数学习好的学生以外，还有部分学生不爱课堂、不爱教师，只是表面上过得去即可。这种看似不大的小事，可铸成大错。在这种神圣、冷漠、安静的学习环境中成长的学生，将会渐渐失去一个非常主要的、中国不太关注的东西"情感"，尤其是做人的情感、合作的情感、集体的情感等常常出现缺失和畸形。走向社会后，容易出现社会情感、交往情感单一，性格不完整、不稳定，不会尊重别人的现象，有的还表现出不爱家人、不爱家庭、不爱社会，甚至不爱国家和民族，极少数人只爱网络，或走向极端的行为。例如，2012年冬季，贵州省毕节市某小学有6名小学生逃学，躲到城市垃圾箱，因取暖不当被熏死。当时，从法律角度处分了相关领导，大家想一想，我们的神圣课堂和冷漠的师生关系有没有责任，从课堂理论的科学性上其是否应承担一定责任？

这种权威性、专制型课堂淡化了学生的法制意识、制度意识和规则意识，因为教师的权利是至高无上的，一切都得听从教师的，所以，学生的制度规则意识渐渐淡漠，凡事都得教师裁决。在这种权威课堂中，学生渐渐形成了"教师即皇帝"的意识，给自己定位是"奴仆"。那么，学生长大以后带着这种意识"提心吊胆"地走向社会，到单位、公司上班只关注领导、老板的"口谕"，不关注制度和法律，有的就会四处碰壁。最大的负面影响就是长大后我们公民没有主人意识、民主意识和法律意识。

另外，教师注重机械训练，学生按要求机械地重复地参加训练，结果部分学生长大后的表现特征是思维单一，不喜欢动脑，许多人不喜欢做动脑的工作；教师过分强调知识接受和考试，忽视学生的广泛兴趣，结果学生长大后，许多人对生活失去兴趣，有的甚至厌恶工作，对生活、人生失去兴趣，觉得没有意义；教师在课堂教学中实施简单教学，导致学生的智力发展被忽视，结果很多学生长大后没有创新意识，缺乏创造力，使优秀智力资源被闲置；教师忽视"待优生"的教育，结果一些学生对生活没有愿景、悲观，个性压抑，甚至有的自暴自弃；关注少数优秀学生的成功体验，这部分学生的学业成就主要靠其天赋、家庭、课外辅导和教师呵护，结果这些人追求事业成功，成为优秀人力资源，参加社会工作后，发展事业主要靠天赋、靠环境、靠人脉关系或领导关心，并追求安逸和奢侈的生活等。这就是教本课堂对学生一生带来的消极影响。

我们在这里不是声讨教本课堂，而是理性分析。阅读到此处，肯定有许多读者不一定认同，我就是教本课堂传统教学培养出来的人，我的事业发展得也很好，我也当局长、当科长、当校长、当主任等，也是风生水起、风调雨顺。尊敬的各位读者，我们同样都是教本课堂培养出来的人才，有理由、有权利理性分析教本课堂的利弊，教本课堂曾经是科学的，也是社会发展、时代进步的产物，不是你我来选择和决定的。我们要这么想，如果人类教育提前发展三五十年，那么我们不就都赶上学本课堂了吗？如果我们都经过学本课堂的学习和成长，是不是比现在更开心、更幸福。因为我们的智力开发得更好、潜能挖掘得更好、情感丰富得更多、思维发展得更快、能力发展得更快，那么，我们的人生事业也会做得更大，生活品质也会更高。俗话说"水涨船高"，如果人人水平都提高了，我们共同的社会事业、国家事业也就自然会更发达。

以上我们比较深刻地分析了教本课堂的特征，以及教本课堂对人才成长的消极影响，我们可以得出这样的结论：教本课堂是难以培养《国家中长期教育改革和发展规划纲要（2010－2020年）》所期望的具有"服务国家服务人民的社会责任感、勇于探索的创新精神和善于解决问题的实践能力"的优秀人才，也难以做到"面向全体学生、促进学生全面发展"。不同的课堂内涵和品质将孕育具有不同内涵和品质的人才，学本课堂将培养具有什么样特质的人才呢？

（一）情感丰富、品德优良、富有生活愿景和激情奔放的人

学本课堂提倡团队学习、平等交往、人文关怀、氛围和谐的情感课堂，建立"行政管理体系"和"学术管理体系"等双元体系，并实施"自我评价、同伴评价、学科长评价、小组长评价、学术助理评价"等5级评价机制，来保障和促进学习者走向"自治""组治"和"班治"。在整个双元管理体系中，师生之间、生生之间相互尊重、相互信赖，情感得到丰富，道德品质得以提升；强调"个体学习愿景化、同伴学习合作化、小组学习承包化"，使小组成员人人怀着美好的学习愿景进行学习，每天充满激情，在团队口号、愿景的不断激励下，人人处于亢奋状态，始终有使不完的"劲"。一个学生每天能够享受这样朝气蓬勃的、充满活力的教育，长大成人后，自然而然就有理想，会关心和帮助他人，具有情商，情感丰富，有社会情感，有交往情感，能够对自己的未来生活充满美好愿景。有了这种情感的原动力，他们就是一个激情奔放的人。

韩立福博士在深圳市第二实验学校学本课堂创建中指导学生的结构预习

（二）喜欢学习、学会生活、富有终身学习意识和能力的人

学本课堂给学生搭建了自主学习、主动学习的舞台，指导学生学会自主学习、独立学习，如结构预习方法、多元回归评价法和多元回归学习法等新学习能力。当学生学会自主独立学习以后，就能体验自主学习带来的快乐。于是，他们也就会喜欢学习，越喜欢学习就越会学习，渐渐就具有了终身学习意识和独立学习能力。一位学生在多年的学本课堂中学习生活，养成了喜欢学习、学会学习的好习惯，那么，长大成人后，他们就会依然喜欢学习，具有终身学习意识和学习能力。不论是当公务员，还是公司经理、职员，都会对学习、生活有信心，会按人生规划不断学习和进步。所以，学本课堂将培养喜欢学习、学会生活、富有终身学习意识和能力的人。

（三）善于合作、交往沟通、富有团队意识和敢于负责的人

学本课堂所倡导的教学组织形式是小组合作团队学习机制，主要提倡团队学习和团队成长。在新学习能力培养中特别注重学生小组讨论学习能力、展示对话学习能力、团队评价学习能力等能力的培养。在这种团队合作学习机制中，学生合作学习，学会讨论探究。由于人人都是学科长，人人都得负责任，从而培养学生的担当意识。通过行政体系和学术体系，使每位学生融入团队学习，人人能够积极参与，培养为小组团队荣誉而学习和奋斗的意识。经过多年的熏陶和锤炼，学生长大成人后自然会合作、会交往、会沟通、会合作学习、有团队意识、有责任感。在课堂学习环节注重对话学习、展示学习，组织学习者围绕问题开展生生对话、师生对话，通过对话、展讲、表达来培养学生的对话能力、展讲能力、表达能力等。当一个学生在平日课堂中获得这种体验和训练后，将来到工作岗位和社会舞台上就自然会表达、会交流、会思辨，有一定的社会化交往能力。

（四）充满自信、个性张扬、富有民族精神和积极向上的人

学本课堂是民主、人文的课堂，强调师生平等、相互尊重、相互促进的和谐关系，这种课堂中没有紧张和恐惧，而是充满阳光和温暖。特别关注待优生的成

长，教师将采取 30 多种行动策略来转化待优生，挖掘不同程度学生的潜能。最值得一提的两点策略：一是自信阳光策略，让每位学生都能"抬头挺胸"、充满自信的学习、生活和成长；二是"重点待优生教师化、一般待优生小组化、前置一周来指导、待优生准保能转化"的黄金策略。使学生人人获得自信，人人学习成绩得到提高。于是，每位同学真正感受到了做课堂学习主人的快乐。在这种让学生充满自信的课堂中学习成长，学生长大成人后就会尊重他人，有生活自信，遇到困难敢于挑战，人格健全，会爱家庭、爱社会、爱国家和爱我们的中华民族。

在学本课堂中，提倡"满分意识"，学习者的学业成就主要靠团队合作、靠方法和智慧，人人都能体验学习成功之感。学生长期在高成就意识中成长，将来走向社会岗位后，便会人人追求成功，人人追求人生价值，人人追求个性绽放。都会有成为优秀人力资源的强烈愿望，遇到困难就不会自暴自弃。所以，学本课堂将培养充满自信、个性张扬、富有民族精神和积极向上的人。

（五）善于思考、思维敏捷、富有创新意识和实践能力的人

在学本课堂中，教师注重创设思维发展情境，注重学生的多元思维训练，学生改题、仿题、编题等训练，情景剧创编等训练，重点培养学生高级思维能力。学生在学本课堂中接受这种专门训练后，长大后便具有多元思维能力，做工作喜欢动脑子，善于思考问题，具有创新意识。教师在学本课堂中注重学习兴趣的培养，注重实践学习和体验学习，培养学生探究学习的意识和能力。学生成人后便对生活有兴趣、有热情，喜欢工作和创业，有实践能力。在学生学习过程中，教师没有系统的知识讲授，而是采用智慧导学，特别注重学生智力的开发，使每位学生的优秀智力资源得到开发，人人便有了创新意识，富有创造力。到工作岗位以后，便富有创新意识和实践能力。

教本课堂与学本课堂之教育效应比较分析表

	教本课堂教育效果		学本课堂教育效果	
	学生学习期间状态	学生成年后的素质	学生学习期间状态	学生成年后的素质
传递式教本课堂	学生被动学习，强行接受学习，对学习生活没有自信； 教师告知教学，要求学生认真听，讲、练；"上对下"基分型传递型师生关系，要求听话；权威教学，导致专制课堂，师生关系紧张，学生学习压力大，情绪紧张，情感被忽视，多数学生不爱教师； 教师注重要求机械重复，加强训练； 过分强调知识接受和考试，忽视学生的广泛兴趣； 教学过程简单，导致学生智力被忽视； 必将产生待优生，潜能被忽视； 少数人追求成功，优秀人追求成功，人生事业成就靠家庭，靠天赋，靠人脉关系，或领导关心，追求安逸和奢侈生活； 教师：时间＋汗水＝低效，教师是教书匠，专业始终得不到发展	不喜欢学习，对学习、生活没有自信；学习； 不会学习，不会思考，只会按领导前革的明示去工作，生活； 不会合作，不会交往，只会听话，或等待任务； 社会情感、交往情感单一，性格不完整，极容易导致不会尊重别人，不爱家庭、家长，甚至不爱国家和民族； 思维单一，不喜欢动脑； 许多人对生活失去兴趣，有的甚至厌恶工作，对生活、人生失去兴趣，觉得没有意义； 没有创新意识，缺乏创造力，使优秀智力资源被闲置； 对生活没有愿景、悲观，个性压抑、有的自卑； 少数人追求成功，优秀人追求成功，就靠天赋，就靠主要天赋和教师家庭，课外辅导和广泛关注度		
建构式学本课堂			自主学习，主动学习，体验自主学习快乐，如结构预习和回归学习； 合作学习，讨论探究，学生融入小组、积极参与，为小组服务而合作； 对话学习，展示学习，能实现生生对话、师生对话； 和谐关系，民主课堂，师生平等、相互促进，没有紧张和恐惧、情绪阳光； 教师注重创设思维发展情境，爱国家元思维训练； 教师注重重实践学习兴趣和体验学习； 教师智慧导学，注重智力开发； 潜能得到挖掘，存在差异，不导致校待优生，人人体验成功，学业成就靠天赋、靠团队合作，靠方法靠智慧 教师：时间＋智慧＝高效，学会智慧教学，有智慧教学发展愿景、专业得到持续发展	喜欢学习，会学习，具有终身学习能力，对学习生活有信心，会按人生规划不断学习； 会合作，会交往，会沟通，会思考，会合作学习，有团队意识，有责任感，有理想，情感丰富，具有情商； 会表达，会交流，会思辨； 会竞争，有一定的社会化能力； 会尊重他人，有社会情感，交往情感，人格健全，会爱家庭、社会，爱国家和民族； 具有多元思维能力，做工作喜欢动脑子，具有创新意识，对生活有兴趣、有热情，善对工作和创业，有实践能力； 使优秀智力资源被开发，有创新意识，富有创造力； 对生活有愿景和憧憬，追求个性绽放； 人人追求成功，靠人力资源，人生自主，靠事业成就，靠天赋，靠人才，靠智慧，靠人脉关系，追求人生价值 当一批一批学生走向社会后，教师专业化、教师专业得到成长，走向更高境界

相关资料　学生成长感受

学本课堂　快乐成长

新城实验学校　李梓齐

我叫李梓齐，是六年级（8）班的学术助理，学本课堂这缕"前所未有"的春风，改变着校园里的每一个人：课堂上学生坐立自如，行走自便、主动挑战、沉着应答，教师微笑点头、适时补充，已经成了新安县新城实验学校师生的行为方式。

两年前，我看着讲台上神气的学术助理心里油然而生的是一种渴望；看着威风凛凛的学术助理，心底是一种向往。我多么想像学术助理一样站在讲台上，指引同学们学习，思考。想着，我竟一时失神，在家不由自主地嘟囔学术助理的台词，开始提前预习，深入解答教师预设问题，尽管那时我很腼腆，但我还是向教师提出了申请（因为我们学校的学术助理是申请制）。然而，当学术助理这个职务真正地降临到我头上时，我却措手不及，多了几分胆怯。

清楚地记得我初次登台，随口而出的台词竟荡然无存，觉得身上冒汗，两腿发软，我一时无语了。但同时又在心里暗暗发誓：我一定要让所有人刮目相看！我一定能行！在教师的引导下，我隐隐地看到了改变后的我的轮廓。课下，我在心里拼命地练习，在家里对着镜子拼命地练，对着父母练，直到口干舌燥，烂熟于心。第二次上台，我变得勇敢了！第三次，我感受到拥有勇气和充满自信心的力量！

我的神奇变化也引起了邻居和同学们的羡慕，在我的带动下我们小区里又多了好几个学术助理呢！春风悄悄地走了，但那股改革的春风，永远会吹在新城实验学校师生的心中，生生不息！

学本课堂的创建策略

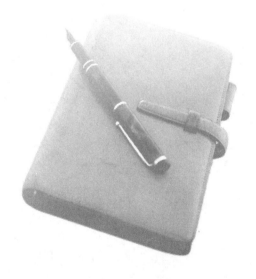

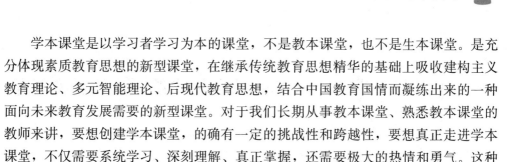

　　学本课堂是以学习者学习为本的课堂，不是教本课堂，也不是生本课堂。是充分体现素质教育思想的新型课堂，在继承传统教育思想精华的基础上吸收建构主义教育理论、多元智能理论、后现代教育思想，结合中国教育国情而凝练出来的一种面向未来教育发展需要的新型课堂。对于我们长期从事教本课堂、熟悉教本课堂的教师来讲，要想创建学本课堂，的确有一定的挑战性和跨越性，要想真正走进学本课堂，不仅需要系统学习、深刻理解、真正掌握，还需要极大的热情和勇气。这种热情就是对教育改革的情怀，对课堂教学改革的认同度和积极性。这种勇气就是积极向上的心态、高度负责的态度、敢于探索创新的意识。其实，学本课堂理论与技能操作并不难，因为不是英语、德语、西班牙语等外语学习，都是我们最熟悉的汉字表述，只要耐心阅读几遍，人人都可能学会。所以，希望教师们放下思想负担，只要学习，您一定会掌握学本课堂操作技术，您一定会走进学本课堂，您一定会领略学本课堂神奇的魅力。

　　如果要真正学会问题导学型学本课堂的操作，韩大同学建议您一定要阅读以下内容，这是至关重要的内容，否则，我们难以走进学本课堂。假如"学本课堂"是一座著名的"名山"，我们攀登时就必须找到路径，最好找到最熟悉路径的"向导"，在"向导"的引领下，我们共同登上这座美丽无比的"名山"，就能分享无限美好风景。一是走进核心模式，明白"先学后导—问题评价"（FFS）有效教学模式的含义，以FFS教学模式来统一我们的认识，快速促进传统教学思维的转型；二是走进多元课型，建构以问题导学为内涵的多元课型体系，能够理解和认识问题导学视野下的新课型体系，针对教学内容能够学会选择与匹配多元课型，并能够按课型流程和智慧导学策略上课；三是学会创新教学组织形式，创建以小组合作为载体的团队学习机制，不仅能够认识到小组合作团队学习的真实目的和积极意义，还能够组织和开展小组合作团队学习；四是要学会开发问题学习工具，建立以"问题清单"为基础的问题学习工具文件夹；五是掌握各种行动策略，能够利用各种"招数"培养学生十大新学习能力和教师智慧导学力；六是学会学本教研，能够建立以"三研两会"为途径的师生合研机制，正常开展新校本教研、组本教研、团本教研、学科团队会议、行政团队会议等，确保学本教研活动质量。

一、走进核心模式：以 FFS 教学模式统一认识转变思维

如果要创建问题导学型学本课堂，首先要走进新模式，理解"先学后导—问题评价"（FFS）有效教学模式的含义和意义。当我们走进这个模式、掌握这个模式后，便可以统一我们的认识，转变我们的传统教学思维。这个模式是依据素质教育理论、新课程理念、建构主义学习理论、多元智力理论、后现代教育思想等理念，结合中国教育传统文化和中小学课堂教学改革实际，经过多年探索后，创新性提出的"先学后导—问题评价"（FFS）有效教学模式，是符合我国素质教育思想、新课程理念的一种体现建构主义教育理论的新型模式。

本模式是一种具有可操作性的新课程有效教学模式，是创建问题导学型学本课堂的最重要的有效途径。该模式提倡"先学后导""问题导学""师生合学"等教学理念。从操作层面上看，把文本知识的教与学过程分"问题发现""问题生成""问题解决"三个阶段，简单概括为"问题发现＋问题生成＋问题解决"教学模式。

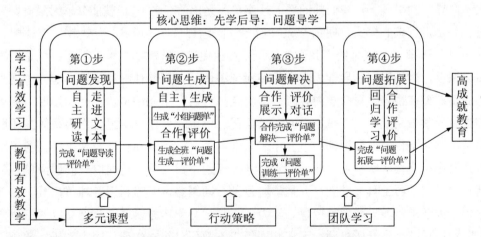

"先学后导—问题评价"有效教学模式结构图

该模式的理论含义是以问题学习为主线、以评价学习为手段、以团队学习为平台、以任务驱动为途径、以思维学习为目标，指向学习者学会终身学习的高质量学

习模式。"以问题学习为主线"就是将文本知识问题化，为知识能力化搭建"桥梁"，经过问题发现、问题生成、问题解决三个阶段的学习，使学生掌握文本内容的基本知识与技能；"以评价为手段"就是在三个阶段学习过程中对学习效果和过程不断进行反思性的、多元化的评价，达到巩固和强化知识、技能，感悟知识，提升意义的目的；"以团队学习为平台"就是建立小组合作团队学习机制，提高学习效率，实现合作发现、团队成功；"以任务驱动为途径"就是在不同阶段、不同课型根据学习需要采用不同的问题工具，实现人人学习，完成学习任务，实现学习目标；"以思维学习为目标"就是通过问题学习促进学生思维发展，培养学生发散性多元思维能力。这个观点是《韩立福：有效教学法》的一个核心观点，有人曾问我："如何界定韩立福有效教学法？"我说："韩立福有效教学法是指以问题学习为主线、以评价学习为手段、以团队学习为平台、以任务驱动为途径、以思维学习为目标，指向学习者学会终身学习的一种学本教学法。"这一有效教学法能够引领我们走出教本教学、教本课堂；能够引领教师和学生走出学生厌学、教师厌教，学生苦学、教师苦教的怪圈；能够实现教师导学"导"的幸福、学生"学"的快乐；能够解决学生学习能力低下、学生课业负担过重、高品质思维能力和创新能力没有得到培养，教师教学方式转型难、教师缺乏智慧导学能力、教师专业发展得不到保障等热点难点问题。

　　本模式主要以问题导学理念和问题工具为全程引领，附有"多元课型""行动策略"和"团队学习"等三大体系支持。"先学后导"含义是指师生先学（学生结构化预习、教师结构化备课）师生后导，生成问题后进入"导"的系统。这里的"导"有三层含义："生本联导""生生相导"和"师生互导"。与"先教后学""先学后教"有本质差异。"问题评价"主要是指一种学习方式，学生在学习过程中，以问题为主线、以评价为手段来进行自主合作探究学习。在问题发现、问题分析、问题解决、问题拓展等阶段都要嵌入"评价"，保障教师和学生的问题生成质量以及问题解决的质量。

　　当我们了解"先学后导—问题评价"（FFS）有效教学模式后，我们将改变以往的课堂教学观，在行为主义教育理论影响下，我们认为课堂教学就是教师向学生系统讲授知识，学生的学习是通过教师的讲授、指导，然后通过学生练习完成教学任务。忽视了学生的学习潜能和学习能力，误认为学生必须通过教师讲授才能获得知识技能。当我们走进"先学后导—问题评价"（FFS）有效教学模式后，我们的认识统一到以下高度：要开发学生的学习潜能，学生都具有无限学习潜能，教与学是教师和学生共同的任务，学习过程是师生通过发现问题、生成问题、解决问题的过程，通过发现问题、生成问题、解决问题来建构知识、培养能力和发展情感。这一发现问题、生成问题、解决问题的学习过程也是激发学习兴趣、促进思维发展、培养创新意识和实践能力的过程。这个模式不是静态的，而是随着学生学习能力的不断提升和教师智慧导学能力的不断提高，模式的内涵也随之提升和丰富，开始阶段教师的主体作用体现得多一些，学生的主体作用体现得少一些，也就是说教师"导"的成分多一些；随着学生学习能力的不断提升，学生主体作用体现得多一些，而教师的主体作用可能体现得少一些。课堂将从"教师搭台教师唱"逐步提升到"学生搭台学生唱"的最高境界，由教师支持型课堂教学走向学生支持型课堂学习。

从操作层面上解释："先学后导—问题评价"（FFS）有效教学模式的实践含义是强调学生在教师指导下提前学习教学内容，让学生进行结构化预习，通过"问题发现—评价单"（后面称为"问题导读—评价单"）把不会的知识内容整理出来，形成学生"问题生成—评价单"。同时，教师要对教学内容进行深度学习和研究，进行结构化备课后预设问题，结合学生发现的问题，再整合师生问题，形成"问题解决—评价单"。上课时采用的教学组织形式主要是小组合作团队学习，在教师创设的学习情境下，教师或学生通过"问题解决—评价单"来呈现问题，通过问题合作探究、展示对话和训练评价，来逐步引导学生解决问题，完成学习任务。继而，通过"问题训练—评价单"进行课堂问题训练来落实教学目标。根据拓展学习需要，借助"问题拓展—评价单"进行拓展学习。该模式主要是将文本知识问题化、课堂问题化、学习问题化、问题能力化，以问题为主线，以评价为手段，在真正意义上实现知识与技能的迁移，提高学生的发现问题、分析问题、解决问题能力，最终目的是使每一位学生学会自主合作探究学习，逐步缩小学生之间的差异，不仅能大面积提高学生的学业成就和终身学习能力，还能够培养学生"黄金般"社会化素质与能力。本模式不仅适合于学校课堂教学，也适合于学生个体独立学习。如果在学校课堂教学中实施本模式，可借助多元课型为平台，会使本模式得以结构化、系统化实施。

该模式是一个贯穿教学过程的综合性教学模式，主要适合主题教学和单元教学。是一种指导教师学会有效教学、智慧导学的"教"的模式，也是一种指导学生学会自主合作探究学习的"学"本课堂模式。目前，国内上千所中小学在实施本模式，都成功创建了问题导学型学本课堂，使学校教育教学质量得到明显提升，促进了学生成长、教师发展。

二、建立多元课型：建构以问题导学为内涵的多元课型体系

　　课型是指课堂的型号，代表着教师的理念、思想、方法、智慧。对学生而言，不同课堂给学生搭建不同型号的学习、成长平台。在以往的教本课堂视野下，课型分类，一般分为自习课、新授课、复习课等，而且学校教学管理部门在设计课程表时，以新授课为主，自习课为辅，自习课数量是相当少的。随着教本课堂向学本课堂转型，单一化的新授课课型也走向多元化的课型体系，为学生学习搭建多元、宽广、厚重的成长平台。在学本课堂视野下，我们要建立以问题导学为内涵特征的多元课型体系，这是一个立体式的课型结构。课型分为基础课型、基本课型和拓展课型等三个层面。一是基础课型，这不是常态课型，设置的主要目的是培养学生新十大学习能力，是一般在每学期开学初和新生入学后实施的一类课型；二是基本课型，这是常态课型，其目的主要是开展正常的教学活动，完成学习任务，也就是指我们上课所用的课型；三是拓展课型，这是常态课型的补充课型，在实施基本课型基础上对所学内容进行有效拓展和提升。

基本课型	拓展课型
问题发现评价课	单元回归评价课
问题生成评价课	回归拓展评价课
问题解决评价课	能力提升评价课
问题拓展评价课	能力测试评价课
问题综合解决课	情感发展体验课
基础课型	
团队创建指导课	
结构预习指导课	
学习能力指导课	

三个层面的课型

（一）认识和理解新课型

1. 基础课型

　　主要包括"团队创建指导课""结构预习指导课"和"学习能力指导课"。这三个基础课型都是在创建初始阶段实施，大约用一周即可，如果发现个别班级还没有形成团队学习氛围，没有培养起新学习能力，可根据需要针对性地再通过基础课型来培训和强化新学习能力。

（1）团队创建指导课

旨在创新传统教学组织形式，将舞台式教学组织形式创建小组合作团队学习机制，将学生"单打独斗"式的被动学习方式转变为"团队合作"式的主动学习方式。一般而言，约用2课时。班主任和班长（下称主任助理）提前备课，按性别、性格、成绩表现确定好各小组成员、组长，按课型流程设计上课过程，准备道具。组长确定有两种方式：教师和主任助理协商确定，或小组成员讨论后确定。一般由主任助理主持，任课教师参加。通过本课型活动要达到创建团队学习机制、激发团队学习热情、焕发学习积极性、增强班级小组的凝聚力和学习力的目的。其流程如下。

创设情境，呈现目标。班主任或主任助理创设合作学习、团队学习重要性的图片、视频情境，激发学生的团队合作学习意识和激情，并呈现本课要实现的活动目标。

小组讨论，创建机制。各组在小组长带领下利用大白纸创建机制，主要明确组名、口号、愿景、各学科长、组歌，在规定时间内彩排，班主任、任课教师、主任助理巡回指导。

多元展示，激励评价。各组在彩排基础上进行精彩展示，其他小组同学和教师鼓励，班主任教师要安排照相和摄影，以便为今后成长留存有价值资料。

总结体会，提升意义。各组精彩展示后，小组讨论活动意义和感受，每组派代表分享，班主任和任课教师也谈感受，并提出今后的期望。

（2）结构预习指导课

旨在培养学生结构化预习能力，增强高质量预习意识，掌握结构化预习方法，具体指导"读""导""评"策略，结合学科内容落实"查、画、写、记、练、思"六字诀。彻底改变学生以往的简单预习、被动预习、低质量预习的坏习惯，努力培养结构化预习、主动预习、高质量预习的好习惯。一般而言，这一课型每学科约用3～5课时，主要是学科教师指导，事先按规定流程进行备课和设计，教师自身在上课之前体验"查、画、写、记、练、思"六字诀。然后，按流程组织上"结构预习指导课"。这一课型对课程改革而言具有十分重要的战略意义，国内一些学校课程改革失败基本都是忽视这一课型所致。希望教师采用"借课还课"策略，今天的借课时是为了明天的省课时。其流程如下。

创设情境，呈现目标。学科教师创设强调结构化预习重要性的图片、视频情境，给学生讲清楚结构化预习与提高终身学习能力的关系及重要意义，并呈现本课学习目标。

预法指导，体验过程。学科教师以适当方式呈现和讲解"读""导""评"策略，首先落实"读"的策略，结合本学科内容一步一步落实"查、画、写、记、练、思"六字诀，让学生体验每一个行动策略，教师千万不要着急，耐心等待和呵护；其次，落实"导"的策略，这一策略一般不实施，只强调学生今后在预习之前可以看"问题导读—评价单"的目标、学法等，采用"先读后作"策略，切记边看边做；最后，落实"评"的策略，在上述个体预习基础上让每小组开展五级评价，检查和完善个体预习，全面提高小组整体预习质量。第一次可能时间不够，请不要紧张，多体验几次，学生结构化预习能力提升后便自然加快。

效果检查，总结提升。各组学科长分别汇报各小组的结构化预习情况，并畅谈本课结构预习的学习收获，教师对下一步结构化预习提出针对性要求。

（3）学习能力指导课

旨在全面培养学生新学习能力，除学生结构化预习能力以外，还有小组讨论学习能力、展示对话学习能力和问题生成学习能力等9种学习能力。这一课型任务主要是按方法要求进行反复训练。开始阶段主要训练小组讨论学习能力、展示对话学习能力、问题生成学习能力和五级评价学习能力，等实施一段时间后，根据需要训练其他学习能力。一般而言，开始阶段约

韩立福博士在山东省济南市永昶街回民小学指导教师的结构化预习

用2～3课时，班主任和学科教师合作组织，按某种学习能力培养的策略要领备课和设计，并大胆组织实施。操作时，可以将几种能力整合在一起进行训练。以小组讨论学习能力、展示对话学习能力为例，其流程如下。

创设情境，呈现目标。教师创设突出展示对话学习能力重要性的图片、视频情境，给学生讲清楚展示对话学习能力与人生发展、人生幸福的关系及重要意义，并呈现本课学习目标。

学法指导，训练体验。教师对本课将要训练的方法给学生讲解清楚。第一步训练小组讨论学习方法，选定某一主题或某一问题的答案，按小组讨论"12345＋2"策略规范操作，在组内认真讨论合作探究，反复训练，直到学会有效讨论；第二步

训练展示对话学习能力，选定某一主题（如自我介绍或某一问题的答案），在组内开展结构化讨论基础上，让每位同学到前台进行规范展讲，按展讲"六字诀"（展思论评演记）和"1＋3＋1"展讲模式反复训练，使每位学生做到抬头挺胸、充满自信、声音洪亮、表达清楚。

总结归纳，提升意义。各组长分别汇报各小组的新学习能力培养情况，并畅谈本课学习收获，教师对下一步提高学习能力提出针对性要求。

2. 基本课型

主要包括"问题发现评价课""问题生成评价课""问题解决评价课""问题拓展评价课"和"问题综合解决课"。下图是针对教本课堂中的"新授课"这一课型进行创新的，但是大家不要错误理解为1课时改为5课时。在实践中需要教师按匹配原则去选择和组合。下面对五种课型的主要含义以及任务和流程进行描述。

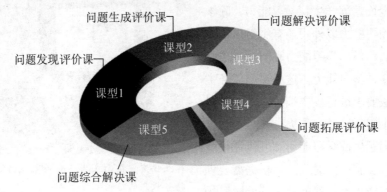

五种课型任务流程图

（1）问题发现评价课

旨在学生在教师引导下，反复阅读、深入文本、理解内容、体验意义，最后发现问题。开始阶段教师可以设计"问题导读—评价单"，在课前结构预习和课内结构预习基础上让学生认真地、系统地完成"问题导读—评价单"上的预习评价任务；通过"预习评价"模块内容进行展示型评价学习后，让各个小组将通过合作探究学习仍不能解决的问题，填入小组"问题生成—评价单"，继而，通过全班讨论后，形成全班的"问题生成—评价单"，为下一步的"问题解决评价课"做好准备（也可为"问题生成评价课"做准备）。

　　"问题发现评价课"和"问题生成评价课"都属于"结构预习课"，前者是结构预习课的初级阶段，而后者是结构预习课的高级阶段。当实施一段时间后，学生具备一定的结构预习能力，我们就可以考虑如何上"问题生成评价课"。可以逐步省略"问题发现评价课"。其流程如下。

　　创设情境，呈现目标；（1～3 min）

　　自主学习，结构预习；（15～20 min）

　　预习评价，合作讨论；（10～12 min）

　　小组展评，规范指导；（5～10 min）

　　归纳共性，生成问题。（2～6 min）

　　（2）问题生成评价课

　　旨在进一步引导学生在发现基本问题的基础上生成高质量问题、评价问题，实现知识技能迁移。学生带着结构化预习中发现的问题进行合作讨论学习，对组内个性问题进行有效评价、答疑解惑、二次生成小组的共性问题，继而在全班各小组间呈现问题，通过交流合作、排疑解难、系统思考、筛选组合，最后生成全班的共性问题，对于共性问题，采取"先易留难"的原则，师生合作通过共同交流、评价、互导来解决。最后，教师让学生在适当时间内整理出全班"问题生成—评价单"。这个课型是结构预习课的高级阶段，学生已经具备结构预习能力，在上这个课型时，一般情况下就不上"问题发现评价课"。上完"问题生成评价课"以后，可以直接上"问题解决评价课"。基本流程如下。

　　创设情境，呈现目标；（1～3 min）

　　预习评价，小组展评；（6～10 min）

　　讨论探究，生成问题；（10～18 min）

　　梳理优化，合作解决；（5～12 min）

　　重点问题，二次提炼。（2～5 min）

　　（3）问题解决评价课

　　旨在进一步帮助学生理解问题、分析问题、解决问题、巩固知识、提升能力。前提是上好"问题发现评价课"或"问题生成评价课"。在这个课型的课堂中，第一，教师帮助学生创设情境，回顾文本，呈现问题；第二，师生围绕"问题解决—评价单"上的"问题"进行小组讨论、合作探究；第三，教师组织各小组学生进行展示对话，通过展示型问题对话学习，逐一解决"问题解决—评价单"上的问题，教师要见机指导学生有效理解问题、解决问题；第四，在"问题"解决基础上，教师组织开展多元化训练，在规定时间内让学生完成"问题训练—评价单"上的问题训练；第五，学生小组通过讨论进行归纳概括，提升学习意义。基本流程如下。

创设情境，呈现问题；（1～5 min）

自主学习，合作讨论；（5～10 min）

展示对话，规范指导；（15～20 min）

问题训练，合作评价；（6～10 min）

归纳概括，提升意义。（2～5 min）

（4）问题拓展评价课

旨在使学生学会问题拓展，进一步挖掘问题、展示问题，巩固知识，实现有效的回归复习。第一，教师指导学生回顾问题、挖掘问题、展示问题。第二，教师组织小组多元拓展，对课程问题或所学知识进行有效归纳后，开展多元展示分享。第三，教师创设多元化拓展训练的情境，通过自主探究、合作交流等形式，对拓展问题进行有效训练，教师对拓展问题进行适时指导，对于有探讨价值的专题可以进行专题竞赛检测，促进学生个性发展。在群体参与、平等对话、共同探究的气氛中，学生可以尽情表演、激情朗读、动情歌唱和手舞足蹈等，以各种形式表达自己的内心情感和学习的愉悦，以达到心灵的共鸣和思维的共振。第四，教师对拓展训练中发现的共性问题，组织学生合作评价式指导或由教师酌情指导。第五，学生小组通过讨论后进行归纳概括，提升学习意义。基本流程如下。

创设情境，回归问题；（1～5 min）

小组拓展，归纳展示；（10～18 min）

拓展训练，合作评价；（5～15 min）

共性问题，规范指导；（3～8 min）

提升意义，体验成功。（2～5 min）

（5）问题综合解决课

旨在教师指导学生在单位时间内发现问题、生成问题、解决问题，提高学生分析问题、解决问题能力。"问题综合解决课"比较适合教学容量少的课程。主要由发现、生成、解决三个部分组成，也是对问题发现课、问题生成课、问题解决课的综合。首先是教师创设情境，呈现目标，达到激发兴趣、咀嚼目标的目的；指导学生自主合作学习，发现问题，评价问题，经过小组交流生成小组问题。其次，教师指导学生以小组形式对生成问题通过多元方式进行解决，教师直接参与各组学习活动，对重点问题进行有效指导。再次，教师组织学生进行问题训练，全面提升能力，对共性问题进行规范指导。最后，教师归纳问题，组织小组讨论，生成意义，拓展视野。基本流程如下。

创设情境，呈现目标；（1～3 min）

预习评价，生成问题；（5～10 min）

合作探究，展示交流；（15～20 min）

问题训练，组间展评；（5～12 min）

归纳概括，提升意义。（3～5 min）

3. 拓展课型

主要包括"单元回归评价课""回归拓展评价课""能力提升评价课""能力测试评价课"和"情感发展体验课"。"回归拓展评价课"和"能力提升评价课"更适合于总复习阶段；"能力测试评价课"是指教本视野中的试卷点评课；"情感发展体验课"是指教本视野下的主题班会。虽然这些课型属于拓展课型，但是都是课型体系中不可缺少的一部分。

（1）单元回归评价课

旨在每单元结束后进行回归复习，达到对本单元知识进行回归建构、问题得到回归解决、能力得到拓展提升的目的。学生个体在课前对本单元知识采用多元归纳法行回归建构，并发现所困惑的问题；课中分享知识建构图，小组讨论后生成问题，在全班进行展讲解决，在此基础上根据教师预设的"单元回归拓展单"进行训练。本课重心是在单元知识建构基础上侧重于单元问题进行拓展解决。基本流程如下。

创设情境，呈现目标；（3～6 min）

回归建构，展示分享；（10～12 min）

重点问题，展开解决；（10～12 min）

拓展训练，组间展评；（15～20 min）

总结归纳，提升意义。（2～5 min）

（2）回归拓展评价课

旨在几个主题或几个单元内容的回归拓展复习，通过本课达到对几个主题知识或几个单元知识的系统梳理和建构，使全班生成的问题得到有效解决，使学生运用知识技能的能力得到全面提升的目的。学生在课前系统地对几个主题知识或几个单元知识进行回归梳理和建构，画出个性化的知识建构图，并生成小组问题；课中展评分享知识建构图，通过展示对话使全班问题得到解决，根据教师预设的"回归拓展训练单"进行拓展训练，使知识有效迁移为能力。本课的重心是在知识建构和重点问题解决基础上开展拓展性训练，提高知识技能的拓展能力。在九年级、高三阶段可适度延长课时时间，两课联排。基本流程如下。

创设情境，呈现目标；（1～3 min）

回归梳理，知识建构；（10～15 min）

重点问题，展评解决；（10～15 min）

拓展训练，组间评价；（15～18 min）

总结归纳，提升意义。（2～5 min）

（3）能力提升评价课

旨在开展提高性拓展训练，使学生运用知识技能的能力得以全面提升。学生课前对本课知识内容复习中所困惑的问题生成出来，课中首先根据教师按第一梯度标准预设的"能力拓展训练单"进行一次拓展训练，通过展评后结合课前生成的问题进行合作解决。然后，学生再根据教师按第二梯度标准预设的"能力提升训练单"进行二次拓展训练。本课的重心是通过二次拓展训练，全面提升学生的知识技能拓展能力。基本流程如下。

创设情境，呈现目标；（1～3 min）

拓展训练，能力迁移；（10～12 min）

问题生成，合作解决；（8～10 min）

提高训练，能力提高；（15～20 min）

总结归纳，提升意义。（2～5 min）

（4）能力测试评价课

旨在发现测试中所困惑的难点重点问题，通过师生合作、展评对话有效解决问题，并开展针对性的能力训练和全面提高。课前教师要对本次测试试卷进行结构化分析，使用计算机分析出每道题的得分率，整理出失分背后的问题，并预设出有针对性的"问题训练评价单"。课中学生小组深度讨论出失分率较高的问题，通过讨论后进行展评解决，继而根据教师课前准备好的针对性"问题训练评价单"或采用高级思维训练进行改、仿、编题训练，迅速完成并组织展评。本课重心是解决针对性问题，开展针对性训练。

创设情境，呈现结果；（1～3 min）

生成重点，讨论解决；（8～10 min）

展示交流，规范评价；（10～15 min）

针对训练，组间展评；（10～12 min）

总结归纳，提升意义。（3～5 min）

（5）情感发展体验课

旨在丰富学生学习情感，激发学生学习热情，规范学习行为，提高道德品质。在学本课堂视野下将起到情感"加油站"的作用。班主任教师与主任助理课前设计主题和内容，进行结构化设计；组织学生按主题进行结构化准备，以便展示和交流解决。一般而言，由学生代表主持。课中各个小组围绕专题进行合作讨论，准备展示；各组通过多元展示、表演，引发其他小组评价、建议、补充、提示等，并经过二次讨论，开展针对性讨论，组内组织深度反思，并在班内展示反思，组织学生畅谈收获、感悟和认识。本课特点：开发性、民主性、人文性、情感性、发展性等。基本流程如下。

创设情境，呈现目标；（1～3 min）

小组讨论，合作探究；（8～10 min）

多元展示，评价分享；（15～20 min）

二次讨论，反思总结；（5～10 min）

畅谈感悟，意义提升。（2～5 min）

（二）选择与匹配多元课型

在了解和认识多元课型后，我们要针对教学内容学会选择和匹配课型，这是一个非常关键的问题，也是不可回避的问题。在教本课堂视野下，我们对课时编排主要以新授课为主，如果教学大纲规定 100 课时，基本上以新授课为主来编排和设计，包括复习课、练习课等。在学本课堂视野下，建立了以体现问题导学为特征的多元课型体系，我们教师要学会新常态下的课时计划、课型匹配和选择，现将课型匹配和选择原则介绍如下。

其一，当我们针对 1 课时教学内容时，开始阶段我们就选择"问题综合解决课"或"问题解决评价课"。

其二，当我们针对 2 课时教学内容时，开始阶段我们就选择"问题发现评价课"和"问题解决评价课"。经过一段时间实施后，学生新学习能力不断提升后，课堂内涵也将逐步提升，针对同样的 2 课时教学内容时，我们就选择"问题生成评价课"

和"问题解决评价课"。

其三，当我们针对 3 课时教学内容时，开始阶段我们就选择"问题发现评价课""问题解决评价课"和"问题拓展评价课"。经过一段时间实施后，学生新学习能力不断提升后，课堂内涵也将逐步提升，针对同样的 3 课时教学内容时，我们就选择"问题生成评价课""问题解决评价课"和"问题拓展评价课"。

相关资料

"先学后导—问题评价"有效教学模式系统内课型匹配与选择示意表

主题容量	课型匹配与选择建议			课时	备注
	辅助课型	主课型	辅助课型		
教学容量少		问题解决评价课(或问题综合解决课)		1 课时	每位任课教师根据教学计划和主题容量选择课型，实现课型组合优化；建议各实验教师可参考本表意图来选择课型
教学容量中	问题发现评价课（开始阶段）	问题解决评价课		2 课时	
	（实施 1～2 月以后）问题生成评价课	问题解决评价课			
教学容量大	问题发现评价课或问题生成评价课	问题解决评价课	问题拓展评价课	3 课时	
教学容量较大	问题发现评价课问题生成评价课	问题解决评价课	问题拓展评价课	4 课时	
单元教学任务完成后要加强回归复习，增加问题拓展课			问题拓展评价课	根据需要设置回归复习课	
备 注	随着对本模式的熟悉和娴熟运用，"问题发现评价课"渐渐移出课型，师生可将学习内容放在自习课和课外完成，可以减少课时，有利于学生提高自主合作探究学习能力，逐步养成自我教育的好习惯；当师生十分熟悉新课型，并能够熟练运用时，可以创新，如"问题发现评价课"和"问题生成评价课"合并为"发现生成评价课"				

其四，当我们针对 4 课时教学内容时，就选择"问题发现评价课""问题生成评价课""问题解决评价课"和"问题拓展评价课"。关于 4 课时编排问题，教师也可以灵活掌握，经过一段时间的实施，学生的新学习能力不断提升，课堂内涵也逐步提升，针对同样的 4 课时教学内容，我们就选择 1 节"问题生成评价课"、2 节"问题解决评价课"和 1 节"问题拓展评价课"。

其五，当 1 单元结束时，我们就选择"单元回归评价课"。建议按单元回归复习策略设计与编排"单元回归评价课"。

（三）如何制订课时计划表

在教本课堂视野下，每学期开学初教师都要设计教学计划，一般没有设计课时计划表。在学本课堂视野下，课型走向多元，教师要根据课表规定的课时数，结合学科特点和学校校历实际情况，做出精当的设计和编排。

九年级《语文》（上册）课时计划表

学校：陕西省宝鸡市岐山北郭中学　　任课教师：朱晓娟　　　年　　月　　日

单元	课程名称	课时（101）	课型	备注
第 6 单元	《陈涉世家》	2	问题发现评价课	根据教学内容适当调整进度，先学习第 6 单元古文
			问题解决评价课	
	《唐雎不辱使命》	2	问题发现评价课	
			问题解决评价课	
	《隆中对》	2	问题发现评价课	
			问题解决评价课	
	《出师表》	2	问题发现评价课	
			问题解决评价课	
	《词五首》	2	问题发现评价课	
			问题解决评价课	
	第 6 单元回归复习	2	自主回归拓展课	
			单元回归评价课	

续表

单元	课程名称	课时（101）	课型	备注
第1单元	《沁园春·雪》	2	问题发现评价课	
			问题解决评价课	
	《雨说》	2	问题发现评价课	
			问题解决评价课	
	《外国诗两首》	1	问题综合解决课	
	第2单元回归复习	3	自主回归拓展课	
			单元回归评价课1	
			单元回归评价课2	
第2单元	《敬业与乐业》	2	问题发现评价课	
			问题解决评价课	
	《傅雷家书两则》	2	问题发现评价课	
			问题解决评价课	
	《致女儿的信》	1	问题综合解决课	
	第2单元回归复习	3	自主回归拓展课	
			单元回归评价课1	
			单元回归评价课2	
第3单元	《故乡》	3	问题发现评价课	
			问题解决评价课	
			问题拓展训练课	
	《我的叔叔于勒》	2	问题发现评价课	
			问题解决评价课	
	《心声》	1	问题综合解决课	
	第3单元回归复习	3	自主回归拓展课	
			单元回归评价课1	
			单元回归评价课2	

续表

单元	课程名称	课时（101）	课型	备注
第4单元	《事物的正确答案不止一个》	2	问题发现评价课	
			问题解决评价课	
	《中国人失掉自信力了吗》	2	问题发现评价课	
			问题解决评价课	
	《应有格物致知精神》	1	问题综合解决课	
	第4单元回归复习	4	自主回归拓展课	
			单元回归评价课1	
			单元回归评价课2	
			单元回归评价课3	
第5单元	《智取生辰纲》	2	问题发现评价课	
			问题解决评价课	
	《范进中举》	2	问题发现评价课	
			问题解决评价课	
	《杨修之死》	1	问题综合解决课	
	《香菱学诗》	1	问题综合解决课	
	第5单元回归复习	5	自主回归拓展课	
			单元回归评价课1	
			单元回归评价课2	
			单元回归评价课3	
			单元回归评价课4	

续表

单元	课程名称	课时（101）	课型	备注
总复习设计	课内现代文阅读	8	拓展训练评价课	此内容可有计划地穿插到每一周中。有的内容集中学习
	课内古诗文阅读	8	拓展训练评价课	
	课外现代文阅读	11	拓展训练评价课	
	文题审读训练	2	拓展训练评价课1	
	选材立意训练	2	拓展训练评价课2	
	文章结构训练	2	拓展训练评价课3	
	语言表达训练	2	拓展训练评价课4	
机动设计	阅读积累课	6	自主回归拓展课	
备注				

三、创新组织形式：创建以小组合作为载体的团队学习机制

这一内容非常重要，但目前我们没有给予足够的重视。这是对传统舞台式教学组织创新的重大改革。这一创新能够改变课堂性质、课堂秩序、组织形式、师生关系和课堂氛围等重要特质。我国经历了十多年的课程改革历程，有一部分学校实施小组学习，一定程度上改变了传统教学组织形式，对推进基础教育课程改革、深化课堂教学改革发挥了巨大的推动作用。不过，由于我国师范教育课程体系缺乏合作学习指导课程。广大教师在职前教育与职后培训中始终是"缺课"；在课程改革实践中，大都是"照猫画虎"。最后，导致许多学校的小组合作学习流于形式，还有一大部分学校的小组学习实施一段时间后，因学生脖子扭了、腰椎变形、不注意听讲、组织纪律出现混乱等理由改为舞台式。究其原因，主要是我们没有系统地接受过这一方面的专业学习和培训。教学组织形式大体分为个体学习、舞台式学习和合作学习。其中，合作学习包括三个阶段，也是三个境界，最初阶段和境界是小组学习，

其次阶段和境界是小组合作学习，最高阶段和境界是小组合作团队学习。每一层次都有不同程度的内涵和特征。

合作学习三重境界

如果我们要创建学本课堂，必须创新传统教学组织，建构小组合作团队学习机制；要超越班级管理组织形式，把班级视为一个大团队，是一个具有共同学习目标、共同成长愿景的，具有学习策略的团队组织，教师只是一个团队成员，不再是传统课堂教学中的教师，是一个积极的、主动的、善于合作、虚心学习的、充满导学智慧的"大同学"。这样的团队学习有以下特征：一是以学习者为中心，都围绕"问题解决"而开展"忘我"的学习活动；二是师生关系是多元、双向的对话关系、合作关系和成长关系；三是课堂学习氛围是开放的、民主的、自由的人文关系；四是小组内各位成员之间是真诚、和谐、促进的交往关系；五是各组之间是一种平等、互助、积极、竞争的团队整体发展关系。这种小组合作团队学习，长期实施以后，我们追求的是真实、高效的学习效果，引导教师和学生走向忘我的境界，在单位时间内提高学习效率，最终把小组合作学习建设成学习共同体，建立一种体现以人为本的、多元的、开放的、民主的、平等的、自由的、真实的学习场。

为什么要创建小组合作团队学习机制，其目的主要有两点：一是使学生真正成为学习的主人，让每位学生都学会自主学习、合作学习，形成相互帮助、相互督促的学习氛围，提高单位时间内的学习效率；二是建立以问题解决为主线的社会交往机制，让学生真诚起来、合作起来、交往起来，提高学生的交往能力、情感能力、表达能力、合作能力、创新能力等。这是一个系统的、"型、神、实"相结合的、三位一体的社会化教育工程，最关键在于"神"的建设。只有"型"，没有"神"，不可能有"实"。所以，我们要重点加强"神"的建设。如何才能使小组合作团队学习机制有"神"，我们在创建过程中要落实八大策

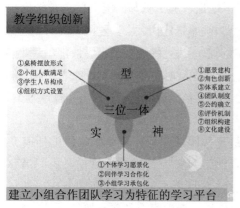

"型、神、实"三位一体的社会化教育工程

略。达到"神"固"型",然后"型"保"实"。最后,"型神"兼备,持续发展。

(一)团队创建策略

小组合作团队学习机制创建不是简单的事情,而是十分重要的、系统创建的过程,希望教师格外重视。即使您创建过小组学习,也要系统的重新创建。千万要记住"不是摆桌子"。关键是落实八大创建策略,在具体行动策略上应采取以下八大策略,简称为创建策略"六十四字诀"。

韩立福博士在内蒙古自治区教育厅举办的新课程有效教学实验教师培训班上,采用体验式教学方式指导教师创建小组合作团队学习机制

1. 构建愿景

愿景是影响和指引人民努力学习、工作的心理基础,也是学生学习、工作、进步的动力系统和有效心理机制。从学生角度,教师召开主题班会,建构"我的愿景",同时建立班级愿景,增加团队凝聚力和学习力,努力实现学习愿景化,做到时时激发,增长动力,最终实现人人有愿景、组组有愿景、班班有愿景。从教师角度,教师愿景一旦被激发出来,有了愿景,有了目标,就有了规划,那么教师的潜能就会被挖掘出来,主体作用就会发挥出来。所以,学校要召开教师愿景建构大会,建构"我的专业愿景",同时建立教研组愿景,增加团队凝聚力和教师教育力,使教师工作愿景化,专业愿景化。我们在管理组织和个人时,要经常激发愿景,做到时时激发,不断地增长他们的工作动力,真正实现工作愿景化,专业愿景化,增加团队的向心力、凝聚力和教育力。

2. 角色创新

在学本课堂视野下,我们要创建新型小组合作团队学习,将整个班级的所有角色与职能进行创新,以适应新的团队管理和合作学习。一是增设学科长,我们借鉴"大雁飞翔效应",体现生生是"代表"的理念,在每个小组内增设新职务——学科长,使每位同学都是学科长,做到人人都是学科长、课课都有"领头雁"、科科都有"领头雁"。"课代表"创新为"学术助理",主要职责是协助任课教师负责全班本学科的学习力，指导学生发现问题、生成问题和解决问题，评价、管理和指导各个小组的学习任务完成情况。"学习委员"创新为"学习长"，负责全班各个学科的学生学习力，协助各科教师督促和带领各组学科学术助理开展自主合作探究学习，研究学习方法和学习提高效率，重点关注待优生转化，全面负责提高全班学习成就。"班长"创新为"主任助理"，协助班主任负责全班学习、生活等的全面工作。尤其是要带领各个小组组长，为全班开展有效学习提供行政保障，定期召开有关团队建设的各种会议，不断强化管理机制。

3. 建构体系

全班是一个大团队，是一个大的学习系统。建立两个体系：行政管理体系和学术指导体系。行政管理体系由主任助理、小组长和成员组成，主任助理直接管理的是小组长，小组长直接管理成员，在学习活动中是间接管理成员，主要负责"学不学"；学术指导体系由学习长和学术助理、学科长和成员组成，学术助理直接指导的是学科长，学科长直接指导成员，主要负责"会不会"。两者之间存在横向平行的管理指导关系，主任助理又监督指导学习长和学术助理，小组长又监督指导学科长。这样，就形成了行政管理和学术指导纵横交错的双元管理体系。使这个团队中各个子团队之间建立一种相互管理、相互指导、相互评价、相互促进的多元管理体系，使团队的"堡垒"更加坚固。

4. 团会制度

班级创新为团队，建立"团会"制度。如果不能定期召开团会，小组合作团队学习机制就难以持续。为了实现有机运转，必须要定期召开三个团会。每周召开一次由学科教师召集各组学科长的学科团队会议，时间为约 20 min；每两周召开一次由班主任召集小组长的行政团队会议，时间约为 20 min；每两周召开一次由班主任召集各学科教师的教育团队会议，时间约为 40 min。会议主要研究全班各学科学习方法、"待优生"转化和学习效果；培养责任意识和团队合力。

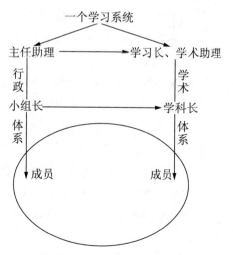

行政管理体系和学术指导体系

5. 建立公约

在小组合作团队学习机制创建中，我们必须树立公约，"国有国法、家有家规"，小组要有"组约"。"公约"是学生和教师所遵循的法则和要求，与全体学生共同商议后形成，主要对学生如何积极参与、如何生生之间互动、如何师生之间交往等方面做出基本规范和要求，并规定如何参与、互动、交往能够有效提高学习效能。通过"组约"来规范合作行为，提高教师和学生的合作能力。建立小组合作学习"公约"，引进激励机制，培养合作交往意识和小组合作学习技能。

6. 多元评价

创建以学习共同体为主的小组合作团队学习，必须引进多元评价机制，落实各层级的学习责任，体现生生是"主体"、生生是"代表"、生生有"责任"的学习理念，使学生学习责任化、评价多元化，确保新型小组合作学习的学习效能。一是健全"五级"学习评价机制，全面落实学习责任；二是学习成绩评价以小组为单位，维护待优生尊严，发扬合作学习精神。如公布考试分数，就直接公布小组成绩，不要公布个体成绩。这样的小组评价将有利于维护小组尊严，增加团队内部的合作精神，促使每位成员为团队荣誉而努力。

7. 组织机制

这里主要是指创建组名、组牌、组训、口号、愿景、目标、组歌；落实角色及职责，填写"学科长角色设置表"；需要师生共同行动起来，动手购置设备，创建小组合作学习氛围，把小组建成温馨的"小家"，把班级变成温馨的"大家"。

8. 文化建设

实施小组合作团队学习，体现以学为中心的教育理念，现有的课堂文化将由"教"为中心向以"学"为中心转型，将由"个体接受学习"向以"合作发现学习"转型，将由"先教学后"向"先学后导"转型，必须体现素质教育思想和课程改革理念。比如，教室的标语文化要努力体现学本教育思想和理念，教室可展贴"学习金字塔"，可以张贴体现合作精神的名言。比如，"合作萌芽在课堂上，但却伴随着学生在全世界生根。"（迪克森·陈）"人类有三个普遍需求：联系、能力和自由，合作学习全都能够满足。"（心理学家道西和瑞安）"我为人人，人人为我。"（杜马斯）等。

通过落实创建策略来保障小组合作学习机制的"神"。创建小组合作团队学习机

制以后，将揭开教本课堂的虚伪面纱，一切学习活动走向真实、高效。班级管理形式发生实质性变化，传统班级已不复存在，"班级"概念将被"小组团队"取代，学习活动是一个团队的活动。小组合作团队学习效果将实现四化学习：个体学习愿景化，同伴学习合作化，小组学习承包化，全班学习最优化。

韩立福博士在安徽省霍山文峰学校指导学生进行合作学习

（二）团队创建操作

小组合作团队学习机制，主要通过"团队创建指导课"来创建。一般由主任助理主持，任课教师参加。我们要在认识上明确这不是搞形式，而是通过创新传统教学组织形式，为了提高学习效率和学业成绩，为学生终身发展负责而开展的一项活动。从课程改革角度来看，将舞台式教学组织形式创新为小组合作团队学习机制，也就是将学生"单打独斗"式的被动学习方式转变为"团队合作"式的主动学习方式。

一般而言，约用2课时。班主任和主任助理提前备课方案、道具（大白纸、水彩笔、胶带），按性别、性格、成绩表现确定好各小组成员、组长，按可行流程设计上课过程，准备道具。组长的确定有两种方式：教师和主任助理协商确定，也可小组成员讨论后确定。通过本课型活动要达到创建团队学习机制，激发团队学习热情，焕发团队成员学习积极性，增强班级小组的凝聚力和学习力的目的。其创建流程如下。

创设情境，呈现目标。由班主任或主任助理创设合作学习、团队学习重要性的图片、视频情境，也可以按统一要求进行板书，给学生讲清楚创建小组合作团队学习机制的意义和好处，激发学生的团队合作学习意识和激情，并呈现本课要实现的活动目标。

小组讨论，创建机制。各组在小组长带领下利用大白纸创建机制，主要明确组名、口号、愿景、各学科长、组歌，并在规定时间内彩排，班主任、任课教师、主任助理巡回指导。

多元展示，激励评价。各组在彩排基础上进行精彩展示，班主任教师要安排照相和摄影，以便为今后成长留存有价值资料。

总结体会，提升意义。各组精彩展示后，分小组讨论活动的意义和感受，每组派代表进行分享，班主任和任课教师也谈一谈感受，并提出今后的期望。

讲解目的：一是学会学习、缩小差异，提高学习成绩；二是学会合作，提高社会化能力，培养黄金般素养

创建小组合作团队学习机制
核心理念：让团队迸发出无穷的正能量

创建内容
　组长：

　组名：

　口号：

　愿景：

　学科长分工：

　组歌：

（具体见模板）

创建流程
　创设情境，呈现目标
　小组讨论，创建机制
　多元展示，激励评价
　总结体会，意义提升

实现效果
　个体学习愿景化
　同班学习合作化
　团队学习承包化
　全班学习最优化
生态效应
　"狼性学习"

新学习能力指导

小组讨论学习能力
　——"12345+2"策略

展示对话学习能力
　——"展思论评演记"策略

团队评价学习能力
　——五级评价
　评价话语"会不会，我帮你"

（将此三大能力指导融进小组合作团队学习机制的创建过程中进行指导，会取得事半功倍的效果）

黑板统一板书模板

相关资料

案例分享

创建班级：河南内乡菊潭学校七年级（3）班

班　　名：旭日班

班 主 任：周晓阳

教　　龄：15 年

课　　型：小组合作团队学习创建指导课

创设时间：90 min

创建日期：2014 年 2 月 18 日

主 持 人：班主任

参加人员：全体任课教师

简　　介

"团队创建指导课"是韩立福有效教学法"学本课堂"视野下多元课型中的基础课型，是实施新型课堂教学必不可少的重要环节。能否成功创建这一课型，直接影响着其他基础课型能否正常开展，能否取得明显课堂教学成效。下面就以我校七年级（3）班"团队创建指导课"作为案例，向大家具体呈现这一课型的操作流程。

一、课前准备

（一）班主任准备

与任课教师深入了解学生，认真研究制订"班级学生全景分析表"；

根据学生性别、性格、成绩、特长、语言表达能力等因素进行分组，初步拟定分组名单，确定小组长，小组长可由教师和主任助理协商确定，也可小组成员讨论后确定；

制作"小组合作团队学习机制表"电子样表，以备播放，供学生参考；

召开学科教师会议，熟知创建流程，以饱满的热情参与创建活动；

准备大白纸若干张、异色记号笔若干支及多媒体设施。

（二）学生准备

学生明确上课时间，做好思想准备，营造创建氛围；

桌凳以小组合作形式，呈"二"字形摆放，与黑板垂直；

主任助理召开骨干学生会议，鼓励其配合课堂教学，勇于展示，发挥带头作用。

二、操作流程

（一）创设情境，呈现目标（10 min）

班主任播放各种团队合作学习的图片、视频，激发学生团队合作意识和激情，并呈现本课要实现的活动目标。

班主任：同学们，你们想成为学习的主人吗？你们知道如何快乐、主动学习吗？你们想早日成为领导型人才吗？本节课就组建小组合作团队学习机制。

学生：老师，怎么组建小组呢？

班主任：我们班级50人，其中男生34人，女生16人，每6人一组，第1组、第2组各7人。依照优势互补、成绩差异、性别差异、语言表达能力等因素进行分组。

（班主任打开多媒体，公布分组名单。可根据学生视力、身高等加以微调，一般不再变动。学生就座后，教师发给每个组发大白纸一张、异色记号笔若干。）

（二）小组讨论，创建机制（20 min）

各小组在组长带领下，商定组名、口号、愿景、学科长、组歌，书写在白纸上，然后按预设流程彩排。班主任、任课教师巡回指导。

班主任：同学们大家好！参照大屏幕，首先选定本组的小组长，然后由小组长带领大家创建小组合作学习机制，实现"人人都是学科长，科科都有领头雁"的目标。讨论书写时间12 min，彩排8 min。马上开始！

（班主任打开多媒体，呈现写有组名、组长、口号、愿景、组歌、成员分工、日期的幻灯片。学生积极思考、讨论、书写、排练。各任课教师承包一组逐项指导，创建工作紧张有序进行。）

（三）多元展示，激励评价（40 min）

在彩排基础上逐组进行精彩展示，其他小组同学和教师鼓励。班主任配合学校新闻办公室和校办室进行摄影和录像，以便长期保存。

班主任：下面由各小组进行精彩展示！展示时组长逐项领读，大家齐声朗读。哪一个组第一个上台呢？

"天之翼"组组长赵孟丽立即起身并大声说道："大家好，下面由我们组展示！"（全组成员带上机制表快速走上讲台。）

赵孟丽：现在由"天之翼"小组为大家展示小组合作团队学习机制。我是组长赵孟丽；我们的口号是：挑战自我，超越自我，追求卓越！（齐喊）；我们的愿景是：人人上重点，人人都成才，人生都辉煌！（齐喊）。接下来由各个学科长进行自我展示。

各位学科长自我展示。

贾东茹：同学们，大家好！我是天之翼组的贾东茹，荣幸地当选为语文学科长，在小组合作团队学习机制下，我要带领本组同学合作学习，使本组的语文学科成绩，由现在的85分提升到中考110分。大家有没有信心！（大家喊："有！"）谢谢！

其他学科长顺次进行自我展示，最后齐唱组歌。

小组长：下面我们齐声为大家唱组歌——《学习之歌》（据歌曲《两只老虎》改编）。我爱学习！我爱学习！爱学习！爱学习！课前积极预习！课后认真复习！成绩好！成绩好！真快乐！真快乐！成员分工为语文学科长——贾栋茹！展示完毕，谢谢！

（大家报以热烈的掌声。）

接着，倚天剑、火之蓝、火之翼、天之翼、峰之巅、精灵猫、黄金甲组一一展示，同学们个个精神振奋、士气昂扬。

附菊潭学校"天之翼"小组合作团队学习机制表

小组合作团队学习机制表

组长：赵梦丽

口号：挑战自我，超越自我，追求卓越！

愿景：人人上重点，人人都成才，人生都辉煌！

成员分工：

语文学科长——贾栋茹	生物学科长——杨　果
数学学科长——赵孟丽	体育学科长——王珂帅
英语学科长—　杨建龙	音乐学科长——周桂芳
政治学科长——李湘杰	美术学科长——周桂芳
历史学科长——赵孟丽	计算机学科长——杨建龙
地理学科长——贾栋茹	

组歌：《学习之歌》（据《两只老虎》改编）我爱学习！我爱学习！爱学习！爱学习！课前积极预习！课后认真复习！成绩好！成绩好！真快乐！真快乐！

（四）总结体会，提升意义（20 min）

各组精彩展示后，让小组讨论活动意义和感受，每组派代表分享，班主任和任课教师也谈一谈感受，并提出今后的期望。

班主任：各位同学，大家好！经过你们亲身体验创建小组合作学习的过程，你有什么感受？小组讨论后派代表真诚地畅谈吧！时间约 5 min。

各小组迅速行动起来，每人谈收获，谈失误，谈建议，并用结构化语言进行总结归纳。

鄂景祥同学：通过今天小组合作团队的创建，我找到了自信，也敢走向讲台了，相信以后的我会更多地展示自我。

周士晶同学：以前的课堂都是教师讲，我在听，从来都不想去思考，可是今天的活动调动了我的每一根神经，真是我参与，我快乐！我参与，我成长！

赵佳斌同学：今天的活动真是太刺激，太开心了！我们分工，我们合作，我们画画，我们唱歌。原来，只要我想，一切皆有可能！

……

语文教师樊书静：同学们，你们的表现实在太精彩了！你们每个人都是一座蕴藏丰富的金矿。希望以后，你们勇于挖掘，勇于展示，秀出一个真实而有风采的自我！

英语教师戴君：希望你们在今后的学习中，持续保持饱满的学习热情，积极展示自己，真诚交往，互助共赢！

政治教师谢文峰：同学们，新的课堂教学形式，新的教学理念，大家也以崭新的精神面貌呈现在老师面前，希望你们持之以恒，永不懈怠，实现小组梦想！

班主任周晓阳：同学们！你们今天丢掉了"不好意思"，丢掉了单打独斗，发扬"不怕错，错不怕"的精神，团结合作，达到了预期目标！希望再接再厉！从今天开始，主任助理和小组长配合好班主任，管理好本组，确保本组学生积极主动地投入学习。学习长、学术助理和各学科长积极配合任课教师，确保本组成员掌握良好的学习方法，提高学习效率。以前的评价都是直接对准每一个同学，以后，我们不但要评价个人，更要突出以小组为整体进行评价，评选出优秀小组进行表彰。希望同学们改变观念，树立合作意识、团队意识，最终实现共同进步。

四、学会开发工具：建立以"问题清单"
为基础的问题学习工具文件夹

如果要创建问题导学型学本课堂，我们必须要开发问题学习工具单，学会开发问题工具是教师结构化备课的核心环节，是重中之重。问题工具单是一种学习工具，不是传统意义上的练习册，教师千万不要把各种练习册上的习题进行粘贴和拼凑。问题工具单的设计是有科学原理和方法策略来支持的，是有内在逻辑结构和具体要求的，与目前国内流行的"学案""讲学稿""导学案"等都有本质差异，不是滞留在教师导学层面上，而是达到"问题导学"层面。通过使用问题工具单，教师不仅要提高学生学业成就，更主要是指向使学生学会学习，学会终身学习。问题学习工具单是以问题学习为主线的学习工具，也是问题学习的一种系统的载体和媒介，在设计理念上体现"知识问题化""学习问题化""课堂问题化""问题能力化"等重要理念，其核心是"问题"。所以，一线教师开发问题学习工具单，首先要搞清楚"问题"概念、分类和含义。各学科教师通过认真阅读教材内容后很快就能够厘清"问题"分类及个数和"问题"程度。然后，按其原理、方法、模块要求进行设计。本节重点介绍问题工具单的开发要求。

韩立福博士在河南省洛阳市新城实验学校指导教师开发问题学习工具单，并在展示时给予点评

（一）理解"问题"概念、分类及内涵

在问题导学视野下的"问题"，不是生活中或哲学中的问题，而是以学为中心的有效教学中的特定概念，具有学术特性的内涵。所谓"问题"，是指特定情境下的未知的"东西"。针对教材内容，我们将"问题"分为概念性问题、原理性问题、习题性问题和拓展性问题四类。

对于文科和理科内容而言，概念性问题和原理性问题有不同的含义。

对文科而言，概念性问题包括题目、作者、字词音形意、人物、时间、地点和背景；原理性问题包括文本大意、段落大意、逻辑关系、写作特点、思想感情、经典赏句、意义目的、图表说明等；习题性问题是指文本上的例题、习题和练习题；拓展性问题是指基于上述三类问题，围绕内容开展拓展学习而发现的问题。

对理科而言，概念性问题包括主题、人物、字母符号意义、公式、概念和定义；原理性问题包括公式解读、性质定理、原理原则、逻辑关系、操作要领、图表说明等；习题性问题是指文本上的例题、习题和练习题；拓展性问题是指基于上述三类问题，围绕内容开展拓展学习而发现的问题。

以上分类及内涵，需要学科教师认真领会和掌握，以便轻松而顺利地开发问题工具单。

（二）掌握开发原理及要求

我们要学会开发问题学习工具单，就必须掌握问题学习工具单的开发原理。全程贯彻"知识问题化、问题工具化"的开发理念，学科教师要通过走进文本，迅速将文本知识转化为问题，并根据问题工具单模块要求，将问题迅速设计在工具单上。简单理解成为学生学习"搭梯子"，这种比喻比较恰当。将开发原理用下页示意图表示。

（三）了解工具基本模块

学科教师在初创阶段要全面、深刻地了解"问题导读—评价单""问题解决—评价单"和"问题拓展—评价单"三个问题学习工具单的模块，这只是基本模块，在刚开始设计时千万不要创新和改变，等成熟后可根据需要来选择和创新。（见下页）

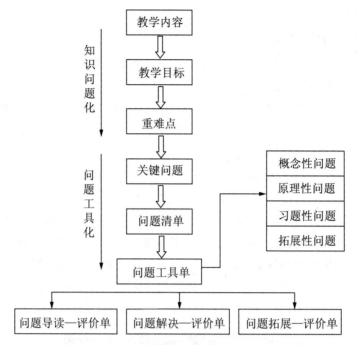

开发原理示意图

三个问题学习工具单模块

项目	问题导读—评价单	问题解决—评价单	问题拓展—评价单
	（基础性）	（发展性）	（提高性）
模块	学习目标	学生生成问题	教师设计问题
	重点难点		
	关键问题	教师预设问题	
	学法指导		
	知识链接		
	预习评价（问题放在这里）		
	我的问题		
	多元评价	多元评价	多元评价

（四）教师个体开发程序

学科教师在具体开发问题学习工具单时，一般意义上要遵循以下六步。

第一步，学科教师首先要走进文本，反复阅读，实现三次对话：第一次对话是指与文本的人物、事物对话；第二次对话是指与文本的作者对话，明确文本目的，写作手法等；第三次对话是指与编辑部老师对话，了解文章选用意图。基本上要文科教师阅读六遍以上，理科教师也要阅读六遍以上。

第二步，学科教师要明确问题分类，实现知识问题化。问题基本是分为四类，包括概念性问题、原理性问题、习题性问题和拓展性问题，初创阶段教师要学会开发"问题清单"，并且根据问题的层次性（基础性、发展性和提高性）来提炼和优化问题，将要解决的问题设计到不同的问题工具单上。理科的工具单数量不受三个单子限制，可以根据实验教学需要，增加工具单。这个内容非常关键，也是评估"问题、数量、质量"的一种标准，希望学科教师开发程序后要用这个分布标准来衡量。（见下图、表）

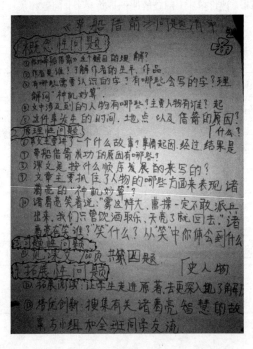

	问题导读—评价单 （基础性）	问题解决—评价单 （发展性）	问题拓展—评价单 （提高性）
概念性问题	√		√
原理性问题	√	√	√
习题性问题	√	√	
拓展性问题	√	√	√
备　注		突破重点难点	无课内习题性

　　第三步，学科教师要结合教学目标和课程标准，认真生成个性化的教学目标，并提炼出教学重点和难点。教学目标的确定要遵循三个原则：数质结合、表本结合、程法结合。开始阶段要按教参提供的"教学目标"来复制，随着对"问题清单"的理解和认识不断地提升教学目标的内涵与质量，逐步由复制走向创新，由创新走向生成。

　　第四步，学科教师要按三个问题工具单的模块进行内容设计，开始阶段主要由教师设计。

　　"问题导读—评价单"的模块主要包括：学习目标、重点难点、关键问题、学法指导、知识链接、要解决的问题（预习评价）、未解决的问题和多元评价。由教师设计。

　　"问题解决—评价单"的模块分四个部分：教师生成问题、学生生成问题、挑战性问题（问题训练）和多元评价。先由教师设计，再逐步走向学生和教师。

　　"问题拓展—评价单"主要是两部分：问题呈现和多元评价。由教师设计。

　　第五步，学科教师要参阅教辅，提炼完善，吸收整合学生问题，优化

韩立福博士在内蒙古自治区乌丹第五中学指导学科教师进行教学设计

评价。在"学"的视野下，教师有研究教材、整合课程和优化内容的责任和权利，对教材、教参、教辅要持以下态度，才能超越教材、整合课程资源。一是对待教材，只可用不可搬；二是对待教参，只可看不可模；三是对待教辅，只可选不可套。

第六步，学科教师自我评价工具质量，创建备课文件夹。教师个性化建构后，要结合学生学习能力的发展需要，不断地自我研究和修缮，达到优化完善的目的。按问题学习工具单的五个标准（目标性、导学性、问题性、评价性、指向性）来评价问题工具的设计质量。

（五）备课组集体开发程序

对于一所学校的某一个学科开发工具而言，刚刚开始时，有一定困难和难度：一是不熟悉，二是不习惯，三是不情愿。为了使学生取得高成就，学会终身学习，作为有效教学的教师，要挑战自我，超越现实，努力告别经验型备课，走向科学化备课。教研组长或备课组长要发挥集体力量和团队战斗力，可以分工合作，集体开发。

集体开发的一般有五个步骤。

第一步，集体备课，主要是统一思想，统一认识，充分认识问题学习工具单的意义和价值。在此基础上，要通过集体充分讨论来制定开发标准。

第二步，个性化建构，个体按开发程序，分工设计，在单位时间内完成开发任务。

第三步，师生共备，教师个体层面开发好以后，要争取一切时间，指导学生走向结构化预习，鼓励他们发现问题、生成问题，有结构或无结构地吸收问题，达到师生协商、共同生成问题的目的。

第四步，优化完善，各备课组要通过组本教研的形式认真把关，遵循"说人话、办人事"的对话原则，围绕学生学习差异和发展需要来讨论，按问题学习工具单的五个评价标准认真评价，确保问题学习工具单质量。

第五步，创建备课文件夹，备课组和教师个体分别创建备课文件夹。

相关资料

以下为大家呈现的是一个系统的"课堂学习方案设计"和"五个问题工具单"的设计模板，是河南省临颍第一高级中学的科研处杨忠甫主任根据我讲课的内容和所提供的相关资料进行设计的，是比较规范的设计模板，仅供参考。

问题导学型学本课堂学习方案设计案例之_____

学习方案设计

学校名称：_____

课程名称：_____

内容主题：_____

教材版本：人教版必修一

教师姓名：_____

教　　龄：_____

导学教师
个人照片

本班学生
课堂学习情境照片

简介：

上课年级		学科		主题		导学教师	
课时数		课型				学习日期	
学习目标	知识与技能 过程与方法 情感、态度与价值观						
重点难点							
关键问题							
学习方法							
学习准备	教师课前准备： 学生课前准备：						

　　备注：目标、重难点、关键问题的个数没有严格统一要求，根据实际需要确定；学习方法包括课前、课中、课后的具体方法，基本范式如下。

　　合作探究法：通过此方法解决……问题。

本模板适用于"问题发现评价课","问题导读—评价单"可以课前下发

学习过程设计（第 ＊ 课时）

程序（要素）	时间	创设情境	教师行为	期望的学生行为
创设情境呈现目标	1～3 min	情境引导（师生创设）	教师可以课前发放"问题导读—评价单"，引导学生进入本主题学习，达到激发兴趣的目的，教师呈现"学习目标"，组织小组简短讨论	教师积极参与小组简短讨论，学生代表叙述小组对"学习目标"的理解
自主学习结构预习	15～20 min	创设自主预习情境	教师组织学生采用结构预习"六字诀"，抓好预习质量，采用自主学习三定"123"指导策略（一定时间、二定任务、三定问题），同时教师做到"闭口、巡观、心照"	学生根据教师要求，采取"阅读六字诀"（查、画、写、记、练、思），进行结构化预习；组长、学科长组织指导预习
预习评价合作讨论	5～8 min	创设预习评价情境	［旁白］评价问题。 两种方式：一是课上发"问题导读—评价单"，通过做单子来发现；二是课前发单，通过评价单来发现。 教师巡视指导，对某学生进行关注和指导	学生通过讨论评价单纠正自己错题，争议大的题目和教师交流，也可等待展评时解决；小组长学科长监督、指导
小组展评合作探究	8～15 min	创设展评情境	［旁白］组织展评探究。 教师根据学生完成评价单情况确定小组展评题目，先让他们组内展评，再全班大展示，不会的内容教师进行展讲，也可在下环节记录在问题生成本上	学生对自己做错的题目要在听别人展讲时做好记录；学生也可对别人的展讲提出质疑
归纳共性问题生成	2～5 min	创设问题生成情境	［旁白］要求学习小组讨论生成。先小组讨论，后"个人—小组—全班"。 教师引导学生对预习形成的问题进行整理； 教师巡回指导使用问题生成本或智慧簿	小组合作交流，对个性问题进行有效评价、答疑解惑；小组二次生成共性问题，由学术助理将问题生成本反馈给教师

本模板适用于"问题生成评价课",使用"问题导读—评价单"

学习过程设计(第＊课时)

程序(要素)	时间	创设情境	教师行为	期望的学生行为
创设情境呈现目标	1～3 min	情境引导(师生创设)	教师可以课前发放"问题导读—评价单",引导学生进入本主题学习,达到激发兴趣的目的,教师呈现"学习目标",组织小组简短讨论,鼓励学生主持	学生积极参与小组简短讨论,学生代表叙述小组对"学习目标"的理解,大胆参与主持
预习评价小组展评	5～8 min	创设预习评价情境	教师组织学生直接针对"问题导读—评价单"上的"预习评价"进入小组合作讨论,然后组织小组顺次展评,适时点评指导	学生继续完善和评价"问题导读—评价单"。采用"小组讨论学习12345"策略
讨论探究生成问题	12～15 min	创设生成问题情境	教师关注各小组生成问题的质量和正误给予合作性、潜伏试调试,鼓励学生学习热情	学生再次采用"小组讨论学习12345"策略,结合"问题导读评价单"上"我的问题"讨论,把小组生成的问题展写在黑板上
梳理优化解决问题	15～20 min	创设快速梳理、归纳、生成问题,解决问题情境	教师指导学术助理、学术骨干快速利用逻辑归纳法进行分类、标记,归纳整理全部生成问题,对比较容易的问题进行展评式解决,适时点评指导	学生对全班生成问题积极思考,对部分问题进行展评式解决
重点问题二次提炼	3～5 min	创设总结情境	教师根据时间进行调试,选出重点问题二次提炼,指导学术助理讲重点问题抄录到"问题生成单"上	采用"个人—小组—全班"模式,小组成员将最后生成的重点问题抄写在"问题生成单"或"问题生成本"上,交给教师

本模板适用于"问题解决评价课"，使用"问题解决—评价单"

学习过程设计（第＊课时）

程序（要素）	时间	创设情境	教师行为	期望的学生行为
创设情境 问题呈现	1～3 min	问题呈现（提前一天发单子，学生完成）	教师提出本课学习要求，引导学生进入本主题学习，达到激发兴趣的目的；呈现工具单	学生能积极进入状态，准备讨论问题
自主学习 合作讨论	5～8 min	创设讨论学习情境	教师根据"问题解决—评价单"指导进行自主学习小组讨论，可采用讨论学习"12345＋2"策略。"展写"放在这个过程中，即讨论中"展写"，当学生讨论不充分时可以延长。 　　在学生讨论时教师要逐组巡查，教师要作为角色之一参与进去，引导学生进行讨论，对学生进行关注和指导	在组内由学科长组织讨论，解决不了的问题可以在组间交流。学生根据教师创设的情境，围绕工具单上的问题分组展开积极讨论，讨论中展写
展示交流 规范评价	15～20 min	创设自主预习情境	［旁白］下面由小组内部派代表展示，时间为 20 min。 　　教师引导学生自我展示学习；对学生展示情况给予及时的评价，对小组难以解决的问题进行引导，并对重点进行拓展延伸，对小组展示不到位的进行补充；引导学生生生质疑，关注某同学表现，采用激活策略	小组展示时要遵循"展、思、论、评、演、记"六原则； 　　在小组展示时，各小组成员要认真倾听其他小组的观点，积极思考并及时质疑追问； 　　小组合作完成表演
问题训练 评价指导	5～12 min	创设问题生成情境	教师当堂下发"问题训练单"，生自主完成训练题目（训练题目可放在"问题解决—评价单"上，最好设置"问题训练单"）	学生积极主动并自主完成
归纳总结 提升意义	1～3 min	创设总结情境	教师归纳知识收获，让学生谈谈学完此课的情感收获	每个小组对演讲的特点进行归纳总结
课外拓展				

本模板适用于"问题拓展训练课"，使用"问题拓展训练—评价单"

学习过程设计（第 ＊ 课时）

程序（要素）	时间	创设情境	教师行为	期望的学生行为
创设情境 回归问题	1～3 min	情境引导（师生创设）	教师引导学生回归文本和工具单，关注问题解决效果	学生根据教师创设的情境，进行自主回归学习。对所学知识进行回顾、挖掘，加深对问题的理解
小组拓展 归纳展示	8～10 min	创设总结学习情境	教师要求学生对本节的问题归纳总结、拓展性展示，多元化呈现学习成果	学生根据教师提出的问题采用"纳、练、思、展、问、演"，可在预习中准备
拓展训练 合作评价	12～25 min	创设自主学习、小组互评情境	［旁白］大家完成工具单后，小组进行互评。 教师当堂下发"问题拓展训练—评价单"，学生独立完成训练单；重点关注某同学完成效果	学生根据教师创设的情境，独立完成"拓展训练—评价单"； 小组合作探究学习，学科长组织成员互评，进行小讨论
共性问题 规范指导	3～5 min	创设反思提升情境	教师让各组提出共性的关键问题，规范指导（学生或教师），使本课学习的所有问题得到全面解决	小组长、学科长认真负责，观察各位同学的完成进度； 学生之间评价交流，根据需要教师参与指导
归纳提升 体验成功	1～3 min	创设总结情境	教师要求学生概括收获，表达自己的感受，并对学生进行激励表扬	小讨论后学生概括收获，归纳总结提升
评价				

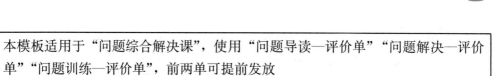

本模板适用于"问题综合解决课"，使用"问题导读—评价单""问题解决—评价单""问题训练—评价单"，前两单可提前发放

学习过程设计（第＊课时）

程序（要素）	时间	创设情境	教师行为	期望的学生行为
创设情境 呈现目标	1～3 min	情境引导 （师生创设）	教师呈现学习目标达到激发兴趣，咀嚼目标的目的。课前下发"问题导读—评价单"	教师积极参与小组简短讨论，学生代表叙述小组对"学习目标"的理解
预习评价 生成问题	5～8 min	创设预习 评价情境	教师要求高效讨论组间展评，引导迅速生成不能解决的问题（尖子班）	对"问题导读—评价单"上"我的问题"进行小组讨论、组间展评
合作探究 展示交流	15～20 min	创设合作 探究展示 交流情境	教师根据生成问题和课前发放的"问题解决—评价单"上的问题指导小组讨论和展写；重点关注某同学的完成效果；鼓励学生积极参与主持组织	学生课前完成"问题解决—评价单"； 采用"小组讨论学习12345"策略，并展写答案或结论； 采用展示对话"六字诀"，规范展示、注重礼仪； 注意破冰语、陈述语、讨论语、结束语； 可以编题，拓展丰富
问题训练 组间展评	5～12 min	创设训练、 展评情境	教师当堂下发"问题训练—评价单"进行训练，或组织学生编题训练，也可设计挑战性的小训练单，当堂展评，也可收集后进行测评、指导	学生根据教师要求进行训练； 或小组长、学科长组织学生积极参与编题、迎接挑战； 组间展评
归纳概括 提升意义	1～3 min	创设总结 情境	教师要求学生概括收获，表达自己的感受，并对学生进行激励表扬	小讨论后学生概括收获，归纳总结提升

本模板适用于"单元回归评价课"（单元复习课），使用"单元问题拓展训练单"，前期此单可提前下发，也可当堂下发

学习过程设计（第 ＊ 课时）

程序（要素）	时间	创设情境	教师行为	期望的学生行为
创设情境 呈现目标	3～6 分钟	情境引导 （师生创设）	教师引导学生进入本单元回归学习，呈现本单元学习目标，达到激发兴趣的目的	学科长组织小组成员认真倾听
回归建构 展示分享	10～12 分钟	创设展示 情境	教师组织各小组开展"分享型"小组讨论，让各个小组派代表进行本单元知识建构图的多元化展示。为了提高展讲分享的有效性，展讲者展讲结束时要使用"提问"策略，对其他组的成员进行提问，以便达到"分享""刺激"和"验证"的目的	各小组在课前制作好本单元知识建构图，学科长一开始直接组织分享型讨论，选出优秀作品准备分享，并派小组代表进行展示分享。在此过程中，其他同学认真倾听和记录
重点问题 展讲解决	10～12 分钟	创设问题 对话、评价 解决情境	教师组织学生小组进行"解决型"结构化讨论（采用"12345＋2"策略）。各组学科长派代表自由自主、有序有效地对重点问题进行展讲对话；各组在展讲时要按"展-思-论-评-演-记"六字诀和"1＋3＋1"展讲模式进行展讲解决。学生解决不到位时，教师根据情况给予规范指导，学生之间不能形成讨论对话系统时，采用"煽风点火""挑拨离间""小纸条"等策略	1. 展讲时采用"展、思、论、评、演、记"六字诀 2. 规范展示、注重礼仪 3. 注意破冰语、陈述语、讨论语、结束语 3. 展讲者代表小组展讲后要引发讨论，使问题得到科学规范的解决
拓展训练 组间展评	15～20 分钟	创设训练、 展评情境	有二种方式进行：一是要求学生各组在课前完成，在此流程中，直接进行小组"评价型"结构化讨论，然后开展组间展评；二是采用高级思维训练学习策略进行高级思维训练，组织学生各组开展"改仿编"训练	1. 若提前发单，学生课前完成，准备小组讨论和组间展评 2. 若当堂下发，迅速完成，进行组间展评
总结归纳 提升意义	2～5 分钟	创设总结 情境	教师要求学生总结学习方法，提升学习意义，概括收获，表达自己的感受。教师可激励表扬	小讨论后，学生概括自己的收获，进行归纳总结提升

本模板适用于"能力测试评价课"（试卷点评），使用具有针对性的"问题训练—评价单"，前期可提前下发，也可当堂下发

学习过程设计（第 * 课时）

程序（要素）	时间	创设情境	教师行为	期望的学生行为
创设情境 呈现结果	1～3 分钟	情境引导（师生创设）	可以利用多媒体或其他手段呈现考试结果	学生关注全班考试结果，关注本人及小组结果
生成重点 讨论解决	10～13 分钟	创设生成重点、讨论解决情境	组织学生对失分率高的问题进行深度讨论，对重点内容进行生成提炼，呈现在黑板上，并组织小组讨论解决	抓住重点问题进行讨论解决，为展示对话做好准备
展示交流 规范评价	10～15 分钟	创设展示对话、评价情境	组织学生对重点问题逐一展讲解决，教师进行规范指导	积极思考问题、展示交流；学生参与规范指导
针对训练 小组展评	10～12 分钟	创设训练、展评情境	当堂下发针对性的"问题训练—评价单"进行训练，迅速完成，并组间展评	迅速完成当堂下发的针对训练，进行组间展评
总结归纳 提升意义	3～5 分钟	创设总结情境	1. 教师要求学生总结学习方法，提升学习意义 2. 对本次考试内容逐一方面提出建议和要求	个体或小组归纳知识收获一、二、三，总结提升

问题导读—评价单

年　级：　　　组：　　　　设计人：　　　审核人：

班　级：　　　组　名：　　　姓　名：　　　时　间：

【学习目标】

知识与技能

过程与方法

情感、态度与价值观

【重点难点】

【关键问题】

【学法提示】

【知识链接】①

【预习评价】②

问题 1：

问题 2：

---

① 知识链接的含义主要包括三个方面的内容：新旧知识的相互链接，就是引导学生把学过的零碎的、分散的知识通过比较教学，以旧引新，以新带旧，促进学生知识巩固化、明晰化、系统化；同类知识的相互链接，即引导学生对同类的知识进行系统的整理、归纳，厘清各类知识的脉络，使学生将学到的知识形成竖成线、横成序的知识网络；相关知识的相互链接，则是引导学生对某一知识点从不同的方向、不同的侧面、不同的层次，横向拓展，逆向深入，点燃学生思维的火花，培养他们的创新意识，形成新的知识结构。

② 工具单中的问题，要明确数量。

问题 3：

……

【我的问题】

【多元评价】

自我评价	同伴评价	学科长评价	小组长评价	学术助理评价

注：多元评价应该是五级评价，但实际情况可能只用到三、四级，问题就已经解决。

问题解决—评价单

年　级：　　　　组：　　　　设计人：　　　　审核人：

班　级：　　　　组　名：　　　姓　名：　　　　时　间：

【学生生成问题】①

【教师预设问题】②

问题 1：

问题 2：

问题 3：

……

【多元评价】

自我评价	同伴评价	学科长评价	小组长评价	学术助理评价

注：多元评价应该五级评价，但实际情况可能是只用到三、四级，问题已经解决。

---

①　学生生成问题，是高级要求，成绩较好的班可能用得上。但要有此板块，培养学生生成问题意识。早期可根据页面情况，少留或不留空白。

②　工具单中的问题，要明确数量。

问题拓展—评价单

年　级：　　　组：　　　　　设计人：　　　审核人：

班　级：　　　组　名：　　　姓　名：　　　时　间：

【问题拓展】①

【多元评价】

自我评价	同伴评价	学科长评价	小组长评价	学术助理评价

注：多元评价应该五级评价，但实际情况可能只是用到三、四级，问题已经解决。

问题训练—评价单

年　级：　　　组：　　　　　设计人：　　　审核人：

班　级：　　　组　名：　　　姓　名：　　　时　间：

【教师预设】②

【多元评价】

自我评价	同伴评价	学科长评价	小组长评价	学术助理评价

――――――――――

① 问题拓展如果是训练题目，训练题目数量、难度、层次和时间要求要综合考虑，还要考虑印刷和发放的需要，适当调整字号大小。

② 根据课型增加"问题训练—评价单"（小单）。比如，"能力测试评价课"（试卷点评课）中使用此单。根据试卷批改结果统计情况，教师在点评课之前开发本课所使用的具有针对性的"问题训练—评价单"，利用 10～12 min 时间迅速完成并组织点评，在"问题综合解决课"也可补充此单。

小组问题生成单

组名：　　　　　学科长：

主　题	
我 们 小 组 的 问 题	
问题1： 问题2： 问题3： 签字：	
小组长评价意见	

注：初期，一般不使用此单。学生能力提升后，可以生成有价值的问题，灵活使用此单。在"问题生成评价课"上使用。通过预习，学生完成"问题导读—评价单"，采用"个人—小组—全班"模式将最后生成的重点问题抄写在此单或"问题生成本"上，交给教师。

学生课堂使用：问题生成—评价单

班级：　　　　　学术助理姓名：

主　题	
全班同学有待于解决的共性问题：	
问题1： 问题2： 问题3：	
教师评价意见	

注："问题生成—评价单"就是一张白纸，是"问题导读评价单"和"问题解决评价单"之间的过渡单（小单），主要包括学生生成问题和教师生成问题两部分。

问题综合解决—评价单

年　级：　　　　组：　　　　设计人：　　　　审核人：

班　级：　　　　组　名：　　　　姓　名：　　　　时　间：

【学习目标】

知识与技能

过程与方法

情感、态度与价值观

【重点难点】

【关键问题】

【学法提示】

【知识链接】

【预习评价】
问题1：
问题2：
问题3：
……

【教师问题】①
问题1：
问题2：
问题3：
……

【我的问题】

【多元评价】

自我评价	同伴评价	学科长评价	小组长评价	学术助理评价

---

① 此问题综合解决评价单是"问题导读—评价单"和"问题解决—评价单"的组合。

五、掌握行动策略：培养学生十大 新学习能力和教师智慧导学力

行动策略是缩短理论指导与实践操作的唯一有效"法宝"，也是教师改变教学行为和创建学本课堂的重要"抓手"，是正确课程改革的"金钥匙"。教师有了"抓手"，才可能有高质量的学本课堂。首先解决一个认识问题，以往我们追求课堂质量，曾提出"向45分钟要质量"的口号，这是没有问题的。但是我们明白"只有过程高效、才能课堂高效"的道理，如果没有高质量的过程就不可能有高质量的课堂。为了使整个学习过程变得高质量，笔者在十年探索实践中，开发了涵盖课前、课中、课后等全程的教师智慧导学、学生有效学习的行动策略体系。采用不同的行动策略来培养教师的各种智慧导学能力和学生的新学习能力。

在教本课堂视野下，我们强调教师的讲授能力，轻视学生的学习能力，只希望学生做到坐姿端正、注意听讲、认真记录、有问应答、按时交作业。在学本课堂视野下，师生为了共同实现学习目标，围绕问题开展自主合作探究学习，所以，必须培养学生适应这种自主合作探究学习方式的新学习能力。目前，国内中小学课程改革最致命的问题就是忽视学生新学习能力的培养。如何培养，这显然是教师的责任，希望一线教师掌握这一系列操作型行动策略。所采取的策略和要培养的学习能力见下表。

序号	阶段	新学习能力名称	应采取的行动策略
1	课前	结构化预习能力	"读（查、画、写、记、练、思）、导、评"策略 阅读评价章
2	课前、课中、课后	自主学习能力	三定"123"策略（内容、问题、时间；1-闭口，2-巡观，3-心照）

续表

序号	阶段	新学习能力名称	应采取的行动策略
3	课前、课中	小组讨论学习能力	小组讨论"12345＋2"策略
4	课中	展示对话学习能力	展示对话"六字诀"（展、思、论、评、演、记）展讲"1＋3＋1"行动模式
5	课中	工具性训练学习能力	"一单三要素法"（工具单；单位时间、独立完成、自我评价）
6	课前、课中、课后	高级思维训练学习能力	"一改二仿三编法"
7	课前、课中、课后	问题生成学习能力	"三步"生成法（个体发现—小组生成—全班整合）
8	课后	回归拓展学习能力	拓展学习"六字诀""纳、练、思、展、问、演"
9	课后	回归评价学习能力	"3-7-15"回归复习策略（指3天、7天、15天）
10	课前、课中、课后	团队评价学习能力	"12345"评价法（自我—同伴—学科长—小组长—学术助理）

　　培养学生的新学习能力尤为重要，具体策略在《韩立福：有效教学法》中有详解，希望一线教师认真领会，系统掌握，敢于实践，坚持行动。因为学生新学习能力的培养需要一个过程，尤其是待优生学习能力的培养是一个难度系数较大的工作。如果培养不起来，极其容易导致"教学进度慢""深度广度不够""两极分化成绩下降"的错误课程改革现象。

　　为了便于真正落实学生新十大学习力，笔者将技能理论转化为实际行动所需的操作方案，提供给真正想实施学本课堂的学校，只要学校认真落实执行，就能取得理想效果。

韩立福博士在山西省太谷第二中学的学本课堂中指导师生开展结构化预习

相关资料

培养和提高学生新十大学习力的操作方案

"知识要建构，能力要培养"，培养学生新学习力是提高教学质量的金钥匙，根据韩立福博士"有效教学法"，特制定培养和提高学生新学习力的具体操作方案。

一、结构化预习能力培养策略和要求

为了培养学生结构化预习能力，我们要指导学生掌握读、导、评行动策略，教师要在教学过程中系统指导，让学生在操作层面上学会运用，确保结构化预习质量，学生具体操作步骤如下。

（一）个体操作要求

学生要认真阅读文本，保证阅读遍数（尽可能实现六遍），如果保证不了遍数，教师可采用阅读评价章进行评价和督促。

第一步，完成"查着工具读"。学生要借助工具书进行文本阅读，将不懂的内容进行标注。

第二步，完成"划着重点读"。学生要利用多色笔对重点、难点内容进行标示。

第三步，完成"写着感想读"。学生要对文科内容采用"原理法"写出感想和体会；对理科内容采用"4W法"（含义是什么、意义是什么、学会了什么、发现了什么）写感想，原则是"想人事、写人话、随心所欲写感想"，尽可能将课本的空白处写满。

第四步，完成"记着内容读"。学生要对预习中的重要内容必须进行强记，努力做到背诵。

第五步，完成"练着习题读"。学生在上述预习的基础上对例题、习题和课后练习进行尝试性的完成，将答案简要地标注在空白处。希望同学们相信自己一定会完成。

第六步，完成"思着问题读"。学生在完成上述预习内容的基础上，迅速将不会的问题写在文本内容的末尾处。

第七步，学生要在上述六步预习的基础上，采用"先读后做"的策略，独立完

成"问题导读—评价单"上的"预习评价"内容。

第八步，学生要养成自我评价的好习惯，认真检查结构化预习的效果。

（二）集体层面

学科长和小组长在单位时间内组织五级评价，认真检查每位成员的预习情况，确保小组整体的预习质量，提高全班学习起点。学科长起立，组织多元评价。

第一步，学科长宣布："同学们，现在开始自我评价。"每位成员在单位时间内进行自我评价。

第二步，学科长宣布："同学们，现在开始同伴评价。"每对成员在单位时间内进行合作评价。

第三步，学科长宣布："同学们，大家有什么困惑没有，我来帮助大家。"学科长要使每位成员的困惑得到解决。如果学科长不能解决，请会的成员帮助大家解决。

第四步，小组长宣布："大家是否全部完成。"小组长检查所有成员的完成情况。

第五步，全班学术助理自行安排时间，巡回检查各组的预习效果。

（三）教师层面

第一步，每位学科教师要根据学科特点，进行操作性指导，一定要让学生学会结构化预习，逐步提高单位时间的预习效率。

第二步，教师在布置预习任务和检查预习效果上加大力度，做到每天不定时的检查预习效果，对课后习题和"预习评价"的完成情况进行抽评，全面掌握学生的整体预习情况。

第三步，教师要对待优生进行前置性预习指导，使待优生做到提前预习。

（四）年级层面

第一步，任课教师每天要定期检查本班本学科的预习情况。

第二步，各班主任每天检查本班所有学科的学生的预习情况。

第三步，各备课组长和年级主任每周不定期抽查学生的预习情况。

二、自主学习能力培养策略和要求

为了培养学生单位时间内的自主学习能力，教师要指导学生掌握自主学习的方法和策略，教师要采用三定"123"策略，确保学生课内自主学习的效率和质量。

（一）学生操作

第一步，学生要根据教师的要求，迅速投入到自主学习的情境中，做到全神贯注。

第二步，学生要根据学习内容，采用自主学习的有效方法，提高单位时间内的学习效率。

第三步，学科长和小组长要在自主学习过程中做到及时提醒、暗示和帮助。

（二）教师操作

第一步，教师布置自主学习任务时，要做到三定：定时间、定任务、定问题。指导话语是："同学们，在某某时间内，自主学习某某页的某某内容，具体围绕某某问题，进行自主学习。"

第二步，教师在学生自主学习期间要采用"123"策略。

教师要做到"闭口"，不要因为发现个别学生不学或有问题时大声说话；

教师要组间巡回检查和指导，需要帮助时，做到低声指导；

教师要根据学生自主学习进度和效度及时调整时间；

教师要努力培养学生自主学习的好习惯，提高单位时间的自主学习效率。

三、小组讨论学习能力培养策略和要求

为了提高小组讨论学习能力，教师要指导学生掌握"12345＋2"策略，明确角色职责，建立学科长负责制，要确立人人是学科长，科科都有"领头雁"的机制，发挥小组长和学科长的职责作用，确保小组讨论的学习质量。

（一）学生层面

第一步，当教师或学术助理部署讨论任务时，学科长在第一时间宣布"起立、聚首"。

第二步，学科长要根据教师事先设计好的讨论内容，明确讨论分工，将问题落实到每位成员并迅速开展讨论。

第三步，要按问题解决顺序，顺次展开讨论。讨论时，学生手里要拿笔，随时记录内容，采用"坐立自如"策略，

韩立福博士在深圳第二实验学校临床指导学生小组合作讨论学习

能够做到全员参与讨论，某同学讲解，其他同学边补充边思考，确保讨论的深度和广度。

第四步，学生讨论结束后并准备多元展讲，需要板写时到黑板展写，并做好展讲和展写的组内分工，原则是展写者不展讲（灵活掌握）。展写和组间指导时教师可采用"行走自如"策略，每位成员积极动起来。

第五步，每位成员都要做好预展。

（二）教师层面

第一步，教师要注重学法指导，提出讨论要求、方向、重点，规定讨论的时限。

第二步，教师要主动参与小组讨论，进行巡回指导，切忌只听不言，只看不说，要时刻注意点拨指导。

第三步，教师要关注学生的讨论状态和问题解决的质量。讨论时间划分为两个部分，前2/3时间为整体讨论阶段（讨论全部问题），后1/3时间为专题讨论阶段（讨论指定展讲问题），教师在时间节点上明确专题讨论问题。

第四步，当多数小组的讨论进入尾声时，教师暗示展示顺序，组织学生准备展示，要求学生展讲人员及时到位。

韩立福博士在江苏省无锡市南闸中学指导学生进行展讲

四、展示对话学习能力培养策略和要求

为了培养学生展示对话学习能力，提高学生的学科思维素养，我们从以下几点进行操作。

（一）学生层面

第一步，落实"三即"策略（即举、即起、即说）和"三秒间"策略（在3秒内迅速做出反应），学生展讲时要站起来之后就开口，边走边讲，声音洪亮，充满自信，站在讲台上时，要用手指着屏幕去展讲，不要盯着评价单，做到大方得体。

第二步，"展"。某一组代表将小组讨论的结果展讲给大家，要讲清楚题目的信息，解决问题时所需的知识点、解题过程与方法，以及注意事项。学生展讲时可采取"1＋3＋1"策略：前"1"是指某一同学或某一组代表，"3"是指引发3人依次交流、补充或提问，后"1"是指学生或教师规范指导；当对话超过3人时，教师采取激活策略。在展讲过程中，一道题有几个答案或一个题干下有几个小题时，同组的几名同学可以逐人到黑板前展讲，规范展讲行为。

第三步，"思"。展讲者讲清思维过程，意在引起其他同学的思考、质疑，为思维碰撞、生生互动做好准备。

第四步，"论"。展讲后如有疑问，学生可与展讲的学生进行讨论、交流，实现思维碰撞。

第五步，"演"。本组和其他组成员，要进行适当的补充性表演，丰富展讲效果。

第六步，"记"。其他成员认真做好记录，尤其是待优生，更要做好记录。

（二）教师要求

其一，做好时间掌控，不管哪种形式的展示，都要有时间限制。比如，学生展讲一般提倡3 min表达（约说300字），即使完不成，展示也应停止。这样可迫使学生在暗展和预展中提前做好充分准备。

其二，学生在展讲、补充时，教师要聆听每句话，关注每个细节，根据情况给予恰当帮助，可以采用问题引领的方式引导学生联想质疑，也可以就某个问题启发学生拓展深化并提炼出规律性的结论，还要进行即时性评价，对生成性问题和重点疑难进行启发、引申、拓展、追问，对知识进行深化、提升。

其三，教师不要只关注内容和环节的推进，而一再容忍学生不规范的展示习惯。

教师补充性展讲，一般而言，时间控制在 3 min 以内，事先进行准备。

其四，在整个展讲学习过程中，教师要掌控全局，关注待优生（接近本二的本学科弱生）。做好记录以便待优生回归复习（抄也得抄上）。

其五，教师不能站在固定的地点，要行走在小组间，同时实行"二关""二导"策略，关注"问题"和待优生。（主持人也要行走在小组间。）

其六，教师对解题思路、规范解题进行指导培训，使学生养成良好的答题习惯，培养学科思维习惯。

其七，在展讲时，大家都会的小组能解决的不用展讲，只展讲突破重难点的关键问题，以便提高问题解决的效度和速度。

其八，教师要关注全体学生的参与度、投入度和成就度，通过展讲使全班成员都达到学会的目的。

（三）学校要求

各备课组、年级组负责人要不定期到各班进行检查指导，引导学生走向规范展示，逐步提高展示对话学习效率。

五、工具性训练学习能力培养策略和要求

为了进一步提升学生工具性训练学习能力、达到限时训练、检测学习效果和提高工具性训练效度的目的，教师应指导学生掌握工具性训练学习的策略。工具性训练学习策略是一种任务驱动法，相当于"教"的课堂教学中的当场训练，要遵循"一单三要素法"。"一单三要素"训练法的"一单"是指教师课前开发的"问题训练单"，"三要素"是指"单位时间""独立完成""自我评价"。

（一）学生操作

第一步，教师部署问题训练任务后，学生要及时投入到训练情境中，强化单位时间内的自我训练意识和独立完成意识，不断提升单位时间的训练完成率。

第二步，训练完成后，学生自评训练结果，对本课题或本主题内容掌握到什么程度进行分析总结。

第三步，训练结束后，根据教师评价要求进行组内评价，学科长和小组长要高度负责，确保问题训练的质量。

（二）教师要求

其一，教师要在课前开发"问题训练单"。问题学习工具单的开发理念是知识问题化、问题能力化、能力层次化，教师通过走进文本，迅速将文本知识转化为问题，并根据学生差异和模块要求，设计好问题工具单。

其二，教师在课堂训练环节下发"问题训练单"。"问题训练单"是"问题解决评价课"上所用的第二个单子，此单不宜课前下发，一定为当堂检测和评价所用。

其三，教师要强调单位时间内定时训练，建议学生必须独立完成训练任务。

其四，教师要根据学习需要设定评价方案，可当场组织评价，也可以统一收齐后评价。

（三）学校要求

各年级组定期对部分学科的课堂问题训练进行监测，及时做出分析，反馈给备课组和任课教师。

六、高级思维训练学习能力培养策略和要求

高级思维训练学习方法最常用的是"联想创编法"。联想创编法是在课堂学习的"问题训练"环节，学生结合所学内容开启多元思维、创设问题情境，提出问题假设，小组自行命题，并由小组自主探究获得结果的一种高级思维训练方法。为了加强学生的高级思维能力训练，真正达到所学知识融会贯通，能力提升的目的，教师要对学生进行"高级思维学习能力"培养。

（一）学生操作

其一，学生必须掌握相关的基本概念、原理及典型例题的解题方法，达到记忆的程度。

其二，学生要养成高级思维训练的好习惯，根据教师的训练要求，大胆地开展改题、仿题、编题，对各学科知识进行横向、纵向的综合与分析，加强发散性思维训练。

其三，学生要把例题、练习题当作高考试题来对待，经常举一反三，培养自己独立思考、解决问题的综合能力。

（二）教师要求

其一，教师要深入研究大纲考纲，真正吃透教材，把握教材重难点。

其二，教师要求学生把涉及基本原理、方法，或典型的例题进行理解并记忆。

其三，教师要组织学生开展改题、仿题、编题大赛。

（三）学校要求

各年级定期组织开展个体、小组改题、仿题、编题的竞赛活动，激发学生高级思维的学习热情。

七、问题生成能力培养策略和要求

问题生成能力是学生自主合作学习能力的重要组成部分，为了培养学生在以"学"为中心的课堂学习中发现问题、生成问题的能力，我们要指导学生掌握"三步"生成法，提高问题发现生成能力。

（一）学生层面

第一步，生成个体问题。在学习过程中，学科长组织大家自主学习，将自己不能独立解决的疑难问题记录整理，生成个体问题。

第二步，生成小组问题。学科长组织各位成员开展结构化或非结构化讨论，经过优化和提炼后，解决简单问题迅速，将不能解决或认为十分重要的问题生成为小组问题，并登记在"小组问题生成单"上，以便为生成全班问题做准备。

第三步，生成全班问题。学术助理来组织和主持，有两种生成方式：一是召集各小组学科长开展讨论后生成全班问题；二是在结构化预习课上由各组呈现问题后，学术助理和学科长采用逻辑思维归纳法，提炼生成全班问题。

（二）教师层面

其一，教师要从时间和空间上给予支持和保障，培养学生单位时间内问题生成意识。

其二，在问题发现生成过程中，教师给予鼓励、期盼、呵护、支持和等待。

其三，"三步"生成法主要是教师指导学生在课堂学习中使用，主要在"问题发现课"和"问题生成课"上使用。学生熟练后，也可在课前、课后自由使用。当学生生成问题与教师预设问题在质量上和高度上接近一致时，表明学生问题生成能力已经提升。

八、回归拓展学习能力培养策略和要求

为了培养回归拓展学习能力，教师要指导学生掌握"纳、练、思、展、问、演"拓展"六字诀"，帮助学生将知识转化为能力，提高学生回归拓展训练能力。从学生层面和教师层面制定如下培养策略。

（一）学生操作

第一步，每一主题和每一单元结束后，学生要采用八种归纳法对所学知识画出知识建构图，以个性化的思维方式进行总结梳理和逻辑归纳，对知识建构图反复识记。

第二步，学科长、小组长要及时检查知识建构图的设计和回归复习的效果。

（二）教师要求

其一，每单元结束后，教师要组织学生进行回归原点性的单元复习，不仅把本单元复习一次，而且要涵盖前面的单元内容，确保单元复习质量。

其二，教师要定期检查学生知识建构图的完成情况，并给予评价和鼓励。为了起到示范引领作用，教师要亲自制作，给学生示范。

（三）学校要求

其一，学校各年级组开展知识建构图的展示评比活动，对作品质量好的要进行奖励和表彰。

其二，各年级组学期末组织学生进行"知识建构图"管理文件夹评比活动。

九、回归评价学习能力

回归评价学习能力是指学生按遗忘规律的时间节点进行自觉主动的合作评价的学习能力。学生具体采用"3-7-15"回归复习策略，对所学知识要在第 3 天、第 7 天、第 15 天的时间节点上进行回归复习，每次复习时间控制在 5 min 范围内，发现重点，研究重点，要养成良好的回归复习习惯，确保复习效果。这是对艾宾浩斯遗忘曲线理论进行创新后提出的一种有效巩固知识的复习法。为了培养学生的回归评价学习能力，教师要指导学生掌握"3-7-15"回归复习策略，帮助学生树立回归复习学习意识，提高学生回归评价学习能力。

（一）学生操作

一是到第 3 天、第 7 天、第 15 天时，在相对固定时间段，学科长、小组长主动组织小组成员进行回归复习一次，并相互提问和签字。

二是每次回归复习时间不宜太长，最主要是坚持。

三是相互监督，养成回归评价的好习惯。

（二）教师要求

一是每单元结束后，要组织学生进行回归原点性的单元复习。

二是要定期检查"3-7-15"回归复习策略的评价效果，帮助学生个体养成按时间节点进行复习的良好习惯，确保小组团队的回归评价学习效果。

（三）学校要求

一是学校各年级组开展落实"3-7-15"回归复习策略的评比活动，对落实质量好的要进行奖励和表彰。

二是各年级组学期末组织学生个体、小组进行回归评价学习能力表现情况的评比活动。

十、团队评价学习能力

团队评价学习能力是指小组成员在单位时间内有效落实评价、完成学习任务的一种集体学习能力，也称五级评价学习能力。具体由学科长、小组长组织成员开展自我、同伴、学科长、小组长和学术助理等实施五级评价，确保每一知识内容，在每一时间段都能得到落实，是团队成员人人学会的一种团队合作学习方法。这种五级评价开始阶段在课堂内教师组织训练，学生熟悉和掌握后，可以在课外变成一种自觉行为。评价话语："会不会我帮您！"。

（一）学生要求

每次实施五级评价时学科长起立，组织多元评价。

第一步，学科长宣布："同学们，现在开始自我评价。"每位成员在单位时间内进行自我评价。

第二步，学科长宣布："同学们，现在开始同伴评价。"每对成员在单位时间内进行合作评价，同伴评价话语："会不会，需要帮助吗？"

第三步，学科长宣布："同学们，大家会不会，我来帮助大家。"学科长要使每位成员的困惑得到解决。如果学科长不能解决，请会的成员帮助大家解决。

第四步，小组长宣布："大家是否全部完成。"小组长检查所有成员的完成情况。

第五步，全班学术助理自行安排时间，巡回检查各组效果。

（二）教师要求

一是教师要高度重视五级评价，不要越俎代庖，要热情呵护和积极支持。

二是教师通过主题班会、各种学科团队会和行政团队会议来督促和加强学生的团队评价学习能力。

（三）学校要求

各年级组层面和学校教务处要每学期组织各班、各组的团队评价优秀奖，给予激励和表彰。

"功在预习，效在展示，果在回归"，我们在学本课堂创建实践中要认真落实实施意见，切实抓住提高教学质量的"金钥匙"，使学生不断培养和提高学习力，提升学习品质，从而提高教学质量。

（四）培养教师三大智慧导学能力

在教本课堂视野下，我们强调教师的主导作用和单方面的讲授能力，轻视教师的智慧导学能力，只希望教师讲的清楚，讲出艺术。在学本课堂视野下，教师是"大同学"，角色不是"蜡烛"，而是"打火机"，具体角色是思想者、设计者、激发者、合作者、指导者、学习者、研究者和发展者。为了适应学本课堂内涵和特征需要，就必须培养教师适应这种自主合作探究型课堂学习方式的智慧导学能力。否则，难以给学生学会自主合作探究学习的空间和平台，也不可能培养学生的新学习能力。

在培养教师智慧导学能力过程中，需要一线教师不断挑战自我，超越现实，走出"套子"，告别"影子"。为了中华民族的伟大复兴，为了孩子们的终身幸福，要秉持素质教育信念，相信国家课程改革方针，不要捍卫自己的"一己之见"，贻误国家、民族的未来。因为，我们教师出身于传统师范教育，又多年从事传递式教学，已经形成了相对稳定的"备讲辅批考"教学思维和心理定势。当下要我们一线教师从教本思维转到学本思维，改变教本课堂行为走向学本课堂实践，实属较大的挑战性。但是，这是教育改革与发展的必然，是国家民族发展的需要，是国际教育发展的趋势。从教师专业化角度来看，教师职业是一种不断学习、不断创新、持续发展的职业，理应与时俱进、挑战传统，学习新理念，掌握新策略，不断增长专业智慧，为学生发展提供更加优质的服务。有的教师可能认为这非常"麻烦"，其实，今天的"麻烦"，就是为了明天的不"麻烦"。教师只要掌握了这些智慧导学策略，并在自己的智慧指导下让学生学会有效学习，教育教学质量得到全面提升，自身专业能力得到全面提升，就能够体验到教师的职业幸福，我们就不再感觉到"麻烦"了。所采取的策略和要培养的智慧导学能力见下表。

阶段	教师导学能力	应采取的行动策略
课前	结构化 设计能力	"全—单—导—研"四字诀策略 　　全——利用"全景式评价表"研究了解学生； 　　单——利用"编辑—导演—演员"三位一体设计开发问题工具单和学习方案设计； 　　导——利用"潜能生"转化黄金要诀在预习阶段指导"待优生"预习； 　　研——通过"组本教研"策略，开展前置性学研活动
课中	智慧化 导学能力	"型—组—智"三字诀策略 　　型——根据课型理论，把握课型内涵特征； 　　组——根据团队原理，追求狼性学习特征； 　　智——"角色潜伏"策略、"两关两导"策略、"六种激活"策略、"随堂记录卡"策略
课后	回归化 指导能力	"回—评—拓"三字诀策略 　　回——利用"多元回归复习法"组织回归拓展复习 　　评——利用"学科文件夹评价法"检查全程学习效果 　　拓——利用"个性化拓展指导法"指导潜能生开展拓展学习

（具体内容可参考《韩立福：有效教学法》中的"教师行动策略"部分）

六、实施学本教研：建立以"三研两会"
为途径的师生合研机制

随着教本课堂向学本课堂转型，教研内涵也随之转型。过去的教研活动是属于权威型传递式教研，学本课堂视野下的教研活动将走向主体参与的建构式教研活动，逐步追求更高境界的教研活动，即学本教研。它将体现以下特点：一是内涵建构性；二是全员参与性；三是主体积极性；四是生成探究性；五是专业发展性。学本教研是指以学习者学习为重心的教学研究活动，具体包括新校本教研、组本教研、团本教研、学科团队会议和行政团队会议等五个活动，简称为"三研两会"。学本教研活动不单纯是指教师开展的单方面教研活动，而是师生共同开展的教研活动。不仅要充分发挥教师的智慧潜能和能动性，还要充分相信学生，发挥学生的智慧潜能和能

动性。只有建立以"三研两会"为途径的师生共同参与的学本教研机制，才能保障学本课堂的持续实施和深入，才能不断地提高学本课堂教育质量，才能促进教师专业持续发展。

目前，要有序有效地开展"三研两会"，需要解决两个问题。一是增强团队意识，建立教师团队，整合教师资源，焕发教师工作激情。建立以备课组长为中心的学科教师团队和以班主任为中心的教师教育团队，使教师团队有自己的名称、口号、愿景、团歌等，努力使教师团队由单打独斗走向团结协作，使教师团队成员做到"认识一致、理念一致、行动一致、策略一致"，做到"心往一处想、劲

韩立福博士在山东省济南市永昶街回民小学指导
教师团队创建小组合作活动

往一处使"。二是学校教师评价体系要创新，由过去教师个体评价走向教师团队的集体评价，发挥团队负责人的示范带头作用和广大成员的积极参与作用。上述两点是创建学本教研过程中遇到的新问题，只有得到有效解决，学校才能高质量开展"三研两会"。

（一）新校本教研

新校本教研是指学校层面组织开展的基于学校教学问题研究的结构化观研课活动，旨在解决学校教育教学中产生的共性问题，提升教师的教学研究能力，促进教师专业化发展。具体如下：一是学校专门设置"观研课活动"；二是建立全校教师参与的新校本研究机制，教科研部门确定本学期新校本教研主题系列，编排全校统一开展各学科观研课活动的计划；三是所有教师轮流主持活动，体现教师参与教研的主体性和积极性；四是规定每天或每周几次组织新校本教研活动；五是每次活动都要按结构化要求实施活动；六是建立教师参与观研课登记制度，年末汇总评价，对参加次数多，表现积极的教师给予激励表扬；七是每次活动结束，主持人撰写总结性活动纪事；八是对每次参加观研课活动的班级和导学教师给予等级评价，年末按

学科为序进行表彰和激励。最后达到激发每位教师参与新校本教研的积极性和主动性，调动其参与教研的热情，提高教研水平，促进教师专业发展的目的。

（二）组本教研

组本教研是指以备课组为单位开展教学研究活动，旨在解决备课组学科教学活动中遇到的共性问题，提升教师学科教学研究能力，促进教师专业化发展。具体操作如下。

一是学校层面设计，做到组组有安排，天天有活动，人人都参加；二是建立"先研后上、不研不上、上周研下周"的教研机制；三是落实"想人事、说人话、办人事"务实求真原则；四是建立"组长任常务组长，其他成员人人任周组长"的活动主持制度；五是一般安排在下午举行，约2课时；六是明确研究专题，主要是围绕六个常态化专题（设计、工具、预习、待优生、策略、成绩）进行，常态后要设计个性化的专题（如兴趣、学法、组内观研课等），也可根据需要增设系列研究专题，围绕六个常态化专题要建立起相应的材料体系和教师组本教研文件夹；七是参加组本教研时要求所有教师全身心投入，关掉手机，活动结束后学科教师轮流撰写总结性活动纪事；八是学校建立组本教研检查评比机制，年末要激励表彰。学校层面要大胆创新，破旧立新，将组本教研"嵌入"教学工作中，建立健全组本教研新体系。这里的组本教研主要是指课前活动，也可在保证课前组本教研基础上根据需要增加课后教研。但是绝不能课后组本教研，否则会失去其真实意义。

（三）团本教研

团本教研是指以一个班级的所有任课教师和班主任组成的教师教育团队成员开展的班级教研活动，也称教师教育团队会议。其旨在解决一个班教育教学、管理中产生的共性问题、提升教师研究和管理能力，促进教师专业化发展。在组织活动方面其与组本教研有许多共同之处，如设计、机制、原则、制度、要求、评价等。不同之处在于：一是时间一般两周举行一次；二是研究专题主要包括全班各学科学习方法、待优生转化、学习效果、培养责任意识和团队合力，具体特指六个常态化专题，如态度、预习、待优生、策略、效益和成绩等，每位教师建好团本教研文件夹；

三是时间约 40 min，班主任组织主持记录。在实际操作过程中，因为在教本课堂视野下没有这种教研的影子可循，再加上单打独斗的传统文化影响，召开团本教研活动比组织组本教研活动还要难。因此，在学校层面上提出三项要求：一是校长要公布班主任召集任课教师参加团本教研的召集权；二是学校根据校情增设班科费，主要用于班级个性化文化建设和教师之间关系的改善；三是鼓励团队成员开展合作教学。

（四）学科团队会议

学科团队会议是指学科教师与某一任课班级的学术助理、学科长组成的学科团队成员开展的团队会议，旨在解决本学科教与学过程中产生的问题，激发团队活力，提高学习效益。具体操作如下：一是建立"每周开一次"例会的机制；二是遵循"想人事、说人话、办人事"的原则；三是时间上约 20 min，学术助理主持并记录，并负责撰写活动纪事；四是研究学习方法、待优生转化、学习效果、培养责任意识、团队合力等内容；五是主要落实本组成员的"会不会"问题。通过学科团队会议要实现三个目的：一是培养本学科学习的领袖学生，发挥骨干带头作用；二是激发学科长的责任意识，使他们帮助和指导其他成员，尤其是帮助待优生进步；三是凝聚团队合力，发挥团队的指导作用，提高本学科学习力。

（五）行政团队会议

行政团队会议是指一个班的班主任带领主任助理、学习长及小组长召开的行政团队会议，旨在解决全班学习生活中产生的问题，加强全班团队凝聚力，激发全班团队学习活力，提高全班学习力。在组织活动方面其与学科团队会议有许多相同之处。具体操作方面：一是时间上两周召开一次行政团队会议；二是每次活动时间约 20 min，主任助理主持记录并负责撰写活动纪事；三是研究内容主要是关注学习方法、管理和效果，培养学生责任意识和团队合力；四是会议主要落实全班同学的"学不学"问题。通过行政团队会议要实现三个目的：一是激发主任助理、小组长等职务的责任意识，使他们敢于担当和负责；二是发挥他们的示范带头作用，主动帮助和指导其他成员，尤其是帮助待优生进步；三是凝聚班级的团队合力，焕发学习士气，营造积极、向上、合作、健康、和谐的团队学习氛围，提高全班学习力。

建立以"三研两会"为主要途径的师生合研的新教研体系是一个系统工程，这要涉及认识提高、思维转型、习惯改变等复杂问题。我们可以把"三研两会"视为创建学本课堂的"加油站",通过"三研两会"激发教师和学生的学习、工作积极性、主动性和能动性,激活他们的生命活力,让他们全身心投入到高质量的学本课堂创建活动中。那么,这个参与、投入的过程就是学生成长、教师发展的真实过程。为了使"三研两会"在职能上真正发挥其保驾护航的作用,广大教师需要认真学习、系统思考、积极探索、创新行动,用激情、智慧和心血来铸就高质量的学本课堂。

学本课堂的创建思路

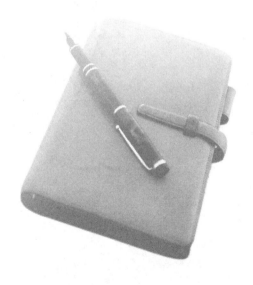

　　笔者在学本课堂指导与培训实践中，往往经常遇到这样的一个问题：当经过 3 天的辛苦而艰难的培训后，有的教师就提出一个"很痛苦"的问题，便问我道："韩教授我们怎么操作呀？"我说："按我讲述的方法、策略操作啊！"接着又问："韩教授这几天我们学的太多了，脑子都快爆炸了"。于是，我便及时给予重复而系统地解释和讲解。每次遇到这样的事情，我都深刻反思，为什么教师们总有这样的问题呢？经过分析，我认为有以下三个方面：一是过去的传统教学从理论到操作太简单化，缺乏科学含量，而我现在倡导的学本课堂理论全面、系统、成体系，教师接受的确存在较大的跨度。二是许多教师对传统教学太熟悉，已形成稳定的思想意识和行为习惯，而对课程改革理解和认识不够深刻，达不到理解学本课堂的高度。所以，当触及对改变他们的意识和习惯时，就产生自然的排斥和自觉的抵触，这也是人之常情。三是由于教师都是传统师范大学的毕业学生，喜欢模仿式的做作业方式和思维，不习惯思考和创新。所以，在指导中很多教师的普遍要求都是"您给我们做一节示范课"，或者在我们带领学科教师进行实践指导时他们也要求："让学科专家给我们上一节示范课。"然而，学本课堂的创建不是上示范课所能解决的问题，而是一个系统创建的过程，不仅需要专家引领和指导，更需要教师自身认真学习、积极思考和实践探索来配合，才有可能真正创建。

韩立福博士在北京教育学院附属实验小学指导林飞燕老师的科学课学本课堂

我开始思考如何让一线教师通过学本课堂培训后，就能很容易的理解和掌握，经过反复思考和研究梳理出一整套的创建思路。

学本课堂创建操作基本上分两个阶段：一是刚开始阶段的操作思路；二是常态后的操作思路。

一、初创阶段"思维意识、行为习惯转型期"创建思路

这个阶段是第一阶段，也称开始阶段，具体是教师思维意识、行为习惯转型期。若一位学科教师刚刚结束培训进行操作时，应首先反复深读培训手册和《韩立福：有效教学法》相关知识，其次反复阅读下面的操作步骤，建议至少阅读三遍以上，阅读中将一遍比一遍更熟悉操作要求，一遍比一遍更清晰创建思路。

第一步，确定课型设计方案。当确定教学内容后，首先确定是几个课时，明确什么课型，根据课型流程、操作规范、课堂学习方案设计要求等进行结构化的课堂学习方案设计。教师可参考方案设计模板。

第二步，开发问题学习工具。根据课型特征和需要，开发相对应的问题学习工具单，如果上问题发现评价课，就开发"问题导读—评价单"；如果上问题解决评价课，就开发"问题解决—评价单"，若本课中需要问题训练，就再开发一个"问题训练—评价单"；如果还要上问题拓展评价课，就开发"问题拓展—评价单"。

第三步，创建团队学习机制。在班级创建小组合作团队学习机制，落实八大策略，实现"个体学习愿景化、同伴学习合作化、小组学习承包化、全班学习最优化"的"四化"学习效果。

第四步，培养十大学习能力。在创建小组合作团队学习机制的基础上，对学生结构化预习能力、小组讨论学习能力、展示对话学习能力、团队评价学习能力、问题生成学习能力等十大学习能力进行实操性指导，同时要培养学术助理主持课堂学习活动的能力，具体从流程话语、自信心、专业智慧等方面进行指导。

第五步，科学实施课堂过程。在上述四项内容充分准备的基础上，按课型流程

实施上课、智慧导学。不要急于求成，评价学本课堂的标准不是关注"教师表现"，而是重点考察"师内生表"，学生新学习能力提升不是一蹴而就的，而是需要一段时间的精心培养和指导。学科教师千万不要揠苗助长，要相信学生的潜能，只要耐心指导和给予学生宽松的生长平台，其新学习力很快就会提高。

相关资料

"学本课堂"创建项目指导方案

本项目全面贯彻《国家中长期教育改革和发展规划纲要（2010—2020年）》精神，紧紧围绕"坚持以人为本、推进素质教育"这一战略主题，根据党的教育方针，重点面向全体学生、促进学生全面发展，着力提高学生服务国家人民的社会责任感、勇于探索的创新精神和善于解决问题的实践能力。从实践层面上，深化素质教育思想，体现新课程有效教学理念，让学生学会自主合作探究学习，大面积提高学校教育教学质量；让教师学会有效教学，提高课堂教学质量，促进教师专业发展。

整体创建过程分五个阶段，以及分若干次"临床"式的结构化指导，必须有十分严密而全面的具体指导内容，和严谨的日程安排。课堂教学改革是一个系统的、持续的社会化创建过程，不是某专家的一场报告或几场报告能够解决和实现的，希望学校领导要挑战传统思维，建立系统化的结构化创建思维。创建难度之大远远超越我们的预想，因为转变教师传统观念、建构学本教育理念、转变传递式教学习惯、掌握学本课堂的导学策略和能力是一个艰难的挑战自我、否定自我、发展自我的过程。需要我们共同挑战和超越。这里说明一个问题：不是教师不好或不行，而是当今师范大学没有培养其新课程教学能力。这是因为"缺课"而导致的教师能力现状。因此，为了孩子们的幸福未来、中华民族的伟大复兴和早日实现中国梦，需要我们大家共同努力。

一、前期调研与自主准备

本阶段是前期调研和学校自主准备阶段。

主题	内　容	备注
调研与考察阶段（2天）	专家组走班观课、结构化评课，分别与班子成员、骨干教师座谈、访谈。 专家组了解学校基本情况和摸底：学校教师学历、教龄、年龄结构、教师推进阻力等；学生情况、生源质量等；地方行政、学生家长等外因干扰或负面影响因素。 专家组汇总调研结果，做数据分析，形成调研报告。 专家组与学校形成初步合作协议和实施方案，并签署相关协议。 专家组做专题报告：问题导学型学本课堂项目概况	2天/3～4人（专家1人、学术助理2～3人）
自主学习与筹备阶段（2天）	学校组织教师开展"转变观念与理念建构"大讨论； 有计划地组织教师学习《韩立福：有效教学法》； 有条件的学校组织教师到成功学校观摩学习； 学校组织开卷考试，专家组组织闭卷和答辩式考试，并颁发相应证书（理论考试：第一次考试开卷，第二次闭卷，第三次对话式答辩测试）	

开始进入实质性的操作阶段，共分五个阶段。

第一阶段：操作培训与技能指导

本阶段是操作性指导：系统培训新课程有效教学课前、课中、课后行动策略，如何有效开发问题学习工具单，指导如何创建小组合作团队学习以及如何按新课型来有效导学。从操作层面上让实验教师掌握如何有效备课、上课和创建小组合作学习。参加人员是学校校长班子和所有任课教师。

1. 培训方式

采用"参与式讲座＋体验式培训＋临床式培训"等综合培训方式，通过通识性指导达到理解有效教学并体验的目的，扶实验教师上有效课堂教学之路。关注培养试点学校领袖型骨干教师。

韩立福博士在辽宁省沈阳市浑南第一中学指导年轻教师进行有效备课

2. 重点指导内容

一是指导实验教师掌握新课程有效教学的各种"招数";

二是指导实验教师学会如何设计教学工具("三单"),灵活掌握课堂流程和导学策略;

三是指导实验教师建立新型小组合作学习机制（根据需要指导学生激发愿景,学会有效合作学习和多元评价学习等,建立"双元"管理体系）;

四是指导实验班学生学会十大新学习能力,帮助教师学会指导学生;

五是重点指导领袖教师体验学本课堂的操作过程。

3. 培训任务与日程安排（小团队指导）

本培训主要任务是具体指导实验教师采取什么行动,有效学生采取什么行动,师生双方如何创建学习共同体,如何提高学习绩效,包括提高学生升学率的直接策略与方法。

日期		工作安排	备注
第一天	上午	活动1:项目启动开幕式 专题一:如何创建问题导学型学本课堂 　　　　——《韩立福:有效教学法》的理论与实践 活动2:与领导、教师代表召开深度座谈会	舞台式会议室
		专题二:如何培养学生新十大学习能力（参与式） 专题三:如何培养教师新三大智慧导学能力（参与式）	
第二天	下午	专题四:如何创建小组合作团队学习机制（参与式） 活动3:体验创建小组合作学习机制过程（体验式） 专题五:问题学习工具开发和学习方案设计新思维、新策略 活动4:体验问题工具开发与设计过程（体验式） 专题六:个性化指导英语学科有效教学策略	参与式
第三天	上午	专题七:如何上好问题导学型学本课堂——课型流程与导学艺术 （指导教师掌握个不同课型的有效教学操作技术）	小组式
	下午	活动5:组织全体教师回归复习3天学习内容,并厘清思路 活动6:专家答疑和交流	舞台式
备注		学科专家在每0.5天学习过程中,根据学习需要进行合作指导:观课后座谈会介绍经验;与学科教师分组交流师生行动策略;交流如何创建小组合作团队学习机制;与学科教师共同开发问题学习工具单和指导有效备课;交流如何上好各种问题导学型学本课堂;陪同学科教师体验如何上课。 专家组与学校工作人员共同布置学本文化,要求学校配合	

4. 学校重点落实任务

学校要创建有效教学推进领导小组、专家指导小组和监督评估小组，以学校主要领导班子和成员为主成立推进领导小组，以教务处、政教处、教科室等部门和骨干教师组成为主，创建有效教学专家指导小组，以党委书记、纪检、工会、团委、学生会等部门为主成立监督评价小组，形成齐抓共管、合作研究、扎实稳步、协作推进的良好局面。

学校要组织全体教师开展有计划的、结构化学习活动，以年级组、备课组为单位开展有效教学理论与策略学习活动。实施三次考核与评价活动：第一次是组织全体教师进行开卷考试；第二次组织全体教师进行闭卷考试；第三次组织全体教师采取对话式答辩性测试，最终使每位教师做到人人过关。

专家组派专人到学校组织考试，对考试结果做出分析，及时反馈给学校领导。

（如果教师没有理解和掌握有效教学理论与策略，就无法进入下一阶段指导。请学校层面务必高度重视，否则，无法继续进行指导和创建！）

组织各个班级创建小组合作团队学习机制。

5. 现场指导（某月下旬开学初，大团队指导）

日期	时间	指导内容	备注
第一天	上午	活动7：学科团队指导教师学会课型与过程设计，完善工具单	
	下午	活动8：指导学生创建小组合作团队学习机制和新学习能力	
第二天	上午	活动9：团队陪同学科教师体验上课和研课	
	下午	活动9：团队陪同学科教师体验上课和研课	
第三天	上午	活动9：团队陪同学科教师体验上课和研课	
	下午	活动10：专家代表与学科教师展示课 活动11：专家答疑和布置下一步创建工作任务	
备　注		学科专家在每0.5天学习过程中，根据学习需要进行合作指导：观课后座谈会介绍经验；与学科教师分组交流师生行动策略；与学科教师交流如何创建小组合作团队学习机制；与学科教师共同开发问题学习工具单和指导有效备课；与学科教师交流如何上好各种问题导学型学本课堂；陪同学科教师体验如何上课。 韩立福教授侧重于高三学生和高端实验班实施效果的检查与指导，发现问题及时指导和完善	

6. 专家组根据学校创建效果及实效情况来决定指导次数、专家人数和指导方式

第二阶段：矫正指导与深度创建

本次指导活动是操作性临床培训活动，主要是专家组对学科教师进行临床型指导，与学科教师一起开展观课与诊断活动，审验"一案三单"质量，研讨有效课堂操作中发现的问题。专家组通过观课，进行课堂诊断、教师行为诊断，分析问题，探究原因，指导实验教师规范教学工具和有效教学设计，面对面研讨有效教学流程和基本策略，重点指导学校的骨干教师，"手把手"进行指导和交流，指导时间为 3 天（实施 1~2 个月后），指导任务和日程安排（大团队指导）见下表。

日期		工作安排	备注
第一天 （高一）	上午	活动 12：观研课指导活动（一） 各位学科专家观课； 专家针对观课情况进行点评，开展对话性研课活动，指导"一案三单"和优化学习过程设计、导学智慧策略与艺术（观一节后评一节）	事先做好学科教师与专家教师的对接工作； 地点在班级所在教室
	下午	活动 13：临床指导活动（一） 学科专家与学校教师合作上课； 课后开展对话性研课活动，在学生新学习能力、小组合作团队创建、"一案三单"质量、学习过程设计质量、导学策略与艺术等方面给予指导	
第二天 （高二）	上午	活动 14：观研课指导活动（二） 各位学科专家观课； 专家针对观课情况进行点评，开展对话性研课活动，指导"一案三单"和优化学习过程设计、导学智慧策略与艺术（观一节后评一节）	地点在班级所在教室
	下午	活动 15：临床指导活动（二） 学科专家与学校教师合作上课； 课后开展对话性研课活动，在学生新学习能力、小组合作团队创建效果、"一案三单"质量、学习过程设计质量、导学策略与艺术等方面给予指导	地点在班级所在教室

日期		工作安排	备注
第三天	上午	活动16：韩立福教授现场答疑、解决问题和困惑 组织学科教师生成问题，集中解决（建构式） 专家开展针对性集中培训活动	平面会场
	下午	专题八：开展教师团队创建活动 专题九：如何有效进行结构化观课与研课 专题十：如何有效开展学本教研活动（"三研两会"）	会场

1. 学校重点落实任务

学校专家组或推进小组要组织各学科教师分科推进；

组织教师开发工具，初步建立备课文件夹；

关注学生新学习能力的培养和教师导学能力的培养，防止反弹；

各个教研组、备课组、班主任要落实"三研两会"。

2. 二次四归指导

如果学校落实不到位，就必须开展二次回归指导，或者是对薄弱学科进行重点的个性化指导。专家组根据学校创建效果及实效情况来决定指导次数、专家人数和指导方式。

第三阶段：创新教研与能力提升

本阶段是创新性深度指导活动，主要是专家组或推进小组通过创新校本教研方式，采用小组合作式问题型校本教研活动，对各学科有效教学实施情况给予提升性指导；通过与全校本学科教师一同观课，深度发现问题，针对问题进行矫正性指导；通过新型参与式教研方式和方法了解各班的创建态势，做出客观、公正、科学地评价，充分肯定实验成绩，发现问题及时帮助解决或提出合理的改进建议。

重点内容：专题指导教师学会结构化观课、研课新理念和技术以及基于小组合作团队学习为基础的"三研两会"。

指导时间：3天。

指导任务和日程安排（小团队指导）见下表。

日期		工作安排	备注
第一天	上午	活动17：诊断性观研课活动（一） 专家团队走班观课一节； 专家团队集中观课两节（学校自荐学科）； 专家团队集中点评和指导	文科集中在语文课指导；理科集中在数学课指导
	下午	活动18：以某教研组为例现场指导新校本教研 ——开展基于课堂观察的结构化观研课活动	
第二天	上午	活动19：以某备课组为例现场指导组本教研活动 活动20：以某班主任团队组为例现场指导团本教研	全体教师、各班班长、学习长参加培训
	下午	活动21：全体教师集中培训 先观摩后培训如何进行组本教研、团本教研活动	
第三天	上午	活动22：以某行政团队为例现场指导行政团队会议 活动23：以某学科团队为例现场指导学科团队会议	
	下午	活动24：案例式培训 ——先观摩后培训：如何开展行政团队、学科团队会议 专题十一：如何创建学生学科文件夹	

1. 学校重点落实任务

组织各学科教师分科规范推进；

组织教师关注课堂效益和成绩；

学校学导处、情感处认真落实"三研两会"。

2. 专家组根据学校创建效果及实效情况来决定指导次数、专家人数和指导方式

第四阶段：拓展指导与内涵提升（小团队指导）

本阶段指导内涵性培训活动，主要是专家组或推进小组基于有效课堂创建情况，进行走班观课，发现问题、分析问题，做针对性指导和矫正性指导，同时，要进行深入指导，重点对音体美学科、有效综合实践课、内涵型主题班会等方面给予专题性指导。

1. 指导重点

专家团队对音体美学科、有效综合实践课、内涵型主题班会等方面给予专题性、

操作性指导。

　　2. 指导任务和日程安排（小团队指导）见下表

日期		工作安排	备注
第一天	上午	活动 25：专家"走班观课"一课时、集中观课一节并研讨指导 活动 26：检查验收各个班级学生学科文件夹建设情况	
	下午	专题十二：如何创建音体美学科有效教学 专题十三：如何创建素质型多元化课间操文化	三科教师 备课
第二天	上午	活动 27：音体美三科教师说课指导	
	下午	活动 28：临床指导音体美三节课	
第三天	上午	专题十四：如何创建有效综合实践课 活动 29：指导综合实践活动课的方案设计 专题十五：学本视野下如何开展德育和"情感发展体验课"。 指导创建内涵型主题班会（学校领导、德育处与班主任参加）	
	下午	活动 30：结构化指导一节综合实践课（先研后上） 活动 31：结构化指导一节综合实践课（先研后上）	

　　3. 学校重点落实任务

　　组织各学科教师系统梳理和内化本次学习内容；

　　学校组织音体美教师进行结构化设计，并按新课型上课；

　　学校按学本课间操文化指导内容进行彩排，抓紧时间行动起来；

　　学校严格组织学科教师设计和实施综合实践活动课。

　　4. 专家组根据学校创建效果及实效情况来决定指导次数、专家人数和指导方式

第五阶段：评价创新与内涵提升（小团队指导）

　　本阶段指导内涵性培训活动，主要是专家组或推进小组基于有效课堂创建情况，进行"走班观课"，发现问题、分析问题，做针对性指导和矫正性指导，重点对潜能生成计划与策略、新型多元化社团活动、学生成长记录袋评价、教师成长记录袋评价体系建设等方面内容进行深度指导，具体在以下方面给予内涵提升性指导。

　　1. 指导时间：3 天

　　2. 指导任务与日程安排

日期		工作安排	备注
第一天	上午	活动32：韩立福教授"走班观课"全面了解创建情况 活动33：集中观课指导两节课（学校自推学科） 活动34：韩立福教授全面反馈创建情况	
	下午	专题十六：潜能生成长计划与策略 ——如何有效转化待优生	全体教师
第二天	上午	活动35：研讨如何建立潜能生成长策略体系	体验式
	下午	专题十七：如何实施综合素质评价和创建学生成长记录袋评价体系 专题十八：如何创建教师成长记录袋评价体系	
第三天	上午	活动36：韩立福教授与学校领导、各相关部门领导合作研讨如何建立符合学校实际的学生、教师成长记录袋评价体系	体验式
	下午	同上	
注明		学校进入评价创新和内涵提升阶段，按培训部署的任务、目标，进行全面实施和实践操作，大约4周以后进入下一个环节	

3. 学校重点落实任务

学校组织教师系统建立潜能生成长档案和转化策略体系，抓紧时间行动；

学校学导处、情感处系统建立学生成长记录袋评价体系，抓紧时间行动；

学校教师发展中心组织教师系统建立成长记录袋体系，抓紧时间行动。

4. 专家组根据学校创建效果及实效情况来决定指导次数、人数和指导方式

二、常态阶段"理念建构、行为深度转型期"创建思路

这个阶段是开始操作后的第二阶段，也称常态阶段，是教师理念建构、行为深度转型期。经过第一阶段的实践操作，大约2～3个月后，班级将实现教本课堂向学本课堂的转型，那么，每位教师要进入学本课堂操作的常态化阶段，按以下步骤操作。

第一步，建立问题学习工具单和方案设计资源库。经过第一阶段的分工合作，教师们积累了非常好的创建经验。因为，我们所需的问题工具单基本开发完毕，在此基础上，我们要以备课组为单位整合问题工具单资源，建立本年级、本学科的问题学习工具单电子文件库。同时，在第一阶段进行的课堂教学设计和实施的经验基础上，我们要进一步修缮和规范，集中大家的智慧来整合，建立本年级、本学科的每节课的课堂设计方案库。建议，本备课组调整合适时间，集中一段时间把下一学期的问题学习工具单和学习方案设计整理完毕，并建好文件库。这样以后在教材不变化的前提下，我们可以不再重复开发和设计。能够做到不论什么时候上课，提前都有准备好的问题工具单和方案设计。

第二步，开展学本教研活动，严把质量，促进专业成长。问题学习工具单和学习方案设计已经准备充分。为了确保学本课堂质量和效果，我们必须利用学本教研活动来保障。学本教研活动主要包括新校本教研活动、组本教研活动、团本教研活动、学科团队会议和行政团队会议，简称"三研两会"。

其中组本教研活动必须在上课的前一周进行，其余学本教研活动可以在课后进行。那么，各个备课组在课前一周开展组本教研活动，按组本教研的活动方式、常态主题（设计、工具、预习、待优生、策略、成绩）和具体要求进行。正常情况下，一位教师除了本周的上课任务以外，还要参加一次组本教研活动、一次团本教研活动、一次学科团队会议。如果是班主任，还要增加一次行政团队会议。

第三步，组织学本课堂学习过程，实现智慧导学。在前两步的充分准备基础上，我们可以轻松上课，严格按课型、流程组织上课。为了促进学生综合素质的发展，教师可以按"课时计划表"事先培训课堂主持内容，让所有学生轮流主持和组织课堂学习。教师按课堂主持三境界（教师主持、师生主持、学生主持）不断追求和创新，重点研究在每一阶段上的智慧导学，历练自己的智慧导学能力，实现智慧导学，提高课堂效率。

第四步，建立多元评价机制，落实全员学习目标。教师在正常实施学本课堂操作后，要重点关注全体学生的学业成绩，落实全体学生的学习目标完成情况，建立多元评价机制，保证学习目标的达成。在评价过程中尽可能由关注单一成绩评价走向多元化评价，由关注硬评价走向软评价。具体有以下几点变化：一是尽可能取消课堂计分评价，追求"无痕"评价，将学生上课学习的关注点引导到忘我的学习境界；二是作业评价交给学生完成，教师负责抽评即可，评价必须有激励性文字；三是关注学生多种学习能力（如十大新学习能力）的培养和表现评价；四是突出团队内部的"五级评价"，确保团队学习效益和质量等。

第五步，采用多元化激励机制，激发学生积极性。在正常实施学本课堂后，教师要建立多元激励机制，不断激发学生的学习兴趣和学习积极性，使学生始终处于"燃烧"状态，或者说"亢奋"状态。教师可以根据不同学生的年龄特征选择不同的激励策略：一是语言激励表扬，激发学习兴趣；二是通过情感发展体验课，激发学习兴趣；三是通过设立多种奖项颁证来激发兴趣；四是在经济条件允许的情况下给予学生适当的物质激励；五是采用"情感策略"，设置相关情境，体现智慧激励。总目的是让我们的全体学生始终保持良好的积极学习状态，有较好的学习动力。

第六步，采用多元回归复习策略，确保复习质量。在学本课堂视野下，我们更加重视回归复习，严格按回归复习策略来组织有效复习，确保学生回归复习质量。一是从学生角度组织各个小组落实"3-7-15"回归复习评价；二是从教师角度组织学生有效的单元回归复习，保证回归复习的课时和质量。

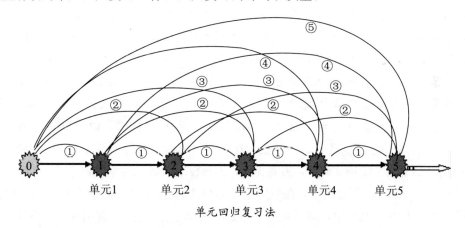

单元回归复习法

常态后的这六个操作步骤，可以说没有严格的界限，也可以同时进行，为了在逻辑上分得清楚，所以才称为步骤。通过上述六点，我们能够进入常态化阶段。

三、重构常规：建立以"备、研、导、评、激" 为要素的学习常规

在学本课堂视野下，我们要建立什么样的教学常规呢？这是我们需要重新考虑的现实问题。因为我们十分熟悉教本课堂视野下的以"备、讲、批、辅、考"为主要特征的教学常规，这是一个直线型的、片段式的、单一化的教学常规。在这个传统的教学常规指引下，教师每天都在做复制式、重复性的简单工作，既影响了教师工作的创造性发挥，又影响了教师的专业发展。

在学本课堂视野下我们应该建立什么样的教学常规呢？教师要建立以"备、研、导、评、激"为要素的新导学常规，学生要建立以"预、合、展、评、回"为要素的新学习常规，使学本课堂操作进入有效的良性循环系统。

从教师角度来看，在多年的传统教学视野下，广大教师形成了一个"备、讲、批、辅、考"的常规教学思维定式。一般而言，如何当教师呢？针对某一教学内容，我们首先是备课备知识，然后在课堂上给学生们讲授，课后教师再给学生批改作业，有责任的教师有时间给个别学生进行辅导，或组织复习，最后组织考试。这就是我们习以为常的教学常规，是线性的、直线式、片段式教学常规。而在学本课堂视野下，我们不能再循着那个"老路子"走了，为了使学生终身受益和促进教师专业成长，要创新传统教学常规，要挑战自己，逐步要走向以"备、研、导、评、激"为要素的新导学常规。"备"是指结构化备课，做到五备，即备学生、备课程、备情境、备设计、备自己，在时间段上划分为课前备课、课中备课、课后备课；"研"是指结构化研课，做到无研，即新校本教研、组本教研、团本教研、学科团队会议、行政团队会议等，在时间段上划分为课前研课、课中研课、课后研课；"导"是指结构化智慧导学，重点是导待优生，在时间段上划分为课前导、课中导、课后导；"评"是多元评价，落实学习目标，在时间段上划分为课前评价、课中评价、课后评价；"激"是指多元激励，激发兴趣和积极性，在时间段上划分为课前激励、课中激励、课后激励。这是一个立体式、全程式、全方位的导学常规。

从学生角度而言，在多年的教本课堂视野下，学生被动学习、静态学习、等待

学习，循着"听、练、作、复、考"的学习常规，已经养成了被动学习思维和习惯。认为学生上课学习就是认真听讲、认真记录、按教师要求参与训练、课后完成作业、及时按教师要求进行复习、最后参加考试。这就是一般意义上的学生学习常规，对初中以上学生来讲基本定型。而在学本课堂视野下，这种老学习常规已经不适合了，教师要积极引导学生要建立以"预、合、展、评、回"为要素的新学习常规。"预"是指结构化预习，学生课前主动积极地前置性预习，按"结构化预习六字诀"进行高质量预习；"合"是指合作探究学习，对预习中产生的问题，或课中产生的问题及时进行合作探究；"展"是指展示对话学习，对所探究的问题要及时、主动地进行展示对话学习，通过展讲对话使学生对所学知识理解得更加深刻；"评"是指实施多元、及时评价，关注目标达成；"回"是指自觉、主动进行回归复习，按回归复习的特点和规律进行有效回归复习。最后，学生学本课堂学习操作进入有效的良性循环系统。

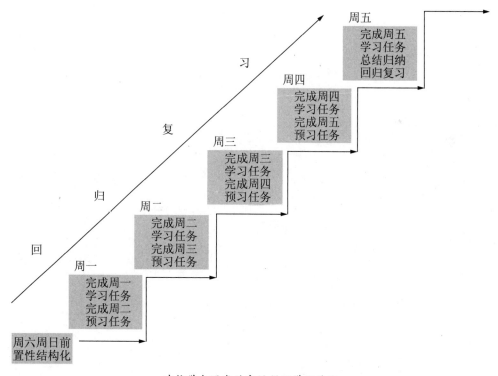

建构学本课堂的良性循环学习系统

　　对于新常规的认识需要一个过程，我们不要着急，可以慢慢适应。因为，这个新常规超越我们过去的老常规，这是一个认识提升，思维转型的过程。如果你认真阅读，或反复阅读几遍肯定能够明白学本课堂的操作思路，以及教师导学和学生学习新常规的含义了。只有遵循这个规律，适应这个规律，我们才能逐渐走进学本课堂新常规，为学生学会主动学习、拥有积极人生奠定基础。

一线学科教师学本课堂
操作指南

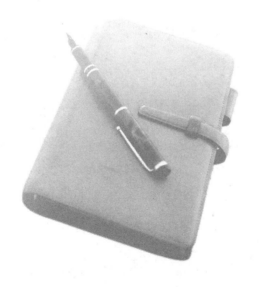

理论是"海"，操作是"船"。要想使您的船驶的更快、更远，就必须先"造海"。这个道理大家都会明白的，第五章详细介绍了创建学本课堂的理论知识、技能知识、操作方法等。本章就要解决如何"开船"的问题，大家千万要相信自己，大胆前行。本章主要介绍学科教师如何创建本学科的学本课堂，教师做哪些事情，学生做哪些事情，重点讲某一位教师针对不同课时的教学内容，如何来备课和设计学本课堂。关于共性的内容不再重复讲解，如教师如何创建小组合作团学习机制、教师如何培养学生新十大学习能力、如何培养教师三大智慧导学能力、教师如何开展问题学习工具单、教师如何开展学本教研活动等。在操作层面上的整体创建思路是"四大共性行动策略＋学科个性行动策略"。关于"创建小组合作团队学习机制""培养学生十大新学习能力""开发问题学习工具单和学习方案设计"和"开展学本教研活动"这四个行动策略是每个班主任和各个备课组教师共同来完成的创建任务。每位教师在完成共性创建行动后，才能开展个性化的学科创建行动。

　　学本课堂是一个大概念，不是指过去的"新授课"，希望学科教师一定要有新的认识。从时间段上来看，1课时的课包括课前自主合作学习、课中合作探究学习和课后自主合作学习；2课时的课包括两个课前自主合作学习、两个课中合作探究学习和两个课后自主合作学习；3课时的课包括三个课前自主合作学习、三个课中合作探究学习和三个课后自主合作学

韩立福博士在山东省昌邑市做学本课堂专题报告

习。以思路上来看，如果我们刚刚开始操作的话，就起码要充分关注课前和课中，必须体现"先学后导"的新理念、新思维，师生共同前置性学习，产生问题，针对问题在课中合作探究、展讲对话解决，课后根据教师同一安排设计和学生自己兴趣特长来开展拓展活动。从知识学习角度来看，各个学科知识的学习都有共性和个性，在整体设计角度，我们将"问题导学""学本课堂"等思维贯穿于所有学科和课型，但是音乐、体育、美术学科的专业技能学习课，还要体现学科技能教学等特点。

在学本课堂视野下，我们由追求知识取向教学转向能力取向学习，由知识分段教学转向能力分层学习。在课型上将跳出单一的"新授课"教学，由单一的新授课教学转向体现问题导学特征的多元课型学习。由于，现行教材体系依旧是以"新授课"为教学单位来设计的教学进度，所以，我们针对 1 课时教学内容、2 课时教学内容、3 课时教学内容等不同教学容量，来介绍创建学本课堂的操作思路和技术策略。

一、学科教师共性操作指南与规范

一线学科教师最关注的是"接地气"的操作，这是非常正确的，也是必要的。但是，在学本课堂视野下，我们千万不要"急于求成"，俗话说"心急吃不了热豆腐"。学本课堂与教本课堂之间的"跨度"是非常大的，需要系统建构，而且不是一个教师能够建构的，需要一个班的所有任课教师或一个备课组的所有教师齐心协力、共同努力才能实现的，需要教师团队集体来完成以下四个共性行动策略（简称 G 行动策略），来解决这四点共性问题。

G 行动策略 1：创建小组合作团队学习机制，解决教学组织形式问题

这不是一个教师个体的事情，也不是一个班主任教师的事情，需要各位教师共同创建，共同参与，也使教师们自然形成一个团队，是班级学习共同体这个大团队的一部分。实施小组合作团队学习机制以后，各位教师都要共同组织、共同遵守、共同呵护、共同培育，才能取得好效果，如果有一个教师不配合、不投入、不参与，或者传递负能量，那么学本课堂将难以创建成功。

G 行动策略 2：培养新学习能力，解决学生被动学习、不会学习和不适应新课程教学的问题

这不是一个教师的事情，需要全班各位教师利用主题班会、学习能力指导课，或利用自习课，或自己安排课时来培养学生的新学习能力。否则，新学习能力方面的"待优生"就诞生了，这将导致新的两极分化，直接影响学生的学业成就和综合素质。所以，教师千万要注意学生的学习能力培养问题。

G 行动策略 3：开发问题学习工具单，解决如何给学生提供有效学习工具的问题

这是一件大事，也需要共同参与和完成，这好比妈妈给孩子做饭的"饭菜"质

量，也好比战场上的"枪炮弹药"，质量如何至关重要。希望大家精诚团结、认真投入、共同参与，严把质量关。还要动员学生积极参与，把好质量关。如果一个人开发问题工具，会很辛苦，也缺少智慧，只有人人献出一点智慧，问题工具才会有质量。

G 行动策略 4：开展学本教研活动，解决滞后的传统教研与课程改革不适应的问题

这是保障学本课堂持续进行和促进教师专业发展、学生综合素质提升的大问题。希望本学科所有教师要积极参与，积极投入，真诚合作，献计献策，以教师团队的组织形式开展学本教研活动，千万注意活动质量。

韩立福博士在四川省棠湖中学现场指导王娟老师进行智慧导学

请读者一定要领会这四个共性行动策略，各学科教师在操作时一定完成共性行动策略后，再按学科创建行动策略来实施。特别注意，教师千万不能单一地、简单地按照学科行动策略操作，这是一个综合性创建工程。假设我们把四大行动策略实施了，也就把困惑的四大问题解决了。接下来学科教师就可以开展个性化行动策略操作了。

二、学科教师个性操作指南与规范

学科教师千万记住"两步走"策略，首先进行"四大共性行动策略"，其次在此基础上开展个性行动策略（简称 TG 行动策略）。希望您耐心学习，不要急躁，其实很简单，只要按以下要求行动就可以了。

TG 行动策略 1：确定课时和课型

如果课标规定 1 课时，那么，我们将选择的课型：问题综合解决课。如果课标规定 2 课时，那么，我们将选择与匹配的课型：第一课时为"问题发现评价课"；第二课时为"问题解决评价课"。如果课标规定 3 课时，那么，我们将选择与匹配的课

型：第一课时为"问题发现评价课"；第二课时为"问题解决评价课"；第三课时为"问题拓展评价课"。

TG 行动策略 2：创建和强化小组合作团队学习机制

如果是刚刚开始阶段，教师就与其他教师共同创建小组合作团队学习机制；如果已经创建了，那么课前通过多种方式，如行政团队会议、学科团队会议来强化即可。目的是增强各个小组的团队凝聚力和学习力，营造团队学习氛围，调动团队学习积极性。

TG 行动策略 3：厘清创建思路展开行动

当课型确定后，教师和学生要围绕课时和课型开始进入行动阶段，分别按《韩立福：有效教学法》提供的各种行动策略进行课前准备，按以下示意图去行动就能够创建成功。如果一遍没有看懂，教师可以多看几遍便一定能够理解和操作。

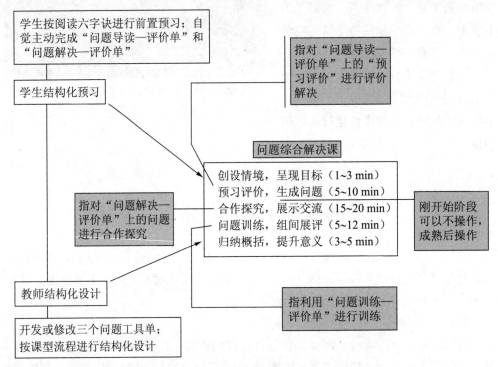

课时教学内容的创建思路操作图（一）

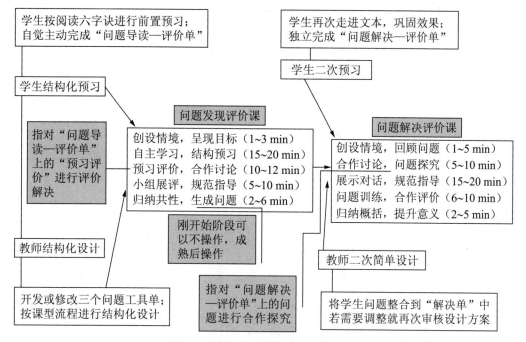

课时教学内容的创建思路操作图（二）

TG 行动策略 4：学科教师要求学生按结构化预习方法和指要去做前置性、结构化预习预习

　　这里所说的结构化预习与以前的一般预习有着重要差别，让不同学段学生一定要把结构化预习行动策略读到相应遍数，把书标满，做完课后习题，达到真正理解的程度。如果是 1 课时教学内容，我们选择"问题综合解决课"或"问题解决评价课"，那么，就实施一次预习。在此基础上要采用"先读后做"策略，自觉主动完成"问题导读—评价单"上"预习评价"部分，并将自己发现的问题（1~2 个）写在"我的问题"栏内。如果没有预习就不能上课，千万不要担心都会了怎么办，也不要担心不会怎么办，只要坚持指导结构化预习一定会取得奇迹般的成绩。

　　如果是 2 课时教学内容，必然有两次预习；如果 3 课时教学内容，必然有 3 次预习。我们要注意三点：一是第一次结构化预习不是只预习本节课内容，而是针对全文进行全面的、系统的结构化预习。因为不是分"段"预习，而是整体学习；不

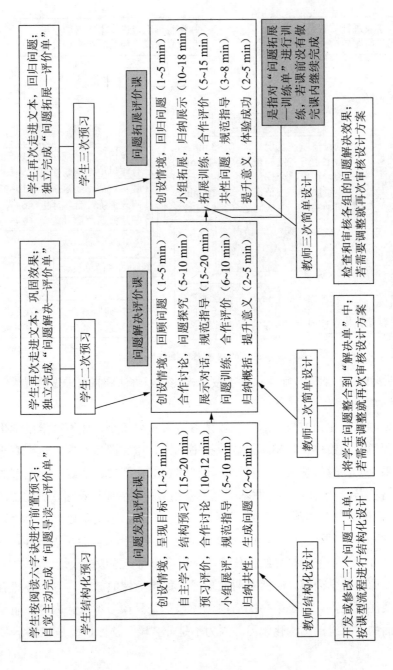

课时教学内容的创建思路创建操作图（三）

是简单地看看，而是以学会为目标的高质量预习。二是在组织第二次预习时在时间和强度上适当降低，继续走进文本，独立完成"问题解决—评价单"。三是在组织第三次预习时在时间和强度上适当依然可以降低，继续走进文本，独立完成"问题拓展—评价单"。

　　TG 行动策略 5：学科教师要开发问题学习工具单，为学生提供学习的"抓手"

　　如果我们要上 1 课时的"问题综合解决课"，那么学科教师要在学生结构化预习的同时，要自己研读课文，走进文本，实现三次对话，梳理出"问题清单"，开发本课所需的问题学习工具单，即"问题导读—评价单""问题解决—评价单"和"问题训练—评价单"。千万不要嫌工具单多，每个单子都有自身的特点和作用，如果想合并也可以，叫称"问题综合—解决单"，要做到"型和神不变"，但是，千万不要退回到"导学案"。教师要逐步理解这些问题工具单的含义，为将来学会学习，超越工具单做准备。

　　如果是 2 课时教学内容，那么，教师要开发 2 课时所需的问题学习工具单，即"问题导读—评价单"（第一课时用）、"问题解决—评价单"和"问题训练—评价单"（这两个单子第二课时用）。

　　如果是 3 课时教学内容，那么，教师要开发 3 课时所需的问题学习工具单，即"问题导读—评价单"（第一课时用）、"问题解决—评价单"（第二课时用）和"问题拓展—评价单"（第三课时用）。对于 3 课时教学，教师可以不开发和使用"问题—训练评价单"，也可以适当安排训练，训练内容可以整合到"问题解决评价课"中。记住每个单子都有自身的特点和作用。

　　当学生都学会学习时，"问题学习工具单"将潜入学生心中，此时问题学习工具单也将消失。

　　TG 行动策略 6：学科教师按课型、流程和导学策略组织上课

　　如果是 1 课时教学内容，学科教师在课前要按《韩立福：有效教学法》第九章所规定的课型、流程、教师导学行为要求和学生学习行为要求进行精心设计 1 课时的"'问题综合解决课'课堂学习方案"。

　　如果是 2 课时教学内容，学科教师在课前要按《韩立福：有效教学法》第九章所规定的课型、流程、教师导学行为要求和学生学习行为要求进行精心设计 2 课时的"课堂学习学习方案"，分别是"'问题发现评价课'学习方案设计"和"'问题解决评价课'学习方案设计"。

　　如果是 3 课时教学内容，学科教师在课前要按《韩立福：有效教学法》第九章

所规定的课型、流程、教师导学行为要求和学生学习行为要求进行精心设计 3 课时的"课堂学习学习方案",分别是"'问题发现评价课'学习方案设计""'问题解决评价课'学习方案设计"和"'问题拓展评价课'学习方案设计"。

在上课时,学科教师要按"课堂学习方案设计"进行认真操作,不要随意,要控制自己过去的习惯行为。开始阶段教师要降低要求,等学生学习能力提升和教师操作技术娴熟后可以逐步实施所有流程。刚开始会出现完不成学习任务的情况,此时,各位教师千万不要担心害怕,一定要坚持下去,一定成功的,因为学生适应和成熟都需要一段时间。

TG 行动策略 7:学习学科课程标准,努力体现学科特点

在上课时教师千万不要寻找教本课堂中的感觉和"影子",简单地说学本课堂不是教师讲授知识的课堂,而是师生共同围绕"问题"开展自主学习、合作探究、展示对话等,并通过生生对话、师生对话来解决问题,通过问题解决来培养学生的学科思维能力。比如,语文学科的学本课堂追求的是学生"说"的课,充分体现学本课堂理念下的语文学科教学的人文性、工具性和思想性等学科特点;数学学科的学习将体现问题性、探究性和思维性等学科特点;英语学科的学习将体现人文性、工具性、价值性和文化性等学科特点;生物学科的学习将体现探究性、创新性和情感性等学科特点等。

TG 行动策略 8:科学、规范、灵活使用问题学习工具单,将取消传统的课后作业

关于这三个问题学习工具单使用和作业创新的关系做些简单说明。如果 1 课时"问题综合解决课"中,我们使用三个问题学习工具单,"问题导读—评价单"是学生课前结构化预习中完成的,"问题解决—评价单"可在预习中完成,也可在课中第三环节中让学生完成后合作讨论,组间展评。第三个"问题训练—评价单"在第四环节中完成并展评。

如果是 2 课时教学内容,我们就选择"问题发现评价课"和"问题解决评价课",要使用三个问题学习工具单,"问题导读—评价单"是学生课前结构化预习中完成的,"问题解决—评价单"可在第二次预习中完成,第三个"问题训练—评价单"在第四环节中当场完成并组织展评验收。

如果是 3 课时教学内容,比如,在《荷塘月色》这篇课文的学习中,我们选择"问题发现评价课""问题解决评价课"和"问题拓展评价课",一般使用三个问题学习工具单,"问题导读—评价单"是学生课前第一次结构化预习中完成的,"问题解决—评价单"是在第二次预习中完成的,"问题拓展—评价单"是在第三次预习中完成的,也可在"问题拓展评价课"中的第三环节中当场让学生完成后合作讨论,组间展评。

这三个工具单就是新型作业，按问题工具单开发原理来讲，它们包含了课后题，所以，没有必要再留课后作业。因此，学科教师不要担心作业完成如何等。从作业角度来看，这三个单子中体现了作业前置化、作业全程化、作业全优化等先进教育理念。今后教师将不再布置以课后习题为主的作业，也不存在批改传统作业，但是，为了保障学习质量，教师要对问题学习工具单进行评价，在学生落实"五级评价"基础上进行抽评和评阅，来掌握学生对新式作业的完成情况。

　　特别说明：以上对语文学科创建初期的 1 课时、2 课时、3 课时学本课堂如何操作的内容，给大家做了详细讲述。随着学生新学习能力的不断提升和成熟，随着教师智慧导学能力的不断提升和成熟，学本课堂内涵、品质和层次也会不断上升。

　　比如，同样的 2 课时内容，假如还是《背影》这篇课文，将发生三大变化。一是其 TG 行动策略 1 的"确定课时和课型"将发生变化。课标规定 2 课时，那么，我们将选择与匹配课型第一课时为"问题生成评价课"，第二课时为"问题解决评价课"；不再上"问题发现评价课"了，要上"问题生成评价课"，为学生成长搭建更大、更好的发展平台。

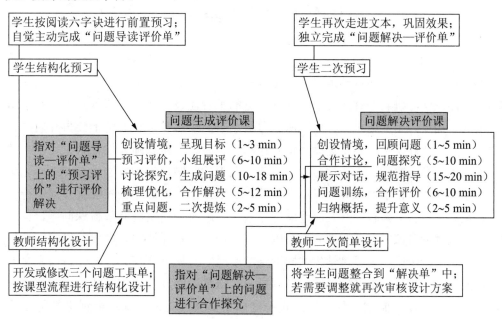

问题生成评价课、问题解决评价课图

　　二是教师将开始关注学生各个小组生成的问题，启用"问题生成—评价单"，指导学术助理采用"问题生成—评价单"收集和整合各组问题，及时反馈给学科教师。教师根据学生学习状况和目标达成度，将学生们生成的有价值问题有效地整合到"问题解决评价单"上，如果印刷完毕，来不及增加，那么学科教师可以印成小纸条发给大家，也可以写在黑板上让学生自己抄写在问题解决工具单上。

　　三是学校经济困难，难以支撑印刷问题学习工具单，那么，学科教师应在课余时间提前写在黑板上，以便让学生抄写。为了提高学生的学习效益和保障学习质量，建议学校还是要克服困难，给学生搭建有效学习平台。

　　同理，3课时的课型也发生变化，将"问题发现评价课"提升为"问题生成评价课"。

　　学科教师在整个创建过程中，一定要相信学生的学习潜能，相信的自己的创造力，只要能够坚持，任何一位教师都会创建成功。

三、学科教师创建思路与操作案例

　　学科教师对共性行动策略和个性化行动策略理解后，就可以结合教材内容开始真实行动了。四个共性行动策略主要是解决实施学本课堂的基础工程，一是创建小组合作团队学习机制，就是要解决学本课堂的平台建设，不是以前的舞台式教学组织形式，而要开始实施小组合作团队学习机制了。预示着学科教师不要再开始"一对多"的课堂教学了，而要选择小组合作团队学习。二是教师要培养学生新十大学习能力，就是解决学生不会学习、学习效率低下的问题，预示着学生走向结构化预习、小组合作讨论学习和展示对话学习等，而不是让学生像过去一样安静地等待学习、被动学习。三是教师开发问题学习工具单，解决如何实施有效备课问题，预示着学科教师的备课、上课和课后都与以前不一样了，备课期间教师要开发问题学习工具单，上课阶段，主要是学生共同围绕"问题"开展合作探究、合作对话来交流解决问题，在此过程中教师要实施智慧导学。四是教师开展学本教研活动，解决学本课堂的保障体系问题，预示着通过新型教研活动严把质量关，能促进教师专业成长。

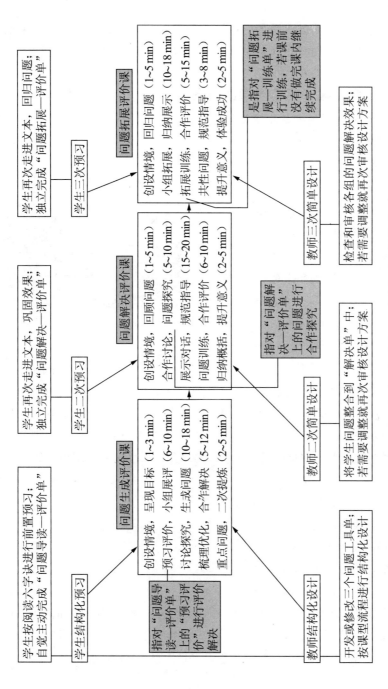

问题发现评价课提升为问题生成评价课操作图

个性化创建行动策略尤为重要，学科教师要时刻牢记，不可缺失，否则，会迷失方向，难以保障创建质量。对各个学科教师创建学本课堂的具体方法如下。

（一）语文学科教师学本课堂创建案例

1. 语文1课时教学内容学本课堂创建案例

学校：河南省洛阳市新城实验学校

年级：四年级

学科：语文

主题："钓鱼"

课型："问题综合解决课"

教师：陈晓峰

韩立福博士在深圳市育才第四小学与教学校长、孙倩老师随堂研讨问题学习工具单

本案例中陈晓峰老师针对《钓鱼》这篇课文的教学内容，即1课时教学容量，选择了"问题综合解决课"。课前，陈晓峰老师对学生的结构化预习能力进行了系统指导和培训，组织学生对本课内容进行了结构化预习；又根据教材、教参和一些教辅资料，借助"问题学习工具开发统一模板"开发了"'钓鱼'问题导读—评价单""'钓鱼'问题解决—评价单"和"'钓鱼'问题训练—评价单"；并根据课型流程和智慧导学策略进行了课堂学习方案设计。同时，其培养了学术助理来主持本课堂的学习活动。第二天，陈晓峰老师和学术助理开始严格按照以下流程组织全体学生学习。

创设情境，呈现目标；（1～3 min）

预习评价，生成问题；（5～10 min）

合作探究，展示交流；（15～20 min）

问题训练，组间展评；（5～12 min）

归纳概括，提升意义。（3～5 min）

本课是语文出版社小学语文四年级下册第一单元第三课"钓鱼"。"问题综合解决课"主要是让学生通过自主学习、合作探究体会"我"的感情变化，理解父亲要"我"将鲈鱼放回湖中的理由，读懂"我"从钓鱼这件事中所获得的启示，懂得从小接受严格教育的重要，坚决抵制各种诱惑。在方法设计上，主要以小组合作探究学习为主，教师通过多种形式的展示让学生明白"我"从钓鱼这件事中所获得的启示。

通过本课学习师生圆满完成了教与学任务。需要注明的是，关于小组合作团队学习机制班主任教师已经统一创建，不用每天创建。"问题综合解决课"所使用的问题学习工具单见相关资料。

相关资料

"钓鱼"问题导读—评价单

设计人：陈晓锋　　　　　审核人：

班　级：　　　组　名：　　　姓　名：　　　时　间：

【学习目标】

会认"纵、距、皎、沮、诱、抉"6个生字，会写"捕、辉、剧、钓、距、辩、乞、德、抵"9个字，要求掌握"辉映、剧烈"等词语；

能有感情地朗读课文，从中体会"我"的感情变化；

理解父亲要"我"将鲈鱼放回湖中的理由，读懂"我"从钓鱼这件事中所获得的启示，懂得从小接受严格教育的重要，坚决抵制各种诱惑。

【重点难点】

重点：理解父亲要"我"把钓到的鲈鱼放回湖里的原因；

体会人物的感情变化。

难点：感悟作者从钓鱼这件事中得到的启示。

【关键问题】

"我"的感情发生了哪些变化？

父亲要"我"将鲈鱼放回湖中的原因。

【学法指导】

请同学们运用结构化预习的方法（查、画、写、记、练、思），查阅作者的相关资料，初步了解定时禁捕对保护鲈鱼生长的重要性。把握课文主要内容，理解父亲坚持让我放掉鲈鱼的原因，感悟做人的道理。努力完成课后第 2 题和第 3 题，并积极思考生成问题。

【知识链接】

作者是詹姆斯·伦费蒂斯，他是美国的一位著名的建筑设计师。

鲈鱼的特点：早春在咸淡水交界的地方产卵，为了保证鲈鱼的繁衍，产卵期间禁捕。课文中父子捕鱼的时间是鲈鱼开放日的前一个晚上。

【预习评价】

问题 1：给下列加点的字注音。

皎（　）洁　　沮（　）丧　　抉（　）择　　划（　）着

问题 2：比一比，组词语。

辉（　）　　辨（　）　　铺（　）　　诀（　）　　诱（　）

挥（　）　　辩（　）　　捕（　）　　抉（　）　　透（　）

问题 3：给下列加点字选择正确的读音。

着急（zháo　zhuó）　　计划（huá　huà）　　施舍（shè　shě）

问题 4：写出下列词语的近义词。

抉择——（　）　　沮丧——（　）　　乞求——（　）

问题 5：这篇课文是按照（　　　　　　　　　　　　　　）顺序写的，全文可以概括为（　）、（　）、（　）三部分内容。

【我的疑问】

【多元评价】

自我评价	同伴评价	学科长评价	小组长评价	学术助理评价

"钓鱼"问题解决—评价单

设计人：陈晓锋　　　　　审核人：

班　级：　　　　组　名：　　　姓　名：　　　时　间：

【学生生成问题】

【教师预设问题】

问题1：在"钓鱼—放鱼—启示"三部分内容中，"我"的感情发生了哪些变化？抓住文中对"我"的神态、语言、动作、心理描写的语句进行朗读体会。

问题2：为什么父亲一定要让我把鲈鱼放回湖里去？父亲这样做对不对？抓住文中对父亲的神态、动作描写的语句进行朗读体会。

问题3：读下面的句子，并说一说加点词语在句子里的作用，和同伴交流一下。
(1) 晚霞辉映的湖面上，溅起了一圈圈彩色的涟漪。
(2) 三十四年前的那个月光如水的夜晚，在我的脑海中留下了永久的回忆和终生的启示。

问题4：为什么说34年前的那个夜晚给"我"留下了终生的启示？

【拓展训练】

作者把34年前钓鱼的故事写给我们，希望我们勇敢地挑战自我，做一个有道德的人。在学校、在家庭、在公共场所你曾经遇到过哪些诱惑？给你留下了什么启示？能否也像作者一样写下来与大家共享？

【多元评价】

自我评价	同伴评价	学科长评价	小组长评价	学术助理评价

2. 语文 2 课时教学内容学本课堂创建案例

学校：陕西省宝鸡市岐山县教研室

年级：八年级

学科：语文

主题："安塞腰鼓"

课型："问题发现评价课"和"问题解决评价课"

教师：朱晓娟

本案例中朱晓娟老师针对《安塞腰鼓》这篇课文的教学内容，即 2 课时教学容量，选择和匹配了"问题发现评价课"和"问题解决评价课"。课前，朱老师对学生的结构化预习能力进行了系统指导和培训，组织学生对本课内容进行了全面的结构化预习；又根据教材、教参和一些教辅资料，借助"问题学习工具开发统一模板"开发了"'安塞腰鼓'问题导读—评价单""'安塞腰鼓'问题解决—评价单"和"'安塞腰鼓'问题训练—评价单"；并根据课型流程和导学策略进行了"'安塞腰鼓'课堂学习方案设计"。同时，其培养了学术助理来主持本课堂学习活动。上课时，朱老师和学术助理开始严格按以下流程组织全体学生进行第一课时"问题发现评价课"的学习，通过本课学习师生圆满完成了教与学的任务。

创设情境，呈现目标；（1～3 min）

自主学习，结构预习；（15～20 min）

预习评价，合作讨论；（10～12 min）

小组展评，规范指导；（5～10 min）

归纳共性，生成问题。（2～6 min）

完成第一课时教学任务后，朱老师把学生的生成问题整合后以适当方式补充给学生，并要求学生进行"二次预习"，学生再次走进文本，完成"'安塞腰鼓'问题解决—评价单"上的学习任务。

第二课时，朱晓娟老师和学术助理开始严格按以下流程组织全体学生进行第二课时"问题解决评价课"的学习。

创设情境，回顾问题；（1～5 min）

合作讨论，问题探究；（5～10 min）

展示对话，规范指导；（15～20 min）

问题训练，合作评价；（6～10 min）

归纳概括，提升意义。（2～5 min）

这两节课所使用的问题学习工具单见相关资料。

相关资料

"安塞腰鼓"问题导读—评价单

设计者：朱晓娟　　　单　位：岐山县教学研究室

班　级：　　　　组　名：　　　姓　名：

【教学目标】

知识与能力

诵读文本，掌握"狂舞、亢奋、飞溅、晦暗、羁绊、蓦然、冗杂、搏击、大彻大悟、烧灼、叹为观止"等字的读音及在文本中的含义；

了解本文气势恢宏、词语简洁有力、句式铿锵激越的特点；

感受本文所抒发的生命律动的激情；

体味理解语言中所包含的情感和深意；

体会排比句的含义及其作用。

过程与方法

感受铿锵有力，富有节奏感的语言，并了解排比、反复及短句的表达效果；

师生互动，生生互动，自主学习、合作交流学习、展示学习。

情感、态度与价值观

本文是对高原生命的热烈赞颂，是对民族魂魄的礼赞。朗读品味课文，从不同的角度、不同的侧面感受安塞腰鼓的美。

【重点难点】

重点：在反复朗读中体味语言中所蕴含的激情与深意。

难点：理解课文的主旨。

【关键问题】

如何从作者优美、铿锵有力的语言中感受安塞腰鼓的美？

【知识链接】

作者简介

刘成章，1937年生，陕西省延安市人。1961年毕业于陕西师范大学中文系。早期以写诗为主，1982年后，专写散文。《羊想云彩》获首届鲁迅文学奖。

写作背景

安塞腰鼓起源于安塞一带的民间广场舞艺术，"安塞腰鼓"所释放的能量已经成为中华民族坚毅不屈、意气风发、蓬勃向上、积极进取的精神象征。

【积累运用】

问题1：根据拼音写汉字。

huì（　　）暗　　　jī（　　）绊　　　tián（　　）静　　　mò（　　）然

línlí（　　）　　　pangbó（　　）　　　rǒng（　　）杂

问题2：填空并解释成语的含义。

大彻大（　　）：

惊心动（　　）：

叹为（　　）止：

（　　）然而止：

问题3：完成下列多音字和形近字。

(1) 多音字

挣｛　　　　　得｛　　　　　颤｛　　　　　落｛

塞｛　　　　　背｛　　　　　解｛　　　　　盛｛

(2) 形近字

梁　　　　　资　　　　　晰　　　　　崖

梁	姿	浙	涯
栗	悔	魄	遗
粟	晦	魂	遣

问题4：选词填空。

每一个舞姿都使人（　　）在浓烈的艺术享受中，使人叹为观止。

观众的心也（　　）变成牛皮鼓面了，也是隆隆，隆隆，隆隆。

黄土高原上，爆出一场多么壮阔、多么豪放、多么（　　）的舞蹈哇——安塞腰鼓！

山崖（　　）变成牛皮鼓面了，只听见（　　）隆隆，隆隆，隆隆！

A. 蓦然　　　　B. 战栗　　　　C. 突然　　　　D. 火烈

问题5：西北现在还是贫困落后，作者为什么这样歌颂西北汉子？

问题6：用简洁的语言概括课文写了几个方面的意思？

问题7：体味"一群茂腾腾的后生"这样开头有什么好处？

问题8：尝试着完成课文的板式。

【我的问题】

【多元评价】

自我评价	同伴评价	学科长评价	小组长评价	学术助理评价

"安塞腰鼓"问题解决—评价单

设计者：朱晓娟　　　单　位：岐山县教学研究室

班　级：　　　　　　组　名：　　　　　姓　名：

　　各位同学请根据预习内容，在单位时间内进行系统思考后，认真完成下面题目，并在小组内充分交流，经过合作探究后，准备多元化展示。

【学生生成问题】

【教师预设问题】

　　问题1：语言体味。

　　(1)"容不得束缚，容不得羁绊，容不得闭塞。是挣脱了、冲破了、撞开了那么一股劲!"要"挣脱""冲破""撞开"什么？是什么"束缚""羁绊""闭塞"了那么一股劲？

　　(2)"每一个舞姿都充满了力量。每一个舞姿都呼呼作响。每一个舞姿都是光与影的匆匆变幻。每一个舞姿都使人战栗在浓烈的艺术享受中，使人叹为观止。"这种修辞手法有什么作用？

　　问题2：语句分析。

　　(1)"多水的江南是易碎的玻璃，在那儿，打不得这样的腰鼓。"

　　(2)"当它戛然而止的时候，世界出奇的寂静，以至使人感到对她十分陌生了。"

（3）"耳畔是一声渺远的鸡啼。"

问题3：疑难解析。

（1）充盈着生命力量的"后生们"，忘情的捶起安塞腰鼓，那铿锵的节奏、恢宏的气势、汹涌的激情，无不让人振奋不已，作者在文中连续四次用"好一个……安塞腰鼓！"的句式直抒胸臆，表达了对安塞腰鼓的热情赞美。那么，安塞腰鼓到底好在哪些方面？

（2）安塞腰鼓表演起来场面是非常热烈的，为什么作者在开头和结尾都描写了"静"的场面？

问题4：疑难解析。

（1）《安塞腰鼓》是对生命、力量的礼赞，作者在语言运用上使用了哪些修辞手法？本文可以借鉴于我们写作的有哪些方面？

（2）结合学习，讨论总结本文的主题思想。

问题5：读完课文，请依照例句用"……的安塞腰鼓"的句式对安塞腰鼓进行评价，比如，让人惊心动魄，让人叹为观止的安塞腰鼓！

拓展题：我们的祖国幅员辽阔，历史悠久，人口众多，千百年来，劳动人民在生产生活中创造出了许多令人喜闻乐见的地方曲艺。请同学们谈谈自己所了解的地方曲艺，并对其做简要说明。

【多元评价】

自我评价	同伴评价	学科长评价	小组长评价	学术助理评价

"安塞腰鼓"问题训练—评价单

设计者：朱晓娟　　　单　位：岐山县教学研究室

班　级：　　　　组　名：　　　　姓　名：

【积累运用】

问题1：根据下面多音字的不同读音组词。

塞 $\begin{cases} sè（　　） \\ sài（　　） \end{cases}$　　颤 $\begin{cases} chàn（　　） \\ zhàn（　　） \end{cases}$　　没 $\begin{cases} méi（　　） \\ mò（　　） \end{cases}$

问题2：选词填空。

(1) 一群（　　）的后生。（生龙活虎、茂腾腾）

(2)（　　）的南风吹动了高粱叶子。（哗溜溜、软绵绵）

（3）百十个腰鼓发出的沉重响声，碰撞在四野长着（　　）的山崖上。（酸枣树、野草）

（4）这腰鼓，使（　　）的空气立即变得燥热了，使（　　）的阳光立即变得飞溅了，使困倦的世界立即变得（　　）了。（亢奋、恬静、冰冷）

问题3：仿照例句写新的词语。

例：茂腾腾　　　　　　　　嗞溜溜

　　红　　　　　　　　　　黄

　　绿　　　　　　　　　　白

　　黑　　　　　　　　　　灰

【课内文段阅读】

一群茂腾腾的后生。

······

嗞溜溜的南风吹动了高粱叶子，也吹动了他们的衣衫。

他们的神情沉稳而安静。紧贴在他们身体一侧的腰鼓，呆呆的似乎从来不曾响过。

······

好一个安塞腰鼓！

1. 为什么先写南风吹动了高粱叶子和他们的衣衫，接着又写他们沉稳而安静的神情和"呆呆"的腰鼓？

2. 将画线句子改写成与前句句式一样的句子，意思不能改变。

3. 山间炊烟袅袅，如丝如缕；江河中的片片帆影，像一首诗，又像一幅画。

4. 词语释义。

(1) "流苏" 的含义:

(2) "瞳仁" 的含义:

5. 疑难解析。

(1) 有时,当父母的往往喜欢这样抱怨自家的孩子:"你看,人家的孩子……"如果你是"自家的孩子",定会知道父母想要说的是?

(2) 假如你不是"自家的孩子",听到别人父母说出这样的话来,则言外之意是?

【知识拓展】

你对黄土地了解多少?结合地理知识谈谈你的认识。

黄土地的主要地域:

黄土地的土质特征:

黄土地上的代表建筑是:

【多元评价】

自我评价	同伴评价	学科长评价	小组长评价	学术助理评价

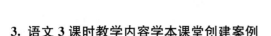

3. 语文 3 课时教学内容学本课堂创建案例

学校：河南省漯河高级中学

年级：高一年级

学科：语文

主题："荷塘月色"

课型："问题发现评价课""问题解决评价课"和"问题拓展评价课"

教师：胡卫党

本案例中河南省漯河高中的胡卫党老师针对《荷塘月色》这篇课文的教学内容，即 3 课时教学容量，选择和匹配了"问题发现评价课""问题解决评价课"和"问题拓展评价课"。课前，胡老师对学生的结构化预习能力进行了系统指导和培训，组织学生对本课内容进行了全面的结构化预习，要求学生第二天、第三天要完成二次预习和三次预习；又根据教材、教参和一些教辅资料，借助"问题学习工具开发统一模板"开发了"'荷塘月色'问题导读—评价单""'荷塘月色'问题解决—评价单"和"'荷塘月色'问题拓展—评价单"；并根据课型流程和导学策略进行了"'荷塘月色'课堂学习方案设计"。同时，其培养了学术助理来主持本课堂学习活动。

上课时，胡老师和学术助理开始严格按以下流程组织全体学生进行第一课时"问题发现评价课"的学习，通过本课学习师生圆满完成了教与学的任务。

创设情境，呈现目标；（1～3 min）

自主学习，结构预习；（15～20 min）

预习评价，合作讨论；（10～12 min）

小组展评，规范指导；（5～10 min）

归纳共性，生成问题。（2～6 min）

当完成第一课时教学任务后，胡老师把学生生成问题整合后以适当方式补充给学生，并要求学生进行"二次预习"，学生再次走进文本，完成"问题解决—评价单"上的学习任务。

第二课时，胡老师和学术助理开始严格按以下流程组织全体学生进行第二课时"问题解决评价课"的学习。

创设情境，回顾问题；（1～5 min）

合作讨论，问题探究；（5～10 min）

展示对话，规范指导；（15～20 min）

问题训练，合作评价；（6～10 min）

归纳概括，提升意义。（2～5 min）

完成第二课时教学任务后，胡老师要求学生进行"三次预习"，学生再次走进文本，完成"问题拓展—评价单"上学习任务。第三课时，胡老师和学术助理开始严格按以下流程组织全体学生进行第三课时"问题拓展评价课"的学习。

创设情境，回归问题；（1～5 min）

小组拓展，归纳展示；（10～18 min）

拓展训练，合作评价；（5～15 min）

共性问题，规范指导；（3～8 min）

提升意义，体验成功。（2～5 min）

这三节课所使用的问题学习工具单见相关资料。

相关资料

学校：　　　年级：　　　学科组：　　　展示"阅读六字诀"：查、画、写、记、练、思

"荷塘月色"问题导读—评价单

设计人：　　　　　审核人：　　　　　序　号：

班　级：　　　　　姓　名：　　　　　组　名：

【学习目标】

知识与技能

学习《荷塘月色》细腻、传神的语言，体会各种修辞手法的运用；

欣赏荷塘月色的美景，领悟情境交融的写作方法；

了解作者创作的心情以及这种心情的社会内容。

过程与方法

反复诵读课文，厘清行文思路，理解作品主题；

揣摩品味作品典雅清丽、生动传神、富有韵味的语言。

情感、态度与价值观

把握作者情感的发展变化，了解作者不满黑暗现实，向往自由生活的思想感情。

【重点难点】

重点：结合语境揣摩词语、语句的含义，体味作品语言精练优美的特点及表达效果。

难点：感悟景语和情语浑然一体的妙处。

【关键问题】

结合背景材料，分析文中情与景的关系。

【学法提示】

查阅相关资料，结合知识链接，了解《荷塘月色》及其思想；

请同学们运用"阅读六字诀"，认真阅读课文，自主完成课后习题和"问题导读—评价单"的"预习评价"部分，将结构化预习中发现的问题，生成后交给学科长；

请同学们经过二次预习自主完成"问题解决—评价单"上的问题，重点把握本文情与景的关系，准备课堂中参与讨论、展示；

请同学们积极参与并落实"多元评价"，确保自主、合作、展示的学习质量。

【知识链接】

1. 作家概说

朱自清（1898—1948）字佩弦，原名自华，号秋实。著名散文家、诗人、学者、民主战士。1916 年考入北京大学哲学系。1925 年任清华大学中文系教授。1931—1932 年在英国伦敦学语言学及英国文学，回国后仍在清华大学任教授并兼中文系主任。1928 年出版的散文集《背影》，使朱自清成为当时负有盛名的散文作家。晚年他身患严重的胃病，每月的薪水仅够买 3 袋面粉，全家 12 口人吃都不够，更无钱治病。当时，国民党勾结美国，发动内战，美国又执行扶助日本的政策。一天，吴晗请朱自清在"抗议美国扶日政策并拒绝领美援面粉"的宣言书上签字，他毅然签了名并说："宁可贫病而死，也不接受这种侮辱性的施舍。"1948 年 8 月 12 日，朱自清贫困交加，在北京逝世。临终前，他嘱咐夫人："我是在拒绝美援面粉的文件上签过名的，我们家以后不买国民党配给的美国面粉。"朱自清一身重病，宁可饿死也不领美国的"救济粮"，表现了中国人的骨气。毛泽东曾赞扬过朱自清的骨气，说他"一身重病，宁可饿死，不领美国'救济粮'"。代表作品：长诗《毁灭》、诗集《踪迹》、散文集《背影》。

2. 背景资料

(1)《荷塘月色》是一篇以写景为主的抒情散文。写于 1927 年 7 月，那时作者在清华大学教书，住清华园西院。文章里描写的荷塘就在清华园。当时正值大革命失败，白色恐怖笼罩着中国大地，《荷塘月色》正是作者自己想"超然"而又想"挣扎"的心迹的真实描摹和生动写照。

(2)"这几天似乎有些异样，像一叶扁舟在无边的大海上，像一个猎人在无尽的森林里。走路、说话都要费很大的力气；还不能如意。心里是一团乱麻，也可以说是一团火，似乎挣扎着，要明白些什么，似乎什么也没有。"（朱自清，1927 年 9 月 17 日的一封信）

(3)"只有参加革命和反革命，才能解决这惶惶然。不能或不愿参加这种实际行动时，便只有暂时逃避的一法。……我既不能参加革命与反革命，总得找一个依据，才可姑作安心的过日子了。我是想找一件事，钻了进去，消磨这一生。我终于在国学里找出了一个题目，开始像小儿的学步。这正是往'死路'上走；但我乐意这么走，也就没有法子。"

【预习评价】

问题1：给加点字注音。

袅娜（　　）　　　蓊蓊（　　）　　敛（　　）裾　　羞涩（　　）

独处（　　）　　　酣（　　）眠　　弥（　　）望　　颤（　　）动

霎（　　）时　　　参（　　）差　　脉（　　）脉　　倩（　　）影

煤屑（　　）　　　踱（　　）步　　细菌（　　）　　强（　　）迫

劲（　　）敌　　　押解（　　）

问题2：解释下列词语。

蓊郁：

亭亭：

风致：

万人空巷：

七月流火：

不刊之论：

功亏一篑：

美轮美奂：

问题3：

（1）画出文中表明作者游踪的词语。

（2）画出表现作者情感变化的语句。

（3）根据上述内容总结出文章的行文思路。

【我的问题】

【多元评价】

自我评价	同伴评价	学科长评价	小组长评价	学术助理评价

1. 完成单子情况 2. 主动帮助同伴 3. 主动展讲 4. 主动补充与质疑 5. 纪律情况

学校：   年级：   学科组：   展示学习"六字诀"：展、思、论、评、演、记

"荷塘月色"问题解决—评价单

设计人：   审核人：   序 号：

班 级：   姓 名：   组 名：

【学生生成的问题】

【教师生成的问题】

问题 1：课文的题目是"荷塘月色"，是一个并列结构，写了荷塘和月色两方面的景色。哪些段落是围绕这两方面的景色来写的呢？

问题 2：文中描写的景物有何特点？与作者表现的感情有何关系？

问题 3：文中为什么要写一段古人采莲和记起《西洲曲》情境的文字？试结合语境谈谈自己的看法。

问题 4：认真阅读课文，谈谈你对课文主题的理解。

【多元评价】

自我评价	同伴评价	学科长评价	小组长评价	学术助理评价

1. 完成单子情况　2. 主动帮助同伴　3. 主动展讲　4. 主动补充与质疑　5. 纪律情况

学校：　　年级：　　学科组：　　拓展学习"六字诀"：纳、练、思、展、问、演

"荷塘月色"问题拓展训练—评价单

设计人：　　　　　审核人：　　　　　序　号：

班　级：　　　　　姓　名：　　　　　组　名：

【语言基础】

1. 下列各句中，成语使用恰当的一项是（　　）。

A. 这位姑娘天生就眼睛深凹，鼻梁挺直，头发卷曲，身材苗条，好似芝兰玉树，在黄皮肤黑眼睛的国度里，很容易被人认出。

B. 为化解部分旅客的不满情绪，他们设立了"旅客投诉中心"，此举说明他们不光有良好的服务意识，还有闻过则喜的雅量。

C. 一名惯偷在车站行窃后正要逃跑，两位守候多时的反扒队员突然拦住他的去路，两人上下其手地将他摁倒，结果人赃俱获。

D. 旧的梦想总是被新的梦想代替，很少有人能从一而终地记住自己做过的华丽缥缈的梦，因为现实需要人们不断调整梦想。

2. 下列各句中没有语病的一句是（　　）。

A. 凡事若不问青红皂白，把自己心中的愤怒发泄到臆想对象身上，很可能造成对毫不知情的或有恩于己的善良的人遭到伤害。

B. 她的创新设计投入生产仅 3 个月，就为公司带来了丰厚的利润，为这项设计付出的所有努力和取得的成绩终于得到了回报。

C. 哈佛燕京图书馆每年都有一次卖旧书的盛会，每次我都能在一堆堆五花八门的书里淘到如金子般珍贵的书，并因此而兴奋。

D. 欧债危机爆发之后，欧洲现在面临的最大困境是如何解决失业问题，严峻的形势将巨大的挑战带给了欧洲各国的经济复苏。

3. 依次填入下面一段文字横线处的语句，衔接最恰当的一组是（　　）。

在我国古代，人们盛物用的器皿除陶器等之外，还有一种容器，是葫芦。

＿＿＿＿＿，＿＿＿＿＿。＿＿＿＿＿。＿＿＿＿＿，＿＿＿＿＿。＿＿＿＿＿。

①最早的记载见于《诗经》，如《公刘》篇中"酌之用匏"的"匏"就是指葫芦

②用葫芦做容器是先民们认识自然、利用自然的结果

③葫芦是一种葫芦科爬藤植物的果实

④葫芦成熟后，掏空里面的籽瓤，即可当容器使用

⑤它大多呈哑铃状，上面小下面大

⑥我国劳动人民使用葫芦盛物的历史非常悠久

A. ⑥②③⑤④①　　B. ⑥①④②⑧⑤　　C. ⑤③④①⑥②　　D. ③⑤④⑥①②

【课内阅读】

阅读下面的文段，完成第 4～10 题。

①月光如流水一般，＿＿＿＿＿＿＿地泻在这一片叶子和花上。②＿＿＿＿＿＿＿的青雾浮起在荷塘里。③叶子和花仿佛在牛乳中洗过一样；又像笼着轻纱的梦。④虽然是满月，天上却有一层＿＿＿＿＿＿＿的云，所以不能朗照；但我以为这恰是到了好处——酣眠固不可少，小睡也别有风味的。⑤月光是隔了树照过来的，高处丛生的灌木，落下参差的斑驳的黑影，峭楞楞如鬼一般；＿＿＿＿＿＿＿的杨柳的稀疏的倩影，却又像是画在荷叶上。⑥塘中的月色并不均匀；但光与影有着和谐的旋律，如梵婀玲上奏着的名曲。

4. 在文中横线上填入恰当的词语，正确的是（　　　）。

A. 轻轻　薄薄　淡淡　弯弯　　　　　B. 静静　淡淡　薄薄　柔柔

C. 轻轻　淡淡　薄薄　柔柔　　　　　D. 静静　淡淡　薄薄　弯弯

5. 指出下列比喻句的相似点。

（1）月光如流水一般。

（2）叶子和花，又像笼着轻纱的梦。

6. "酣眠固不可少，小睡也别有风味的"在这里打了比方，那么"酣眠"在文中指什么？"小睡"又是指什么？

"酣眠"指：

"小睡"指：

7. 作者用梵婀玲上奏着的名曲比喻什么？意在突出什么？

比喻：

突出：

8. 在这段文字中，作者是以两方面来衬托月色的。

一是用_____。

二是用_____。

9. 对本文段层次的划分，正确的一项是（　　）。

A. ①②/③/④⑤/⑥　　　　　　B. ①/②③/④⑤⑥

C. ①②③/④/⑤⑥　　　　　　D. ①②③/④⑤/⑥

10. 这段文字从整体看，写景的顺序是怎样的？概括本段文字描写的内容。

【课外阅读】

阅读下面的文段，完成第 11～16 题。

北海的早晨

斯　妤

四周静悄悄的，北海还在酣睡中。浩浩的湖面上，只我一个人。桨声汩——汩——汩，分外鲜明。北海如绿色的云波，悠悠地向我身后飘荡了。

湖上弥漫着薄薄的白雾。小船在雾中行，如在梦中游荡。一带山峦树木横在远处，隐隐约约，朦朦胧胧，如一围灰色的梦的城墙。几组台榭楼阁倚在湖畔，幢幢的影子，隐隐的轮廓，全都显着无限的醉意。沿岸伞一样撑着的一株株茂密的柳树，望去参差差、毛茸茸的，一团团如泼在天边的墨，又如雨天里浓浓聚着的云。纷披的柳条中，不时转出一两点灯光，淡淡的，晕晕的。湖面是更见迷濛了，乳白色的晨雾浮起在半空，轻烟一般笼罩着水面。湖水愈发温柔，愈发安详了——它静静地平躺着，安然地享受着晨雾徐徐的、轻柔的爱抚，那神态，真好像母亲怀中含乳酣睡的婴儿呢。

浮在湖上的美丽的琼岛，也和湖面一样，披拂着纱似的晨雾。琼岛本来就是为云雾而建的，如今在晨雾的缭绕下，果然有"蓬莱"一般的胜境，岛上星布的楼阁，葱茏的草木，全都裹在雾霭中，袅袅婷婷，绰绰约约，朦胧中漏出清丽，妩媚中显着飘逸，有着极动人的风韵，正称得上"烟裹风梳态自浓"！而沿湖一列月牙形的雕梁画栋，临着水，拂着雾，宛然而来，盈盈如飘，袅袅地环绕在琼岛浑圆的肩上，更是仙界里一条飘逸的纱巾了——琼岛真是烟云尽态，秀若天成啊！

雾霭渐渐消散了，晓月白皙的脸庞渐渐露了出来——说它是月，还不如说是云，——它白得像一片云，薄得也像一片云，一片半圆形的云，轻轻地、静静地贴在空中。湖面水平如镜，碧澄澄的水波光滑柔软得如同绿色的软缎。小舟划过，裁出一道逶迤的波痕，盈盈地拖着，只一会儿，便又无声地聚拢过来，重新合成了一匹完整宽广的缎子。偶尔一阵微风掠过，一圈圈泛起的涟漪如少女般的甜蜜的微笑霎时充满了整个湖面。有时，风大一些了，光滑的湖面迅疾地皱起波痕，起伏着、奔涌着——整个湖面便如同一川闪闪的碎玉了。

半小时之前，这湖面还是迷濛濛的，湖水还是绿森森的，可此刻，湖上湖下，全都金辉四泄，溢彩流光！太阳神采飞扬地高踞在一片松柏、楼阁、山峦之上，金色的光焰如圣水一般，浓浓地泼洒在宽阔的湖面。湖水如同镀上一层金，湖面，则像一轮千百倍地放大了的金灿灿的明月了！……靠岸一角粼粼奔涌着的水面上，涌起了一摊异样的银光，此刻朝阳正斜对着这水面，一束强烈的金光集中地俯射下来，便如同倒下了一摊亮闪闪的白金！——就连湖畔的垂柳，也染成银白色的了，更妙的是，邻近的水面上，也奔涌着莹莹的银光了，而且是颗颗点点的、疏疏地均匀地分布着的，望去如同硕大的青玉盘上滚动着的粒粒珠玑，有着说不尽的湿润与晶莹！

披着金辉，映着湖光。快乐的游人往来穿梭在醒来的湖上。到处是成群的、鱼阵似的扁舟；到处是昂首挺胸、嘎嘎作响的脚踏游艇；到处是兴奋的儿童，鲜艳的少女，还有眉开眼笑的白发老人！看吧，这里，是快乐的中学生，正和着激越的手风琴，意气风发地唱着"青春啊青春！"；那里，是天真活泼的孩子，在辅导员的带领下，正一齐挥动双桨，争先恐后地朝彼岸划去；红、蓝、绿、黄各色的游艇上，则端坐着一对对童心复萌的老人，他们航海家一般地扬着脸，把着舵，两脚忙忙地踩着踏子，吱嘎——吱嘎，吱嘎——吱嘎，底部水车般的扇斗一斗一斗地扇起水来，一斗一斗地向前泼去，游艇便拖着沸水一般的白色浪花，在一片隆隆的机器声中，昂然向前驶去……湖面上，到处是歌声、到处是笑声，到处是桨声机器声——一片喧哗闹腾中，似乎到处都在应和着一个声音：我们多快活，我们多快活！

晨风越来越猎猎有声了，湖水也越来越起伏奔涌了，整个湖面如同天边的迎风的旗海，此起彼伏，窸窸窣窣地抖动着，飘扬着……啊，这是怎样生机勃勃，怎样充满活力的景象啊！

"不论我到哪儿，只要我活着，天空、云彩和生命的美就会跟我同在。"

——卢森堡昂扬的声音，久久，久久地萦绕在我的耳畔……

——北海的早晨，深深地印在了我的心版上！

11. 散文是按照什么顺序来写北海的早晨的？

12. 文中也有使用了与"塘中的月色并不均匀；但光与影有着和谐的旋律，如梵婀玲上奏着的名曲"手法类似的语句，把它们找出来。

13. 北海的早晨经历了几个什么样的变化过程？各自呈现出什么特点？

14. 结尾引用卢森堡的一句话在全文中起什么作用？

15. 比较本文与《荷塘月色》在用词用语上的相似处。

16. 这是一篇写景散文，满见景物描绘，有没有附着作者的主观情感？试谈谈你的理解。

【表达运用】

17. 根据所给材料的内容，在下面画线处补写恰当的句子。要求内容贴切，语意连贯，逻辑严密，语句通顺。不得照抄材料，每句不超过20个字。

材料：司马迁《史记》记载："黄帝采首山铜，铸鼎于荆山下。"晋代王嘉在《拾遗记》中说："神农采峻岭之钢，以为器。"如果这些史料可靠，则我们祖先大约在5000年前就开始使用铜器了。但是，考古学家一直没有发掘到可以确证是夏代之前的铜器。因此，这些记载还只能视为传说。

早在传说中的远古时期，____①____。从传世文献记载来看，我国在夏代之前就已进入铜器时代，但是____②____。20世纪50年代，考古工作者在河南偃师二里头一带发掘了不少青铜器。经鉴定，这批青铜器的制作年代距离现在3500多年，这个时间大概是夏晚期。它们出土的地点正好是古书中所说的夏代开采铜矿之地，因此，可以确信，____③____。

①

②

③

18. 仿照下面的示例，自选话题，另写两句话，要求使用拟人的修辞手法，句式与示例相同。

梅花在冰天雪地的季节吐蕾，意在教导我们：学会坚强。

昙花在万籁俱寂的深夜绽放，意在提醒我们：不要张扬。

【多元评价】

自我评价	同伴评价	学科长评价	小组长评价	学术助理评价

1. 完成单子情况 2. 主动帮助同伴 3. 主动展讲 4. 主动补充与质疑 5. 纪律情况

（二）数学学科教师学本课堂创建案例

数学学科是基础教育课程体系中十分重要的基础学科之一。从课程理念上看，义务教育阶段的数学课程应突出体现基础性、普及性和发展性，使数学教育面向全体学生，实现人人学有价值的数学，人人都获得必要的数学，不同的人在数学上得到不同的发展。在学本课堂视野下，为了更好地践行数学课程改革理念，实现数学课程改革目标，我们要强调追求能力取向教学，由追求知识取向教学转向能力取向学习，由知识传递性教学转向知识建构性教学，由知识分段教学转向能力分层学习。在课型上将跳出单一的"新授课"教学，由单一的新授课教学转向体现问题导学特征的多元课型学习。由于，现行数学教材体系依旧是以"新授课"为教学单位来设计教学进度，所以，我们以1课时教学内容、2课时教学内容、3课时教学内容等不同教学容量为例，来介绍创建数学学科学本课堂的操作思路和技术策略。关于四大共性行动策略在这里不再赘述，请数学教师认真落实四大共性的行动策略后，按数学学科创建行动策略进行个性化实施。

1. 数学1课时教学内容学本课堂创建案例

学校：山东省济阳县第二实验小学

年级：五年级

学科：数学

主题："圆的认识"

课型："问题综合解决课"

教师：张金梅

本案例中张金梅老师针对"圆的认识"这一教学内容，即1课时教学容量，选择了"问题综合解决课"。课前，张金梅老师对学生的结构化预习能力进行了系统指导和培训，组织学生对本课内容进行了结构化预习；又根据教材、教参和一些教辅资料，借助"问题学习工具开发统一模板"开发了"'圆的认识'问题导读—评价单""'圆的认识'问题解决—评价单"和"'圆的认识'问题训练—评价单"；并根据课型流程和导学策略进行了"'圆的认识'课堂学习方案"（问题综合解决课）设计。同时，其培养了学术助理来主持本课堂的学习活动。第二天，张金梅老师和学术助理开始严格按以下流程组织全体学生上课学习。

创设情境，呈现目标；（1～3 min）

预习评价，生成问题；（5～10 min）

合作探究，展示交流；（15～20 min）

问题训练，组间展评；（5～12 min）

归纳概括，提升意义。（3～5 min）

通过本课学习师生圆满完成了教与学任务。需要注明的是关于小组合作团队学习机制班主任教师已经统一创建，不用每天创建。

张金梅老师使用的"'圆的认识'问题导读—评价单""'圆的认识'问题解决—评价单"和"'圆的认识'问题训练评价单"见相关资料。

相关资料

"圆的认识"问题导读—评价单

设计人：张金梅　　　　　　审核人：闫秀英

班　级：　　组　名：　　姓　名：　　时　间：

【学习目标】

知识与技能

通过画一画、折一折、量一量，知道圆各部分的名称及圆的特征；

能用圆规画指定的圆，感受画圆的步骤。

过程与方法

通过折一折、画一画、标一标等动手操作活动，小组合作、自主探究半径、直径的含义及两者之间的关系，让学生经历知识形成的全过程。

情感、态度与价值观

在运用知识解决问题的过程中感受数学与生活的联系，激发学生的学习热情，培养学习兴趣，感受数学的美。通过小组合作、自主探究等学习方式培养学生的团队意识。

【重点难点】

通过动手操作掌握圆的特征，自主学习圆规画圆的方法；

在具体的操作中加深对半径和直径概念的理解。

【关键问题】

如何在具体的操作中理解半径和直径的概念，从而掌握圆的特征。

【学法提示】

动手操作学习法：让学生在具体的操作中感受圆的组成及各部分的真正含义，加深对概念的理解。

自主探究学习法：充分发挥学生的主体地位，让学生在探究中感受什么是半径，什么是直径，二者之间存在怎样的关系，从而加深对新知识的理解。

小组合作学习法：这种学习法贯穿学习的全过程，在学习过程中，小组成员各抒己见，交流各自的学习方法，从而培养学生的团队意识。

【知识链接】

长方形、正方形、平行四边形、三角形、梯形有什么特征？

圆和我们学过的平面图形有什么不同？

【预习评价】

问题1：回答圆各部分的名称和关系。

（1）什么是圆心、半径、直径？

（2）圆有什么特征？

（3）圆和其他的平面图形相比有什么不同？

（4）在同一个圆里，可以画多少条半径？多少条直径？

（5）在同一个圆里，半径的长度都相等吗？直径呢？

（6）同一个圆里，半径和直径有什么关系？

问题2：如何画圆。

（1）画圆有哪些步骤？

（2）画圆时应注意什么？

（3）圆的大小、位置为什么会不一样？

（4）圆的大小和位置是由什么决定的？

问题3：请动手完成以下探究。

（1）自制一个圆片，在圆片上画一画，并标出圆各部分的名称。

（2）试着用自己的语言说一说圆心、半径、直径的定义。

（3）利用画圆的方法，自己在练习本上画一个半径是 3 cm 的圆。

【我的问题】

读书贵有疑，小疑则小进，大疑则大进，在预习课文的过程中你发现了哪些问题，别忘了及时记下来呀。

【多元评价】

自我评价	同伴评价	学科长评价	小组长评价	学术助理评价

"圆的认识"问题解决—评价单

设计人：张金梅　　　　　审核人：闫秀英

班　级：　　　组　名：　　　姓　名：　　　时　间：

【学生生成问题】

【教师预设问题】

问题1：什么是圆心、半径、直径？圆有什么特征？

问题2：圆的半径和直径之间有什么关系？

问题3：画圆的步骤有哪些？画圆时应该注意什么？

问题4：圆的位置和大小是由什么决定的？

【多元评价】

自我评价	同伴评价	学科长评价	小组长评价	学术助理评价

"圆的认识"问题训练—评价单

设计人：张金梅　　　　　审核人：闫秀英

班　级：　　　组　名：　　　姓　名：　　　时　间：

评价主体	3 天评价	7 天评价	15 天评价
同伴评价			
学科长评价			
小组长评价			

【基本练习】

1. 判断并说明理由

（1）两端都在圆上的线段叫作直径。

（2）在同一个圆内只能画 100 条直径。

（3）直径总是半径的 2 倍。

（4）等圆的半径都相等。

2. 口答

r (m)	0.24		1.42		2.6
d (m)		0.86		1.04	

【变式练习】

学校田径运动会即将举行，你有办法帮学校在操场上画出一个半径为 10 m 的圆吗？

【拓展提高】

兰兰参加世博寻宝活动，得到一张纸条，上面写着：宝物在距离左脚 3 m 处。你知道宝物可能在哪吗？

【多元评价】

自我评价	同伴评价	学科长评价	小组长评价	学术助理评价

2. 数学 2 课时数学教学内容学本课堂创建案例

学校：山西省大同市云岗中学

年级：八年级

学科：数学

主题："二次根式"

课型："问题发现评价课"和"问题解决评价课"

教师：陈叶芳

本案例中陈叶芳老师针对"二次根式"这一教学内容，即 2 课时教学容量，选择和匹配了"问题发现评价课"和"问题解决评价课"。课前，陈叶芳老师对学生的结构化预习能力进行了系统指导和培训，组织学生对本课内容进行了全面的结构化预习；又根据教材、教参和一些教辅资料，借助"问题学习工具开发统一模板"开发了"'二次根式'问题导读—评价单""'二次根式'问题解决—评价单"和"'二次根式'问题训练—评价单"；并根据课型流程和智慧导学策略进行了"'二次根式'课堂学习方案设计"。同时，其培养了学术助理来主持本课堂学习活动。上课时，陈叶芳老师和学术助理开始严格按以下流程组织全体学生进行第一课时"问题发现评价课"的学习，通过本课的学习师生圆满完成了教与学任务。

创设情境，呈现目标；（1~3 min）

自主学习，结构预习；（15~20 min）

预习评价，合作讨论；（10~12 min）

小组展评，规范指导；（5~10 min）

归纳共性，生成问题。（2~6 min）

完成第一课时教学任务后，陈叶芳老师把学生的生成问题整合后以适当方式补充给学生，并要求学生进行"二次预习"，学生再次走进文本，完成"'二次根式'问题解决—评价单"上的学习任务。

第二课时，陈叶芳老师和学术助理开始严格按以下流程组织全体学生进行第二课时"问题解决评价课"的学习。

创设情境，回顾问题；（1~5 min）

合作讨论，问题探究；（5~10 min）

展示对话，规范指导；（15~20 min）

问题训练，合作评价；（6~10 min）

归纳概括，提升意义。（2~5 min）

这两节课所使用的问题学习工具单见相关资料。

相关资料

问题导学型学本课堂学习方案设计案例之"二次根式"

学习方案设计

学校名称：大同市云冈中学

课程名称：数学

内容主题："二次根式"

教材版本：人教版必修一

教师姓名：陈叶芳

教　　龄：11 年

简介：本课是人教版初中数学八年级上册的"二次根式"。这节课是"问题生成评价课"和"问题解决评价课"，主要是在学生具备结构化预习能力的基础上，培养学生高质量生成问题能力，使学生形成问题发现、问题生成的学习习惯。同时，通过结构化预习使学生对所学内容达到基本理解和掌握，并生成高质量问题。然后，再通过师生合作来解决师生生成问题。最后，达到知识建构、能力提升、促进成长的目的。

上课年级	八	学科	数学	主题	二次根式	导学教师	陈叶芳
课时数	2	课型		问题生成评价课 问题解决评价课		学习日期	
学习目标		知识与技能 　理解二次根式的概念，并利用 $\sqrt{a}$（$a \geq 0$）的意义解答具体题目；理解 $\sqrt{a}$（$a \geq 0$）是一个非负数和 $(\sqrt{a})^2 = a$（$a \geq 0$）及 $\sqrt{a^2} = a$（$a \geq 0$），并利用它们进行根式计算和化简。 过程与方法 　通过学生提出问题，探究、分析问题，师生共同归纳出概念的含义，得出重点结论，并运用其进行二次根式的计算和化简。 情感、态度与价值观 　经过对二次根式的重点结论的探究，培养学生发现问题、分析解决问题的能力					
重点 难点		理解二次根式的概念； 理解 $\sqrt{a}$（$a \geq 0$）是一个非负数； $(\sqrt{a})^2 = a$（$a \geq 0$）及 $\sqrt{a^2} = a$（$a \geq 0$），并利用它们进行根式计算和化简					
关键 问题		如何理解二次根式的定义？ 如何判断二次根式在什么情况下何时有意义？					
学习 方法		请同学们自主采用结构化预习策略认真阅读教材，完成课后问题和"问题导读—评价单"； 　请同学们将结构化预习中发现的问题生成后交给学科长，并通过小组合作讨论，各抒己见，生成重点关键问题交给学术助理； 　请同学们通过二次预习，自主完成"问题解决—评价单"上的问题，准备课堂中参与讨论和展示					
学习 准备		教师准备"问题导读—评价单""问题解决—评价单"； 学生进行结构化预习，完成"问题导读—评价单""问题解决—评价单"； 学生主持					

学习过程设计（第一课时）
（问题生成评价课）

程序(要素)	时间	创设情境	教师行为	期望的学生行为
创设情境 呈现目标	1～3 min	情境引导 （师生创设）	教师引导学生进入本主题学习，达到激发兴趣的目的，教师呈现"学习目标"，组织小组简短讨论	学生咀嚼本节课的学习目标； 积极地投入到学习中
预习评价 小组展评	5～8 min	创设预习评价情境	教师组织学生直接针对"问题导读—评价单"上的"预习评价"进入小组合作讨论，然后组织小组顺次展评，适时点评指导；关注潜能生，并给予鼓励	学生针对"问题导读—评价单"上的"预习评价"部分展开讨论； 采用"小组讨论学习12345"策略
讨论探究 生成问题	12～15 min	创设生成问题情境	教师进行个性化指导，采用"一分钟"策略并收集信息；组织学生做好展示的准备	学生对自己的问题进行展开聚焦式、生成式讨论； 将本小组生成的问题展写到黑板上
梳理优化 解决问题	15～20 min	创设快速梳理归纳生成问题、解决问题情境	教师指导学术助理、学术骨干快速利用逻辑归纳法进行分类、标记，归纳整理全部生成问题，对比较容易的问题进行展评式解决，适时点评指导	学生本着"先易后难"的原则，进行展评式解决； 各组展开合作讨论学习； 用红色笔记录下来
重点问题 二次提炼	3～5 min	创设总结情境	教师根据时间进行调试，选出重点问题二次提炼，指导学术助理将重点问题抄录到"问题生成单"上	学生采用"个人—小组—全班"三步生成法，将最后生成的重点问题抄写在"问题生成单"或"问题生成本"上，交给教师

学习过程设计（第二课时）
（问题解决评价课）

程序（要素）	时间	创设情境	教师行为	期望的学生行为
创设情境 问题呈现	1～3 min	问题呈现（提前一天发单子，学生完成）	教师提出本课学习要求；引导学生进入本主题学习，达到激发兴趣的目的，呈现工具单	学生能积极进入状态，准备讨论问题
自主学习 合作讨论	5～8 min	创设讨论学习情境	教师根据"问题解决—评价单"指导进行自主学习小组讨论，可采用讨论学习"12345＋2"策略，并进行展写为展示对话做准备； 关注潜能生马佳红、任家乐、杨轶群	学生根据"问题解决—评价单"进行自主学习。 各小组采用小组讨论学习"12345＋2"策略进行结构化讨论，要求：①预习要做到认真、细致；②对于难点要勾画；③要有自己的思考能力并能根据工具单写出我的问题
展示交流 规范评价	15～20 min	创设自主预习情境	教师对学生展示情况给予及时的评价，对小组难以解决的问题进行引导与补充，并对重点进行拓展延伸； 引导学生生生质疑，关注同学表现，采用激活策略，如"煽风点火"策略、"挑拨离间"策略等	学生采用展示"六字诀"进行展示，要注意规范展示与礼仪； 注重结构化语句，进行展示对话，而不是展示汇报
问题训练 评价指导	5～12 min	创设问题生成情境	教师进行指导评价	学生进行高级思维训练；对抗组进行展示型解决问题
归纳总结 提升意义	1～3 min	创设总结情境	教师进行表扬与鼓励	归纳知识、方法收获与情感收获

"二次根式"问题导读—评价单

设计人：陈叶芳 　　　　　审核人：任建国

班　级：　　　组　名：　　　姓　名：　　　时　间：

【学习目标】

知识与技能

理解二次根式的概念，并利用 $\sqrt{a}$（$a \geq 0$）的意义解答具体题目；

理解 $\sqrt{a}$（$a \geq 0$）是一个非负数和 $(\sqrt{a})^2 = a$（$a \geq 0$）及 $\sqrt{a^2} = a$（$a \geq 0$），并利用它们进行根式计算和化简。

过程与方法

通过学生提出问题，探究、分析问题，师生共同归纳出概念的含义，得出重点结论，并运用其进行二次根式的计算和化简。

情感、态度与价值观

经过对二次根式的重点结论的探究，培养学生发现问题、分析解决问题的能力。

【学习重点】

理解二次根式的概念；

理解 $\sqrt{a}$（$a \geq 0$）是一个非负数。

【学习难点】

$(\sqrt{a})^2 = a$（$a \geq 0$）及 $\sqrt{a^2} = a$（$a \geq 0$），并利用它们进行根式计算和化简。

【关键问题】

如何理解二次根式的定义？

如何判断二次根式在什么情况下何时有意义？

【学法指导】

请同学们自主采用结构化预习策略认真阅读教材，完成课后问题和"问题导读—评价单"；

请同学们将结构化预习中发现的问题生成后交给学科长，并通过小组合作讨论，各抒己见，生成重点关键问题交给学术助理；

请同学们通过二次预习，自主完成"问题解决—评价单"上的问题，准备课堂

中参与讨论和展示。

【知识链接】

17 世纪，法国数学家笛卡儿（1596—1650）第一个使用了现今用的根号"$\sqrt{\ }$"。在一本书中，笛卡儿写道："如果想求 n 的平方根，就写作 $\sqrt{n}$，如果想求 n 的立方根，则写作 $\sqrt[3]{n}$。"这是出于什么考虑呢？有时候被开方数的项数较多，为了避免混淆，笛卡儿就用一条横线把这几项连起来，前面放上根号 $\sqrt{\ }$（不过，它比路多尔夫的根号多了一个小钩）就为现在的根号形式。现在的立方根符号出现得很晚，一直到 18 世纪，才在一书中看到符号 $\sqrt[3]{\ }$；$\sqrt{\ }$ 的使用，比如 25 的立方根用 $\sqrt[3]{25}$ 表示。以后，诸如 $\sqrt{\ }$ 等形式的根号渐渐使用开来。

【预习评价】

问题 1：什么是二次根式？举几个二次根式的例子？下列各式 $\sqrt{7}$，$\sqrt{-3}$，$\sqrt[3]{8}$，$\sqrt{\dfrac{1}{2}}$，$\sqrt{0.3}$，$\sqrt{\pi}$ 中，哪些是二次根式？

问题 2：$\sqrt{a}$ 是二次根式吗？请你说明判断的依据。

问题 3：式子 $\sqrt{a}$ 在什么情况下有意义？什么情况下无意义？

问题 4：二次根式的性质有哪些？举例说明。

【我的问题】

【多元评价】

自我评价	同伴评价	学科长评价	小组长评价	学术助理评价

"二次根式"问题解决—评价单

设计人：陈叶芳　　　　　审核人：任建国

班　级：　　　组　名：　　　姓　名：　　　时　间：

【学生生成问题】

问题 1：$\sqrt{a^2}$ $(a\geq 0)$ 与 $(\sqrt{a})^2$ $(a\geq 0)$ 的区别和联系？

问题 2：已知 $\sqrt{2a+1}+|3a-2b|+(a+b+c)^2=0$，求 $2a+b-c$ 的值。

【教师生成问题】

问题 1：如何判断二次根式在什么情况下何时有意义？举例说明。

问题 2：求下列二次根式中字母 a 的取值范围。

(1) $\sqrt{a-2}$ 　　　　(2) $\sqrt{5a}$ 　　　　(3) $\sqrt{-a}$

(4) $\sqrt{a^2+1}$ 　　　(5) $\sqrt{(a-3)^2}$ 　　(6) $\sqrt{\dfrac{-1}{3-a}}$

(7) $\dfrac{1}{\sqrt{2a-1}}$ 　　(8) $\sqrt{\dfrac{1}{(a-1)^2}}$ 　　(9) $\dfrac{\sqrt{1-a}}{2+a}$

问题 3：判断一个式子是否是二次根式需满足什么条件？

$\sqrt{a}+1$（$a\geqslant0$），$b\sqrt{a}$（$a\geqslant0$）它们是二次根式吗？

问题 4：若二次根式 $\sqrt{x-2015}$ 在实数范围内无意义，则 x 的取值范围是_____。

问题 5：化简。

(1) $\sqrt{(2-\sqrt{5})^2}$

(2) $\sqrt{x^2-2x+1}+\sqrt{x^2-6x+9}$（$1\leqslant x\leqslant3$）

【多元评价】

自我评价	同伴评价	学科长评价	小组长评价	学术助理评价

3. 数学 3 课时数学教学内容学本课堂创建案例

学校：山西省太谷第二中学

年级：高一年级

学科：数学

主题："平面向量的数量积"

课型："问题发现评价课""问题解决评价课"和"问题拓展评价课"

教师：牛红萍

本案例中山西省太谷第二中学牛红萍老师针对"平面向量的数量积"这一教学内容，即 3 课时的教学容量，选择和匹配了"问题发现评价课""问题解决评价课"和"问题拓展评价课"。课前，牛红萍老师对学生的结构化预习能力进行了系统指导和培训，组织学生对本课内容进行了全面的结构化预习，同时要求学生第二天、第三天要完成二次预习和三次预习；又根据教材、教参和一些教辅资料，借助"问题学习工具开发统一模板"开发了"'平面向量的数量积'问题导读—评价单""'平面向量的数量积'问题解决—评价单"和"'平面向量的数量积'问题拓展—评价单"；并根据课型流程和智慧导学策略进行了"'平面向量的数量积'课堂学习方案设计"。同时，其培养了学术助理来主持本课堂学习活动。

上课时，牛红萍老师和学术助理开始严格按以下流程组织全体学生进行第一课时"问题发现评价课"的学习，通过本课学习师生圆满完成了教与学任务。

创设情境，呈现目标；（1～3 min）

自主学习，结构预习；（15～20 min）

预习评价，合作讨论；（10～12 min）

小组展评，规范指导；（5～10 min）

归纳共性，生成问题。（2～6 min）

完成第一课时教学任务后，牛红萍老师把学生生成问题整合后以适当方式补充给学生，并要求学生进行"二次预习"，学生再次走进文本，完成"'平面向量的数量积'问题解决—评价单"上的学习任务。

第二课时，牛红萍老师和学术助理开始严格按以下流程组织全体学生进行第二课时"问题解决评价课"的学习。

创设情境，回顾问题；（1～5 min）

合作讨论，问题探究；（5～10 min）

展示对话，规范指导；（15～20 min）

问题训练，合作评价；（6～10 min）

归纳概括，提升意义。（2～5 min）

当完成第二课时教学任务后，牛红萍老师要求学生进行"三次预习"，学生再次走进文本，完成"'平面向量的数量积'问题拓展—评价单"上的学习任务。到了第三课时，牛红萍老师和学术助理开始严格按以下流程组织全体学生进行第三课时"问题拓展评价课"的学习。

创设情境，回归问题；（1～5 min）

小组拓展，归纳展示；（10～18 min）

拓展训练，合作评价；（5～15 min）

共性问题，规范指导；（3～8 min）

提升意义，体验成功。（2～5 min）

这三节课所使用的问题学习工具单见相关资料。

相关资料

"平面向量的数量积"问题导读—评价单

设计人：　　　　审核人：　　　　序　号：

班　级：　　　　姓　名：　　　　组　名：

【学习目标】

通过物理中"功"等实例，理解平面向量数量积的含义及其物理意义；

体会平面向量的数量积与向量投影的关系，了解平面向量数量积的几何意义；

正确使用平面向量数量积的重要性质及运算律；

能运用数量积表示两个向量的夹角，会用数量积判断两个平面向量的垂直关系。

【学习重点】

平面向量数量积的概念，用平面向量的数量积表示向量的模及向量的夹角。

【学习难点】

平面向量数量积的概念及运算律的理解，平面向量数量积的应用。

【学法指导】

请同学们采用"阅读六字诀"（查、画、写、记、练、思）认真阅读教材第103～105页，自主完成课后题和"问题导读—评价单"的"预习评价"部分；

请同学们将结构化预习中发现的问题，生成后交给学科长；

请同学们经过二次预习自主完成"问题解决—评价单"上的问题，准备课堂中参与讨论、展示；

请同学们积极参与落实"五级评价"，确保自主、合作、展示的学习质量。

【预习评价】

问题1：平面向量数量积的定义中涉及哪些量？它们有怎样的关系？运算结果

是数量还是向量?

问题 2：你能确定两个非零向量的数量积的值何时为正，何时为负，何时为零吗?

问题 3：两个向量的夹角决定了它们数量积的符号，那么，它们共线或垂直时，数量积有什么特殊性呢?

问题 4：请同学们证明数量积的运算律。

问题 5：请同学们判断下列两个结论是否正确，若正确请给出证明，若不正确举出反例。

(1) 已知向量 $\vec{a}$，$\vec{b}$，$\vec{c}$ 满足 $\vec{a} \cdot \vec{b} = \vec{a} \cdot \vec{c}$，则 $\vec{b} = \vec{c}$。

(2) $(\vec{a} \cdot \vec{b})\vec{c} = \vec{a}(\vec{b} \cdot \vec{c})$。

【我的问题】

【多元评价】

自我评价	同伴评价	学科长评价	小组长评价	学术助理评价

1. 完成单子情况　2. 主动帮助同伴　3. 主动展讲　4. 主动补充与质疑　5. 纪律情况

"平面向量的数量积"问题解决—评价单

设计人：　　　　审核人：　　　　序　号：

班　级：　　　　姓　名：　　　　组　名：

【学生生成的问题】

【教师生成的问题】

问题1：向量数量积的运算。

(1) 已知 $|\vec{a}|=4$，$|\vec{b}|=5$，且向量 $\vec{a}$ 与 $\vec{b}$ 的夹角为 $60°$，求 $(2\vec{a}+3\vec{b})\cdot(3\vec{a}-2\vec{b})$。

(2) 在 $Rt\triangle ABC$ 中，$\angle C=90°$，$AB=5$，$AC=4$，求 $\overrightarrow{AB}\cdot\overrightarrow{BC}$。

问题2：利用数量积解决长度问题。

已知向量 $\vec{a}$ 与 $\vec{b}$ 的夹角为 $120°$ 且 $|\vec{a}|=4$，$|\vec{b}|=2$，求：

(1) $|\vec{a}+\vec{b}|$　　(2) $|3\vec{a}-4\vec{b}|$　　(3) $(\vec{a}+\vec{b})\cdot(\vec{a}-2\vec{b})$

问题3：利用数量积解决垂直问题。

1. 已知 $|\vec{a}|=3$，$|\vec{b}|=2$，且向量 $\vec{a}$ 与 $\vec{b}$ 的夹角为 $60°$，$\vec{c}=3\vec{a}+5\vec{b}$，$\vec{d}=m\vec{a}-3\vec{b}$，求当 m 为何值时，$\vec{c}$ 与 $\vec{d}$ 垂直？

2.（1）已知非零向量 $\vec{a}$ 与 $\vec{b}$ 满足 $|\vec{a}|=\sqrt{2}|\vec{b}|$ ，且 $\vec{a}+\vec{b}$ 与 $\vec{a}-2\vec{b}$ 垂直，求证： $\vec{a}\perp\vec{b}$ 。

（2）已知 $|\vec{a}|=5$ ， $|\vec{b}|=4$ ，且 $\vec{a}$ 与 $\vec{b}$ 的夹角为 $60°$ ，且当 k 为何值时，向量 $k\vec{a}-\vec{b}$ 与 $\vec{a}+2\vec{b}$ 垂直?

问题4：利用数量积解决夹角问题。

已知单位向量 $\vec{e}_1$ ， $\vec{e}_2$ 的夹角为 $60°$ ，求 $\vec{a}=2\vec{e}_1+\vec{e}_2$ 与 $\vec{b}=2\vec{e}_2-3\vec{e}_1$ 的夹角。

【多元评价】

自我评价	同伴评价	学科长评价	小组长评价	学术助理评价

1. 完成单子情况 2. 主动帮助同伴 3. 主动展讲 4. 主动补充与质疑 5. 纪律情况

"平面向量的数量积"问题拓展—评价单

设计人：　　　　审核人：　　　　序　号：

班　级：　　　　姓　名：　　　　组　名：

1. 已知 $|\vec{a}|=6$ ， $\vec{e}$ 是单位向量，它们之间夹角是 $45°$ ，则 $\vec{a}$ 在 $\vec{e}$ 方向上的投影_____。

2. 边长为 $\sqrt{2}$ 的等边三角形 ABC 中，设 $\overrightarrow{AB}=\vec{c}$ ， $\overrightarrow{BC}=\vec{a}$ ， $\overrightarrow{CA}=\vec{b}$ 则 $\vec{a}\cdot\vec{b}+\vec{c}\cdot\vec{a}$ 等于_____。

3. $\vec{a}^2=1$ ， $\vec{b}^2=2$ ， $(\vec{a}-\vec{b})\cdot\vec{a}=0$ ，则 $\vec{a}$ 与 $\vec{e}$ 则与的夹角为（　　）。

A. $30°$ 　　　　B. $45°$ 　　　　C. $60°$ 　　　　D. $90°$

4. 若 $\vec{a}+\vec{b}=\vec{c}$，$\vec{a}-\vec{b}=\vec{d}$，且向量 $\vec{c}$ 与 $\vec{d}$ 垂直，则一定有（　　）。

A. $\vec{a}=\vec{b}$
B. $|\vec{a}|=|\vec{b}|$

C. $\vec{a}\perp\vec{b}$
D. $|\vec{a}|=|\vec{b}|$ 且 $\vec{a}\perp\vec{b}$

5. 有下面四个关系式 ① $0\cdot\vec{0}=0$；② $(\vec{a}\cdot\vec{b})\vec{c}=\vec{a}(\vec{b}\cdot\vec{c})$；③ $\vec{a}\cdot\vec{b}=\vec{b}\cdot\vec{a}$；④ $0\cdot\vec{a}=0$，其中正确的有（　　）。

A. 4 个
B. 3 个
C. 2 个
D. 1 个

6. $|\vec{a}|=1$，$|\vec{b}|=2$ 则 $\vec{a}$ 与 $\vec{b}$ 的夹角为 $120°$，则 $(\vec{a}+2\vec{b})\cdot(2\vec{a}+\vec{b})$ 的值为（　　）。

A. -5
B. 5
C. $-\sqrt{5}$
D. $\sqrt{5}$

7. 已知 $\vec{a}$，$\vec{b}$，$\vec{c}$ 为非零向量，且 $\vec{a}\cdot\vec{c}=\vec{b}\cdot\vec{c}$，则有（　　）。

A. $\vec{a}=\vec{b}$
B. $\vec{a}\perp\vec{b}$

C. $(\vec{a}-\vec{b})\perp\vec{c}$
D. $\vec{a}=\vec{b}$ 或 $(\vec{a}-\vec{b})\perp\vec{c}$

8. 已知向量 $\vec{a}$、$\vec{b}$ 满足 $|\vec{a}|=13$，$|\vec{b}|=19$，$|\vec{a}+\vec{b}|=24$，求 $|\vec{a}-\vec{b}|$。

9. 设 $\vec{e}_1$、$\vec{e}_2$ 是两个垂直的单位向量，且 $\vec{a}=-(2\vec{e}_1+\vec{e}_2)$，$\vec{b}=\vec{e}_1-\lambda\vec{e}_2$。

(1) 若 $\vec{a}//\vec{b}$，求 λ 的值；　　(2) 若 $\vec{a}\perp\vec{b}$，求 λ 的值。

10. 设 $\vec{a}+\vec{b}=2\vec{i}$，$\vec{a}-\vec{b}=-8\vec{i}+16\vec{j}$，其中 $\vec{i}$，$\vec{j}$ 为两个互相垂直的单位向量，求 $\vec{a}\cdot\vec{b}$。

【多元评价】

自我评价	同伴评价	学科长评价	小组长评价	学术助理评价

（三）英语学科教师学本课堂创建案例

英语学科是基础教育课程体系中十分重要的学科之一，也是中高考必考科目。义务教育阶段，英语课程标准在课程理念方面对英语课程价值的认识体现了更多的人文精神，即学习英语是人的发展的一部分。比《教学大纲》有了重大突破，对英语课程价值的认识更宏观、更全面、有利于克服英语学习中的功利主义思想和扭转应试教育的倾向。笔者在多年研究英语学科新课程有效教学和指导学本课堂创建过程中，也积累了一些不成熟的经验和比较有效的方法、策略，与大家分享。乍看起来、听起来，可能觉得不符合英语教学特点和规律，但是只要您敢按我的理论和要求去做一定会取得奇迹般的成绩和效果。一个人只有不断地挑战自己、超越自己，才有可能实现跨越式发展。人只在自认为正确的"影子"里工作、生活，是不可能实现自我超越和发展的。而且我们自认为正确的"东西"，不一定是真的正确和科学。一个善于接受新事物的人，才能不断发展和进取。所以，如果我们面对新事物尽量"少摇头、多点头"，那么，大家都会日有所进。在学本课堂视野下，我们如何创建英语学科的学本课堂呢，具体有以下指导建议。

一是创新能力目标。将原有的"听、说、读、写"创新为"读、听、说、写、情"（见右图），关注综合能力培养，体现"三维目标"。首先是逻辑顺序发生变化，将"读"放在首位，重视学生的"读"。不会读怎么办？教师领读或放录音跟读。学生只有会"读"，才会"听"；只有会"读、听"，才会"说英语"；只有会"读、听、说"，才会自然自如的"写英语"。尤其是要特别注意在英语学习中体现"情感、态度与价值观"目标，需要教师在教学设计时提前预设和安排情境，激发学生的学习兴趣，最终使学生人人

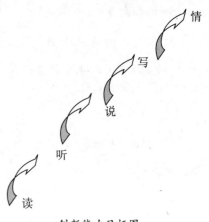

创新能力目标图

喜欢学习英语，学会学英语，不感觉英语很难，达到喜欢学英语和会学英语的高度。

二是创新理念思维。英语学科有效教学理念、思维与其他学科保持一致性，在理念上，将原有的"以学生为中心"发展为"以学习者学习为中心"的"以学为本"

理念；在思维上，将原有的"教师先教，学生后学"发展为"师生先学，师生后导"的先学后导新思维。逐步培养学生以问题导学为主线的自主学习能力。

三是创新教学组织形式。英语学科教学组织形式与其他学科的小组合作团队学习保持一致性，创建小组合作团队学习平台，建立"一系两体三会三治四化"学习体系，实现"绿色学习""狼性学习"，在创建小组合作团队学习机制的基础上组织学本课堂学习，而不是舞台式或小组式教学。

四是创新英语学科课型。首先是从单一课型走向多元课型，走出"新授课"，要结合英语学科特点进行适当的创新。英语学科课型的创新和选择要充分考虑学生实际学习能力，不是教师独断确定的。这有一个原则："学习能力差的班级可选择教师导学课型；学习能力强的班级可选择问题导学课型"。学生英语学习能力提升后，再走进问题导学课型。不要搞"一刀切"，一律走问题导学课型。关于问题导学型学本课堂视野下的多元课型，我们已经都很熟悉了，以下介绍英语学科"过渡课型"。教师一定要适应学生能力发展的需求，创建问题导学型学本课堂。

英语学科的"过渡课型"有以下几种。

"结构预习课"流程

创设情境，呈现目标；（1～3 min）

示范引领，自主学习；（20～25 min）

合作交流，规范指导；（8～10 min）

预习评价，小组落实。（8～12min）（借助工具：问题导读—评价单。）

"阅读欣赏课"流程

创设情境，呈现要求；（1～3 min）

自主合作，多元展读；（3～33 min）

共性问题，规范指导。（2～5 min）

"技能训练课"与"能力提升课"流程

创设情境，呈现任务；（1～3min）（借助工具：技能训练评价单。）

自主学习，小组讨论；（5～8 min）

展示对话，规范指导；（20～25 min）

归纳总结，概括提升。（3～5 min）

"拓展评价课"流程

创设情境，呈现要求；（1～3 min）

归纳梳理，小组展评；（8～12 min）（借助工具：知识多元归纳表，学生在预习中完成。）

拓展训练，展示评价；（20～22 min）（借助工具：拓展训练—评价单，教师课前预设。）

突破重点，提升意义。（2～5 min）

五是创新工具单与设计方案。英语学科教学设计思路和方法与其他学科保持一致性，但是，根据学情开发问题工具和训练工具，视班级情况和课型需求而定，也可不必开发系统的问题学习工具单，可以引入"学习任务表""问题导读—评价单"和"技能训练—评价单"等。随着学生英语学习能力的不断提升，其将走向问题发现、问题生成和问题解决学习，课堂学习设计必须采用"课堂学习方案设计"，体现科学性、结构性和规范性。

六是创新教学方法。英语课堂学习环节严格按课型流程实施，尽可能体现自主合作探究学习，教学方法采用与选择体现多元化与灵活性，突出展示性、趣味性、文化性和艺术性。我们采用"三大理论"解决三大难点，核心是落实"多读"工程，一定要让学生多读文本，以往教学中一般要求读 3 遍，或者读 2 遍做什么题，完成什么任务。在学本课堂视野下，我们要求小学生要读 30 遍以上、初中生要读 20 遍以上、高中生要读 12 遍以上。只有这样才能保障学习质量。

"三大理论"化解"三大难题"。

用"冰山融化理论"化解单词学习困难问题；"多读"工程就像海水水温的提升，冰山自然融化。建议师生学习某一主题时，第一节课不上"单词教学课"，而改为"结构预习课"，重点落实一个"读"。

用"健身曲线理论"化解句型学习困难问题；"多读"工程就像努力健身，坚持一下曲线美自然呈现。学生人人会读，人人都理解后，语法课自然会减少。

用"大海游泳理论"化解练习题完成困难问题；"多读"工程就像在大海游泳，游多了在小湖中将自然就会。学生人人会读文本，达到充分理解后，课后题自然就会，也就是在结构化预习中就会完成，或完成一大部分。有的教师会问，学生通过结构化预习都会了，我们上课做什么呀？我们告诉大家，这时我们可以去提升学生的英语能力了。

特别注意：英语教师采用"借课还课"策略，上"结构预习指导课"（至少要上3~5节），指导和培养学生的英语学科结构化预习能力，这是重中之重，也是首要任务。英语学科与其他学科略有不同，采用"读、背、演、写、做、思"六字诀进行预习，具体含义："读"是指通过"查着工具读、划着重点读、跟着录音读、跟着教师读"等多种方式和途径进行反复阅读；"背"是指在反复阅读的基础上要刻意背诵文本；"演"是指在熟读和背诵的基础上要与同伴进行对话式表演；"写"是指回归文本理解大意，把生字词、句型、语法、翻译内容写出来，标注在文本上；"做"是指自觉、主动做课后习题；"思"是指通过深度预习后把不会的问题提炼出来，写在文本的末尾处。

七是追求智慧导学。教师要在教学行为上注重教学策略，做智慧型"懒"教师，逐步走向智慧型教学。过去的英语课英语教师很辛苦、很勤奋，上一节课，都会出一身汗。在学本课堂视野下，我们要努力追求智慧导学，尽可能让学生动起来、学起来，把课堂在真正意义上还给学生。比如，教师培养学生主持来组织课堂学习活动，激发学生潜力，当学生真的会读课文后，我们的英语教学都会变得简单了。智慧导学的重点在于指导学生会读课文，尤其是让"潜能生"会读课文。

八是加强专业理论学习。由于英语属于英美发达国家的语种，英语教师在专业学习过程中接触到了先进理念和教学方法，与其他学科教师相比更有优越性，所以，英语教师要发挥自己专业优势，加强专业理论学习，提高综合素质，不断创新教学，走向专家型教师。

在学本课堂视野下，英语教师要由追求知识取向教学转向能力取向学习，由知识分段教学转向能力分层学习，在课型上跳出单一的"新授课"教学，由单一的新授课教学转向体现问题导学特征的多元课型学习，将上述的八点建议与共性行动策略、个性化行动策略有机结合起来。英语学科创建学本课堂的操作思路和技术策略如下。

1. 英语2课时教学内容学本课堂创建案例

学校：河南省洛阳市新城实验学校

年级：四年级

学科：英语

主题："I was two then"

课型："问题发现评价课"和"问题解决评价课"

教师：李换烟

　　本案例中河南省洛阳市新城实验学校李换烟老师针对"I was two then"这一教学内容，选择和匹配了"问题发现评价课"和"问题解决评价课"。课前，李老师对学生的结构化预习能力进行了系统指导和培训，组织学生对本课内容进行了全面的结构化预习；又根据教材、教参和一些教辅资料，借助"问题学习工具开发统一模板"开发了"'I was two then'问题导读—评价单""'I was two then'问题解决—评价单"和"'I was two then'问题训练—评价单"；并根据课型流程和导学策略进行了"'I was two then'课堂学习方案设计"。同时，其培养了学术助理来主持本课堂学习活动。上课时，李老师和学术助理开始严格按以下流程组织全体学生进行第一课时"问题发现评价课"的学习，通过本课学习师生圆满完成了教与学任务。

　　创设情境，呈现目标；（1～3 min）

　　自主学习，结构预习；（15～20 min）

　　预习评价，合作讨论；（10～12 min）

　　小组展评，规范指导；（5～10 min）

　　归纳共性，生成问题。（2～6 min）

　　完成第一课时教学任务后，李老师把学生生成问题整合后以适当方式补充给学生，并要求学生进行"二次预习"，学生再次走进文本，完成"问题解决—评价单"上学习任务。

　　第二课时，李老师和学术助理开始严格按以下流程组织全体学生进行第二课时"问题解决评价课"的学习。

　　创设情境，回顾问题；（1～5 min）

　　合作讨论，问题探究；（5～10 min）

　　展示对话，规范指导；（15～20 min）

　　问题训练，合作评价；（6～10 min）

　　归纳概括，提升意义。（2～5 min）

　　"问题发现评价课""问题解决评价课"所使用的问题学习工具单见相关资料。

相关资料

　　问题导学型学本课堂学习方案设计案例之"I was two then"

学习方案设计（一）

课题	I was two then		时间	2014 年 1 月
主备人	李换烟	审核人	使用人	
课型	问题发现评价课		课时	第一课时
学习目标	1. 能读、听、说本单元单词 （1）was，then，grandparent，were. （2）long—short，fat—thin，tall—short，old—young，old—new，big—small 等。 2. 能理解本模块重点句型：主语＋was/were ＋ … 3. 能够听懂，熟读本课的课文，知道课文大意			
重点难点	重点：学生通过教师师引导和自主学习，掌握重点单词。 难点：能够理解本课的句型			
关键问题	能正确听、说、认读词汇和课文； 能熟练掌握本课重点句型			
学习方法	自主合作探究法：通过听录音，反复自读，把握词汇和句型的读音，发现疑点，学生共同解决，教师纠正指导； 展示学习法：加强展示型学习，正确流利地朗读课文；并能进行会话展演			
教学准备	教师准备教材、录音机、磁带、多媒体、"问题导读—评价单"； 学生做好预习，画出不会读的单词和句子			

学习过程设计

程序	时间	教师行为	期望的学生行为
创设情境呈现目标	1~3 min	教师播放一个有关本课的歌谣，让学生初步感受； 投影出示学习目标，教师深入解读学习目标，让学生明确本课学习任务，导入新课	学生能积极主动地参与到课堂活动中，感受英语学习的快乐； 明确学习目标，带着目标去学习
自主学习结构预习	15~20 min	教师让学生听课文录音 3 遍，结合预习"六字诀"划出不会读的单词或句子； 教师和学生共同解决（领读等多形式）； 跟录音读（默读、小声读、大声读）； 重点关注指导各班读音差的学生	学生根据要求认真听对话； 积极地参与教学活动中，和教师共同解决易错点； 敢于大声地读出来

续表

程序	时间	教师行为	期望的学生行为
预习评价 合作讨论	10~12 min	教师引导组内互相读一读，练一练，发现问题组内解决，解决不了的组间解决	组长组织大家大声读一读，互相纠正； 小组合作、准确地操练； 做"问题导读—评价单"，并在学科长的带领下进行小组讨论、交流、对改、纠错、评价
小组展评 合作探究	5~10 min	教师要把握时间和节奏； 对展评情况给予适时、客观的评价； 引导学生适时纠正，重点关注共性错误	学科长组织小组成员对预习评价问题进行逐题逐人展讲，进行交流、讨论和探究，使问题得以有效解决； 对于疑难问题，提出质疑，师生共同解决
归纳共性 生成问题	2~6 min	教师引导学生小组讨论，生成问题，进行归纳讨论，都不会的问题，可以到其他组请教，如果都解决不了，记在"问题生成本"上	通过积极讨论，学生将不会的迅速生成班级问题，记录下来交给教师

学习方案设计（二）

课题	I was two then			时间	2014 年 1 月
主备人	李换烟	审核人		使用人	
课型	问题发现解决课		课时		第二课时
学习 目标	1. 能够正确听、说、读、写本单元词汇 （1）was, then, grandparent, were; （2）long—short, fat—thin, tall—short, old—young, old—new, big—small. 2. 能够理解、掌握"主语＋was \ were＋…"表示过去时的用法				
重点 难点	重点：读、听、说、写所学词汇和用语。 难点：能运用重点句型陈述自己及他人过去到现在发生的变化				
关键 问题	通过句型的学习，总结出过去到现在变化的句子并能正确运用				

续表

课题	I was two then			时间	2014 年 1 月
主备人	李换烟	审核人		使用人	
课型	问题发现解决课		课时		第二课时
学习方法	情境教学法：创设情境，让学生在具体情境中学习英语，体会学习英语的快乐； 小组合作学习法：学生通过小组合作讨论总结本课时重点句型，并能用本课重点句型陈述自己或他人的计划和即将发生的事情； 展示交流学习法：学生通过小组展示，多元对话，使问题得以有效解决				
教学准备	教材、课件、问题解决单				

学习过程设计

程序	时间	教师行为	期望的学生行为
创设情境问题呈现	1~3 min	教师引导学生读单词和课文，回顾文本； 出示"问题解决—评价单"，呈现问题； 提出本节课的学习要求	学生自读回顾单词和课文，通过问题呈现，迅速进入学习状态
自主学习合作讨论	5~8 min	教师关注各组讨论情况，及各组待优生参与讨论的情况，解决小疑惑，提出指导性意见，倾听学生的交流，搜集共性问题	学生围绕"问题解决—评价单"上的教师预设问题先进行自主学习，然后组内讨论交流，组内不能解决的问题，可进行组间交流； 学科长要发挥作用，关注每一位成员的学习状况，使本组成员在小组内能够畅所欲言，进行有序、有效地讨论交流，在同伴交流时认真倾听，并做好记录； 学科长组织学生将答案要点板书在黑板上，为展讲做准备； 学术助理巡视指导

程序	时间	教师行为	期望的学生行为
展示交流规范评价	15~20 min	根据需要教师给予规范指导，当学生之间不能形成讨论对话系统时，教师可采用"激活"策略，重点指导学困生	学生以小组为单位，围绕问题采用"展示六字诀"进行展示解决； 在小组展示的过程中，其他同学要认真倾听，适时的进行纠错、补充和质疑。（讲讲过程中其他小组可出题、挑战）
问题训练合作指导	5~12 min	教师要把握好时间，关注学生出现的共性问题，适时指导	自主完成"问题训练—评价单"； 组内对改、交流、纠错，完成同伴评价，学科长评价； 对于疑难问题，提出质疑，师生共同解决
归纳概括提升意义	1~3 min	本节课我们学习了描述过去到现在的变化句子： 例如，Then I was…But now I am… 希望大家以后能运用于口语交际中	以小组为单位，谈收获，说共性； 学术助理对本节课学生和小组表现进行总结、评价； 使学生对英语产生浓厚的兴趣，乐学，善学

"I was two then" 问题清单

一、概念性问题

本单元中的重点单词：was，then，grandparent，were 等。

本单元中的反义词：long—short，fat—thin，tall—short，old—young，

old—new，big—small 等。

你能用"自然拼读法"很快的读出和记住本单元单词吗？

二、原理性问题

1. now 和 then 分别用在哪个时态中？

2. 一般过去时态是怎么构成的？

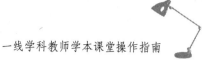

三、习题性问题

问题：按要求写单词。

old（反义词）＿＿＿＿＿＿＿ long（反义词）＿＿＿＿＿＿

thin（反义词）＿＿＿＿＿＿ small（反义词）＿＿＿＿＿＿

are（过去式）＿＿＿＿＿＿ is/am（过去式）＿＿＿＿＿

I（宾格）＿＿＿＿＿＿＿ 在那时（汉译英）＿＿＿＿＿

现在（汉译英）＿＿＿＿＿ 他们（汉译英）＿＿＿＿＿

四、拓展性问题

问题：仿照例句介绍自己或家人以前和现在的变化。

I was short then.　　Now I am tall.

1. my father ＿＿＿＿＿＿＿＿＿＿＿＿＿＿＿＿＿＿＿＿＿＿＿

2. my mother ＿＿＿＿＿＿＿＿＿＿＿＿＿＿＿＿＿＿＿＿＿＿＿

3. my sister ＿＿＿＿＿＿＿＿＿＿＿＿＿＿＿＿＿＿＿＿＿＿＿＿

4. my grandparents ＿＿＿＿＿＿＿＿＿＿＿＿＿＿＿＿＿＿＿＿＿

"I was two then" 问题导读—评价单

设计者：李换烟　　　　审核人：

班　级：　　组　名：　　姓　名：　　时　间：

【学习目标】

会读、听、说、写本单元重点单词：was，then，grandparent，were 等；

能听懂、会说句型：I was two then 等；

能够理解并运用句型：主语＋was/were ＋ ...

【重点难点】

重点：读、听、说所学词汇和用语。

难点：能够运用 was 和 were 来描述过去的事情。

【学法提示】

通过听录音，画出不会读的单词和句子；

大同学领读或小组讨论解决单词的读音，然后再读单词，把单词读熟，小组

展示。

在熟读单词的基础上试读课文，提炼重点句型。通过小组讨论理解汉语意思，进行展读展背。

【知识链接】

回顾描述人或事物的一些形容词。

【预习评价】

问题1：你会读下列词汇并知道它们的汉意吗？

who _____   grandparent _____   hair _____

then _____   old _____   young _____

long _____   short _____   naughty _____

问题2：按要求写单词。

old（反义词）_____   long（反义词）_____

thin（反义词）_____   small（反义词）_____

are（过去式）_____   is/am（过去式）_____

I（宾格）_____   在那时（汉译英）_____

现在（汉译英）_____   他们（汉译英）_____

问题3：朗读并翻译下列句子。

1. Who are they，Lingling? They are my grandparents.

2. They were young then. Yes，now they are old.

3. Who is that little girl? It's me! I was two then.

4. Your hair was so short. Yes，now my hair is long.

【我的疑问】

【多元评价】

自我评价	同伴评价	学科长评价	小组长评价	学术助理评价

"I was two then" 问题解决—评价单

设计者：李换烟　　　　　审核人：

班　级：　　　组　名：　　　姓　名：　　　时　间：

【学生生成问题】

【教师预设问题】

问题1：你能总结一下学过的一些形容词以及它们的反义词吗？请把它们列举下来。

问题2：你能根据课本第28页4 Practise例子写一写并演一演吗？

【问题训练】

一、选择填空

（　　）1. They _____ young then.

　　　A. is　　　　　B. are　　　　　C. were

（　　）2. She _____ fat，then. Now she _____ thin.

　　　A. is；was　　　B. was；is　　　C. is；is

（　　）3. They were _____ then. But now they are old.

　　　A. old　　　　B. young　　　C. younger

二、连词成句

1. that，girl，little，Who，is（？）

2. are，my，grandparents，They（ . ）

3. was，then，She，two（ . ）

4. so，He，cute，was（ . ）

5. too，short，His，was，hair（ . ）

【多元评价】

自我评价	同伴评价	学科长评价	小组长评价	学术助理评价

2. 英语 3 课时教学内容学本课堂创建案例

本案例中的辽宁省沈阳市浑南一中方丽萍老师针对"Chapter 5 Reading"这一教学内容，即 3 课时的教学容量，选择和匹配了"问题发现评价课""问题解决评价课"和"问题拓展评价课"。课前，方丽萍老师对学生的结构化预习能力进行了系统指导和培训，组织学生对本课内容进行了全面的结构化预习，要求学生第二天、第三天要完成二次预习和三次预习；又根据教材、教参和一些教辅资料，借助"问题学习工具开发统一模板"开发了"'Chapter 5 Reading'问题导读—评价单""'Chapter 5 Reading'问题解决—评价单"和"'Chapter 5 Reading'问题拓展—评价单"；并根据课型流程和导学策略进行了课堂学习方案设计。同时，其培养了学术助理来主持本课堂学习活动。

上课时，方丽萍老师和学术助理开始严格按以下流程组织全体学生进行第一课时"问题发现评价课"的学习，通过本课学习师生圆满完成了教与学任务。

创设情境，呈现目标；(1～3 min)

自主学习，结构预习；(15～20 min)

预习评价，合作讨论；(10～12 min)

小组展评，规范指导；(5～10 min)

归纳共性，生成问题。(2～6 min)

当完成第一课时教学任务后，方丽萍老师把学生生成问题整合后以适当方式补充给学生，并要求学生进行"二次预习"，学生再次走进文本，完成"问题解决—评价单"上的学习任务。

　　第二课时，方丽萍老师和学术助理开始严格按以下流程组织全体学生进行第二课时"问题解决评价课"的学习。

　　创设情境，回顾问题；（1～5 min）

　　合作讨论，问题探究；（5～10 min）

　　展示对话，规范指导；（15～20 min）

　　问题训练，合作评价；（6～10 min）

　　归纳概括，提升意义。（2～5 min）

　　完成第二课时教学任务后，方丽萍老师要求学生进行"三次预习"，学生再次走进文本，完成"问题拓展—评价单"上的学习任务。第三课时，方丽萍老师和学术助理开始严格按以下流程组织全体学生进行第三课时"问题拓展评价课"的学习。

　　创设情境，回归问题；（1～5 min）

　　小组拓展，归纳展示；（10～18 min）

　　拓展训练，合作评价；（5～15 min）

　　共性问题，规范指导；（3～8 min）

　　提升意义，体验成功。（2～5 min）

　　这三节课所使用的问题学习工具单见相关资料。

相关资料

"Chapter5 Reading"问题导读—评价单

　　　　设计者　　　　　　　　审核人：

　　　　班　级：　　　组　名：　　　姓　名：　　　时　间：

【学习目标】

　　掌握词汇：

describe；thinker；Asia；Europe；create；article；footprint；mail；real；

while; possible; even; peacefully; secret; government; balloon; heart; iron; prize; appear; die of; leave behind.

掌握词组：

know about; live on earth; as…as; be famous for; see…doing; throw away; an amusement park; buy her sth; millions of; 20 million; a long time before…; teach sb sth; teach sb to do sth; be similar to…; three of the articles; by a fountain; become even happier; where necessary; agree with sb; hunt the dinosaurs; the secret of how to be happy.

重点句型：

as…as…

【学法导航】

请同学们采用英语阅读"六字"诀（"读、背、演、写、练、思"）读材第91～92页的 Chapter 5 的课文和所有单词20遍；

在熟读基础上，自觉主动完成课后练习题，并把不会的问题生成出来，写在"我的问题"栏中。

【预习评价】

问题1：请同学们合上书，根据汉语意思写出下列单词。

(1) v. 描绘；描述_____   (2) n. 思想家_____

(3) n. 欧洲 _____   (4) n. 脚印_____

(5) 落后_____   (6) n. 邮件_____

(7) adj. 真实的_____   (8) prep. 不同的，相异的_____

(9) n. 亚洲_____   (10) v. 创造_____

(11) adj. 可能的_____   (12) n. 文章_____

(13) adv. 甚至_____   (14) 因……而死_____

(15) n. 秘密_____   (16) n. 政府_____

(17) n. 气球_____   (18) n. 心脏_____

(19) n. 铁_____   (20) v. 出现_____

(21) n. 奖赏；奖品_____   (22) n. 疾病_____

(23) adv. 和平地；平静地_____   (24) v. 出现_____

问题 2：请合上书，写出下列单词的汉语意思。

(1) dinosaur _____ (2) fierce _____

(3) Greece _____ (4) exist _____

(5) harmless _____ (6) France _____

(7) cartoon _____ (8) kneel _____

(9) Africa _____ (10) skeleton _____

(11) amusement _____ (12) character _____

(13) the United States of America _____ (14) hunt _____

(15) republic _____ (16) bury _____

(17) ID card _____ (18) dynasty _____

(19) diamond _____ (20) attraction _____

(21) roof _____ (22) photography _____

(23) French fries _____

问题 3：请阅读第 62～65 页内容，找出下列短语，并在书上画出，同时写上汉语意思。

know about；live on earth；as…as；be famous for；see…doing；throw away；an amusement park；buy her sth. millions of；20 million；a long time before…；teach sb. sth.；teach sb to do sth；be similar to…；three of the articles；by a fountain；become even happier；where necessary；agree with sb；hunt the dinosaurs；the secret of how to be happy.

问题 4：请合上书，你能将下列短语的意思书写出来吗？

(1) know about _____ (2) live on earth _____

(3) as…as _____ (4) be famous for _____

(5) see…doing _____ (6) throw away _____

(7) an amusement park _____ (8) buy her sth. _____

(9) millions of _____ (10) 20 million _____

(11) a long time before… _____ (12) teach sb. sth. _____

(13) teach sb to do sth. _____ (14) be similar to… _____

(15) by a fountain _____ (16) three of the ar ticles _____

(17) become even happier _____ (18) where necessary _____

(19) agree with sb _____ (20) hunt the dinosaurs _____

(21) the secret of how to be happy _____

问题5：试着思考下列问题，并分别编写一个句子。

1. buy；give；teach 的用法。

2. see；hear；watch；notice 的用法。

3. beside；by；near 的区别。

4. on earth 与 on the earth 的区别。

5. mail 如何使用。

6. become；get；turn；go 做系动词时的用法。

7. nobody 的使用方法。

8. as…as… 的用法

【我的问题】

【多元评价】

自我评价	同伴评价	学科长评价	小组长评价	学术助理评价

"Chapter5 Reading" 问题解决—评价单

设计者   审核人：

班 级：   组 名：   姓 名：   时 间：

【学习目标】

1. 掌握下列单词用法

（1）buy；give；teach 的用法。

（2）see；hear；watch；notice 的用法。

（3）beside；by；near 的区别。

（4）on earth 与 on the earth 的区别。

（5）mail 如何使用。

（6）become；get；turn；go 做系动词时的用法。

（7）nobody 的使用方法。

2. 掌握重点句型

as…as… 的用法。

【课前检测】请单独完成下列短语、单词，算一下你的得分，每题一分。

1. v. 描绘；描述＿＿＿＿＿＿＿＿   2. n. 思想家＿＿＿＿＿＿＿＿

3. n. 欧洲 ＿＿＿＿＿＿＿＿   4. n. 脚印＿＿＿＿＿＿＿＿

5. 落后 ＿＿＿＿＿＿＿＿   6. n. 邮件＿＿＿＿＿＿＿＿

7. adj. 真实的 ＿＿＿＿＿＿＿＿   8. prep. 不同的，相异的＿＿＿＿＿＿＿＿

9. n. 亚洲 ＿＿＿＿＿＿＿＿   10. v. 创造＿＿＿＿＿＿＿＿

11. adj. 可能的＿＿＿＿＿＿＿＿   12. n. 文章＿＿＿＿＿＿＿＿

13. adv. 甚至 ＿＿＿＿＿＿＿＿   14. 因……而死＿＿＿＿＿＿＿＿

15. n. 秘密 ＿＿＿＿＿＿＿＿   16. n. 政府＿＿＿＿＿＿＿＿

17. n. 气球 ＿＿＿＿＿＿＿＿   18. n. 心脏＿＿＿＿＿＿＿＿

19. n. 铁 ＿＿＿＿＿＿＿＿   20. v. 出现＿＿＿＿＿＿＿＿

21. n. 奖赏；奖品 ＿＿＿＿＿＿＿＿   22. n. 疾病＿＿＿＿＿＿＿＿

23. adv. 和平地；平静地 ＿＿＿＿＿＿＿＿   24. v. 出现＿＿＿＿＿＿＿＿

25. 了解 ＿＿＿＿＿＿＿＿   26. 生活在世界上＿＿＿＿＿＿＿＿

27. 像……一样 ＿＿＿＿＿＿＿＿   28. 因……而闻名＿＿＿＿＿＿＿＿

29. 看见某人正在做某事＿＿＿＿＿＿＿＿   30. 扔掉＿＿＿＿＿＿＿＿

31. 一个游乐场＿＿＿＿＿＿＿＿   32. 给她买某物＿＿＿＿＿＿＿＿

33. 成百上千万＿＿＿＿＿＿＿＿   34. 两千万＿＿＿＿＿＿＿＿

35. 过了很久才＿＿＿＿＿＿＿＿   36. 教某人某事＿＿＿＿＿＿＿＿

37. 教某人做某事 ＿＿＿＿＿＿＿＿   38. 与……相似＿＿＿＿＿＿＿＿

39. 在喷泉边＿＿＿＿＿＿＿＿   40. 这些文章中的三篇＿＿＿＿＿＿＿＿

41. 变的甚至更开心＿＿＿＿＿＿＿＿   42. 在必要的地方＿＿＿＿＿＿＿＿

43. 同意某人的观点＿＿＿＿＿＿＿＿   44. 狩猎恐龙＿＿＿＿＿＿＿＿

45. 如何快乐的秘密＿＿＿＿＿＿＿＿

得分（满分45分）：　　　　学科长评价：　　　　组长评价：

【问题解决】

问题 1：请同学们逐字逐句阅读第 63 页 Look it up 10 遍，并回答下列问题。

(1) When did dinosaurs live on earth?

(2) What do dinosaurs look like?

(3) Why did all dinosaurs die suddenly?

(4) How do we know about the lives of dinosaurs?

(5) What is Disneyland and where is it?

(6) Who created Disneyland?

(7) Name four of the cartoon characters created by Walt Disney?

(8) What jobs did Walt Disney do?

(9) Was Mickey Mouse a real mouse?

(10) Who was Diogenes?

(11) What did he teach?

(12) What did he own before he met the small boy?

(13) Did Diogenes feel even happier after he threw away the cup?

问题 2：试用下列动词用法并带例子解释。

(1) buy；give；teach 的用法。

(2) see；hear；watch；notice 的用法。

(3) beside；by；near 的区别。

(4) on earth 与 on the earth 的区别。

(5) mail 如何使用。

(6) become；get；turn；go 作系动词时的用法。

(7) nobody 的使用方法。

问题 3：翻译下列句子。

(1) 我上个月给我的母亲买了一台电脑。

(2) 我昨天看到他们要邮寄一封信。

(3) 我的姑姑要我坐到她身边的座位上。

(4) 在 600 多万年前恐龙生活在地球上。

(5) 班里有多少人？没人。

(6) 没人愿意教他如何快乐。

(7) 没人能说日语。

(8) 谁在教室里？没有人。

【多元评价】

自我评价	同伴评价	学科长评价	小组长评价	学术助理评价

"Chapter5 Reading" 问题拓展—评价单

设计者　　　　　　　　　审核人：

班　级：　　　组　名：　　　姓　名：　　　时　间：

【学习目标】

掌握形容词比较级；

认识由 which，that，who，whose，where 引导的定语从句。

【问题拓展】

问题1：翻译下列句子，并找出其中形容词比较级的用法。

(1) Shanghai is larger than any other city in China.

(2) Tom is as tall as his father.

(3) She is not so nice as her sister.

(4) Our library is three times larger than yours.

(5) This room is twice as large as that one.

(6) He is the same height as my father.

(7) The more you eat，the fatter you will be.

(8) In Changsha，it's hot in July，but it's even hotter in August.

你能写出形容词比较级的用法吗？

问题2：想一想定语从句，指出下列句子中的关系代词和关系副词，并翻译。

(1) The girl who wears the red hat is my sister.

(2) The books which they are reading were written by my aunt.

(3) The man that is standing over there is my father.

(4) The house which I live in was built last year.

(5) Is there anything that I can do for you?

(6) The girl that often helps me with my French is from France.

(7) Here are the pens which the children are looking for.

(8) There is a man who wants to see the principal.

(9) The house whose window is broken belongs to the headmaster.

(10) This is the house where we lived last year.

(11) I like music that is gentle.

(12) Tomorrow，I will leave for Canada，where I have stayed for two years.

(13) This is the hotel where they stayed last month.

(14) The factory which we'll visit next week is not far away from here.

(15) Can you lend me the book about which you talked the other day?

(16) They arrived at a farmhouse，in front of which sat a little cat.

问题 3：完成下列选择题。

(1) Bob never does his homework _____ Mary. He makes lots of mistakes.

A. so careful as　　B. as carefully as　　C. carefully as　　D. as careful as

(2) Now air in our town is _____ than it used to be. Something must be done to it.

A. very good　　　B. much better　　　C. rather than　　　D. even worse

(3) I feel _____ better than yesterday.

A. more　　　　　B. very　　　　　　C. the　　　　　　D. far

(4) China has a large population than _____ in the world.

A. all the countries　　　　　　B. every country

C. any country　　　　　　　　D. any other country

(5) The sick boy is getting _____ day by day.

A. worse　　　　　B. bad　　　　　　C. badly　　　　　D. worst

(6) The population of China is _____ than that of America.

A. smaller　　　　B. larger　　　　　C. less　　　　　　D. large

(7) A horse is _____ than a dog.

A. much heavy　　B. more heavier　　C. much heavier　D. more heavy

(8) Hainan is a very large island. It's the second _____ island in China.

A. large　　　　　B. larger　　　　　C. largest　　　　D. most large

(9) Yesterday I saw them _____ a big argument.

A. had　　　　　　B. having　　　　　C. have　　　　　D. are having

（10）—How many students are there in the classroom?

　　—_____.

A. Nobody　　　　B. None　　　　C. No one　　　　D. Three hundreds

【多元评价】

自我评价	同伴评价	学科长评价	小组长评价	学术助理评价

（四）政治学科教师学本课堂创建案例

政治学科是基础教育课程体系中十分重要的学科之一。义务教育阶段有三种称谓，小学一至二年级政治课程称为"品德与生活"，小学三至六年级称为"品德与社会"，七至九年级称为思想品德。高中教育称为"思想政治"，属于"人文与社会"的学习领域，必修学分为8分。义务教育课程标准认为"品德与社会"课程是在小学中高年级开设的一门以学生生活为基础、以学生良好品德形成为核心、促进学生社会性发展的综合课程，具有综合性、实践性和开放性特点。其旨在培养学生的良好品德，促进学生的社会性发展，为学生认识社会、参与社会、适应社会，成为具有爱心、责任心、良好行为习惯和个性品质的公民奠定基础。

由于，现行教材体系依旧是以"新授课"为教学单位来设计的教学进度，每周政治课平均课时数约在1～2节，无法做到每天一节，所以，一般而言，政治学科主要采用"问题综合解决课"或"问题解决评价课"。下面，本节以1课时教学容量为例，来介绍创建学本课堂的操作思路和技术策略。

本案例中河南省洛阳市新城实验谢献平老师针对"迈向和平的世界"这一主题内容，即1课时的教学容量，选择了"问题综合解决课"。课前，谢老师对学生的结构化预习能力进行了系统指导和培训，组织学生对本课内容进行了结构化预习；又根据教材、教参和一些教辅资料，借助"问题学习工具开发统一模板"开发了"'迈向和平的世界'问题导读—评价单""'迈向和平的世界'问题解决—评价单"和"'迈向和平的世界'问题训练—评价单"；并根据课型流程和教师导学策略进行了"'迈向和平的世界'课堂学习方案设计"。同时，其培养了学术助理来主持本课堂学习活动。第二天，谢老师和学术助理开始严格按以下流程组织全体学生上课学习。

创设情境，呈现目标；（1～3 min）

预习评价，生成问题；（5～10 min）

合作探究，展示交流；（15～20 min）

问题训练，组间展评；（5～12 min）

归纳概括，提升意义。（3～5 min）

通过本课学习师生圆满完成了教与学任务。这节"问题综合解决课"所使用的问题学习工具单见相关资料。

相关资料

"迈向和平与安全"问题导读—评价单

设计人：谢献平　　　　　　审核人：

班　级：　　　组　名：　　　姓　名：　　　时　间：

【学习目标】

知识与能力技能

知道为了世界和平，相关的国际组织发挥的作用和仁人志士做出的巨大贡献；

懂得每个人都可以为人类的平等与和平做出贡献的道理。

过程与方法

通过搜集有关的历史和现实资料，进一步学会以多种方式搜集、整理、选择信息的能力；

提高能从更宽广的视角认识世界的能力。

情感、态度与价值观

感悟和平对人类生活与发展的重要价值；

养成为他人着想和付出的态度。

【重点难点】

了解联合国、奥运会，体会奥运精神；

知道红十字会的宗旨和工作内容。

【关键问题】

　　怎么知道联合国的作用，奥运会的宗旨？

　　怎么领会红十字会的宗旨？

【学法提示】

　　学习课本第 10～21 页内容，要在实现结构化预习（采用"查、画、写、记、练、思"六字诀方法）基础上，独立思考完成自主学习任务，并总结方法和生成问题，准备课上小组讨论交流，答疑解惑。

【预习评价】

　　问题 1：联合国是（　　）年（　　）月（　　）日成立的维护（　　　　　　　）的国际组织，它的总部位于美国（　　　　）。

　　问题 2：奥运会起源于（　　　）。（《　　　　　　　　》）指出，奥林匹克运动的宗旨是通过开展符合（　　　　　）的（　　）活动来教育青年，"从而为建立一个（　　　　　　　　　　）做出贡献"。

　　问题 3：1863 年 10 月，（　　　　　）会诞生，它们以维护人类（　　　　　），（　　　　　　　　　　　）为最高宗旨。

【我的问题】

【多元评价】

自我评价	同伴评价	学科长评价	小组长评价	学术助理评价

"迈向和平与安全"问题解决—评价单

　　设计人：谢献平　　　　　　审核人：

　　班　级：　　组　名：　　姓　名：　　时　间：

【学生生成问题】

【教师预设问题】

问题1：

（1）联合国的作用是什么？

（2）中国参加过维和部队吗？参与了哪些工作？取得了哪些成就？

问题2：奥林匹克运动的宗旨是什么？"奥林匹克休战"提案及其标志是什么？

问题3：奥林匹克运动的信念、著名格言及崇高目标各是什么？

问题4：红十字会是一个什么组织？红十字会的宗旨是什么？

问题5：联合国儿童基金会是一个什么样的组织？

【多元评价】

自我评价	同伴评价	学科长评价	小组长评价	学术助理评价

"迈向和平与安全"问题训练—评价单

设计人：谢献平　　　　　审核人：

班　级：　　　组　名：　　　姓　名：　　　时　间：

一、填空

1. 在联合国维和警察部队中，中国首位参加维和的缉私女警是（　　　）。

2. 为中国实现奥运史上金牌"零的突破"的射击运动员是（　　　），一人独得 5 枚奥运奖牌的"体操王子"是（　　　），世界乒乓球史上唯一的奥运 4 枚金牌得主是（　　　）。

3. 奥林匹克运动以（　　　　　）的原则、以（　　　　　　）的精神激励人们不断进取，并以强烈的（　　　　）强化人们对自己祖国的热爱。

4. "提灯女士"是指著名的护士（　　　　　　）。1910 年她逝世后，人们为了表达她的敬仰，人们把她的生日——（　　　　　）定为（　　　　　　）。

5. 世界上第一所正规的护士学校是（　　　　　　）创建的。

二、判断

1. 中国红十字会始建于 1904 年。（　　　）

2. 谁破坏和平，我们就攻打谁。（　　　）

3. 和平与发展是当今世界的主题。（　　　）

4. 五环旗的五环代表的是五大洲。（　　　）

5. 爱好和平是人们永恒的愿望。（　　　）

6. "奥林匹克休战"的标志是由和平鸽、五环、圣火组成的。（　　　）

7. 保护儿童是维护世界和平的象征。（　　　）

8. 全世界已有 320 万名 5 岁以下儿童死于艾滋病。（　　　）

三、问答

1. 奥林匹克的精神是什么？

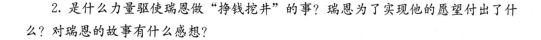

2. 是什么力量驱使瑞恩做"挣钱挖井"的事？瑞恩为了实现他的愿望付出了什么？对瑞恩的故事有什么感想？

3. 联合国儿童基金会最初成立时的宗旨是什么？现在主要进行什么活动？

【多元评价】

自我评价	同伴评价	学科长评价	小组长评价	学术助理评价

（五）历史学科教师学本课堂创建案例

历史学科是基础教育课程体系中十分重要的学科之一。在学本课堂视野下，历史教师要由追求知识取向教学转向能力取向学习，由知识分段教学转向能力分层学习，重点激发学生学习历史的兴趣和热情。在课型上，教师要跳出单一的"新授课"教学，由单一的新授课教学转向体现问题导学特征的多元课型学习。由于，现行教材体系依旧是以"新授课"为教学单位来设计的教学进度，每星期历史课的平均课时数约在2~4节，无法做到每天一节，所以，一般而言，历史学科主要采用"问题综合解决课"或"问题解决评价课"。教学容量稍微多一点的2课时内容，教师最好选择"问题发现评价课"和"问题解决评价课"。本节以1课时教学容量为例，来介绍历史学科创建学本课堂的操作思路和技术策略。

　　学校：河南省南阳市菊潭学校

　　年级：七年级

　　学科：历史

　　主题："唐朝的民族政策和科举制度"

　　课型："问题综合解决课"

　　教师：张一萍

　　本案例中河南省南阳市菊潭学校张一萍老师针对"唐朝的民族政策和科举制度"这一主题内容，即1课时的教学容量，选择了"问题综合解决课"。课前，张一萍老师对学生的结构化预习能力进行了系统指导和培训，组织学生对本课内容进行了结构化预习；又根据教材、教参和一些教辅资料，借助"问题学习工具开发统一模板"开发了"'唐朝的民族政策和科举制度'问题导读—评价单""唐朝的民族政策和科举制度'问题解决—评价单"和"'唐朝的民族政策和科举制度'问题训练—评价单"；并根据课型流程和教师导学策略进行了"'唐朝的民族政策和科举制度'课堂学习方案设计"。同时，其培养了学术助理来主持本课堂学习活动。第2天，张一萍老师和学术助理开始严格按以下流程组织全体学生上课学习。

　　创设情境，呈现目标；（1～3 min）

　　预习评价，生成问题；（5～10 min）

　　合作探究，展示交流；（15～20 min）

　　问题训练，组间展评；（5～12 min）

　　归纳概括，提升意义。（3～5 min）

　　通过本课学习师生圆满完成了教与学任务。需要注明的是关于小组合作团队学习机制班主任教师已经统一创建，不用每天创建。

　　这节"问题综合解决课"所使用的问题学习工具单见相关资料。

相关资料

　　问题导学型学本课堂学习方案设计案例之"唐朝的民族政策和科举制度"

学习方案设计

学校名称：菊潭学校

课程名称：历史

内容主题："唐朝的民族政策和
科举制度"

教材版本：中华书局版

教师姓名：张一萍

教　　龄：1 年

简介：我校实施初中新课程有效教学近 8 个月。本课是七年级历史"唐朝的民族政策和科举制度"（中华书局版），课时安排为 1 课时，是"问题综合解决课"。在本课学习过程中，学生通过结构化预习、合作讨论、展示交流以及探究学习，掌握唐朝的民族政策和科举制度分别是什么，体会历史的魅力，有助于学生更好地展示自己的才华，发挥自己的个性和潜能。

上课年级	七年级	学科	历史	主题	唐朝的民族政策和科举制度	导学教师	张一萍
课时数	1	课型		问题综合解决课		学习日期	2014 年 3 月

学习目标	知识技能 识读"唐初边疆少数民族分布图",了解唐朝周边少数民族的分布情况;知道唐王朝对待少数民族的政策,简述"和同为一家"的含义;了解隋唐实行科举制度的目的,考试科目、内容及科举制的作用。 过程方法 运用自主探究法使学生自主学习唐朝周边少数民族的分布情况及民族政策;运用小组合作讨论法,讨论"和同为一家"及科举制的目的;运用展示对话法学习科举考试的科目、内容及作用; 情感态度价值观 培养学生尊重少数民族和各族人民互相尊重的意识
重点难点	唐朝的民族政策和科举制度的建立和完善; 唐朝居住在边疆各地的少数民族
关键问题	唐朝民族政策的表现; 科举制度创立的时间、发展及影响
学习方法	自主探究法; 小组合作讨论法; 展示对话法; "阅读六字诀"
学习准备	教师准备 开发"问题导读—评价单""问题解决—评价单""问题训练—评价单"; 制作多媒体课件。 学生准备 利用课余时间查阅有关资料,了解唐朝的科举制度与民族政策的相关资料; 利用"阅读六字诀"进行结构化预习

学习过程设计

程序(要素)	时间	创设情境	教师行为	期望的学生行为
创设情境 呈现目标	1min	情境引导	[旁白]唐朝作为中国历史民族大融合的重要时期,民族政策是怎样的? 这节课我们一起来学习《唐朝的民族政策和科举制度》。 　教师播放我国多民族的图片,进入学习情境; 　出示(幻灯片)学习目标; 　组织小组讨论学习目标	学生产生好奇心理,心情愉悦的进入学习状态; 　观看图片,激发学习兴趣; 　积极讨论发言,咀嚼学习目标

续表

程序(要素)	时间	创设情境	教师行为	期望的学生行为
自主学习结构预习	8 min	创设自主预习情境	教师呈现"问题解决—评价单"的三个问题,提出自主合作学习要求; 组织学生朗读课文,整体理解; 小组集体讨论三个问题,形成组内意见,并准备展讲和交流解决; 巡回检查指导,关注弱组,尤其是潜能生	学生在单位时间内完成合作探究; 学生能够在小组内畅所欲言,进行有序有效的交流,并在同伴交流时认真倾听,做好记录; 学科长组织组员围绕任务目标热烈讨论,及时进行修改,统一认识,做好展示的准备
小组展评合作探究	18 min	创设展评情境	教师抽取 2~3 个小组上台,按问题顺序进行展示交流,解决问题,尤其是对于第二个问题,利用"煽风点火""传小纸条"等策略进行及时点拨,适时点评; 要求学生规范上台讲解展示的语言,强调生生互动,激发学生质疑的热情; 组织其他学生在同学讲解时认真倾听,并且做好记录	学生以小组为单位,轮流上台展示,并引发讨论,语言表述清晰完整,动作得体大方; 小组汇报完毕之后,其他同学可以进行补充、质疑,要科学评价别人的发言,非展示小组成员能积极与展示小组进行对话交流
问题训练评价指导	14 min	创设问题生成情境	教师使用幻灯片演示本课的一些基础练习,要求学生独立完成,并说明原因; 引导小组合作完成"问题训练—评价单"上的材料题训练; 指导学生做好展示的准备	小组围绕自己不能完成的问题进行讨论,合作思考找出最贴切的答案; 学科长指定组员记录讨论的结果,填写"问题训练—评价单"; 小组做好展示准备
归纳总结提升意义	2 min	创设总结情境	[旁白]同学们,通过本课学习,你怎么评价科举制度? 教师组织小组讨论,激发学生对历史现象的正确评价,并自由展示	学生提升热爱历史的情感; 积极参与、踊跃表达; 受到启发,树立正确评价历史的意识

"唐朝的民族政策和科举制度"问题导读—评价单

设计人：张一萍　　　　审核人：陈玉清

班级：　　组名：　　姓名：　　时间：

【学习目标】

知识与技能

识读"唐初边疆少数民族分布图"，了解唐朝周边少数民族的分布情况；知道唐王朝对待少数民族的政策，简述"和同为一家"的含义；了解隋唐实行科举制度的目的，考试科目、内容及科举制的作用。

过程与方法

运用自主探究法使学生自主学习唐朝周边少数民族的分布情况及民族政策；运用小组合作讨论法，讨论"和同为一家"及科举制的目的；运用展示对话法学习科举考试的科目、内容及作用。

情感、态度与价值观

培养学生尊重少数民族，与各族人民互相尊重的意识。

【重点难点】

重点：唐朝的民族政策和科举制度的建立和完善。

难点：唐朝居住在边疆各地的少数民族。

【关键问题】

唐朝民族政策的表现；

科举制度创立的时间、发展及影响。

【学法提示】

自主探究法；小组合作讨论法；展示对话法；"阅读六字诀"。

【知识链接】

科举是一种通过考试来选拔官吏的制度。它是古代中国的一项重要政治制度，对中国的社会和文化产生了巨大影响，直接催生了不论门第、以考试产生的"士大夫"阶层。邻近中国的亚洲国家如越南、日本和朝鲜也曾引入了这种制度来选拔人才。科举始于605年的隋朝，发展并成型于唐朝，一直延续到清朝末年，在1905年被废除；在越南更迟至阮朝末年的1919年才废除，持续了1 300多年。现代社会公

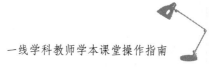

务员的选拔制度亦是从科举制间接演变而来的。

【预习评价】

问题 1：唐朝的民族政策。

唐朝统治者实行_____的民族政策，注意与少数民族搞好关系。

民族或区域	活动区域或范围	与唐朝的交往活动	今天何族祖先
西域地区			
吐蕃			
回纥			
靺鞨			
南诏			

问题 2：科举制度的确立。

科举制的诞生：_____在位时，正式设立_____，标志着_____诞生。

科举制的发展：至唐朝，科举制进一步发展。唐太宗扩充_____；唐高宗和武则天时期，科举制度日趋健全，武则天开创了_____制度。又设立_____，选拔军事人才。

科举制考试科目：唐朝科举考试科目很多，常设的主要科目是_____和_____。_____是做高官的主要途径，因此更受世人看重。

科举制度的作用或影响：基本贯彻了_____的原则，扩大了_____的范围，是一种比较_____的选拔制度。它提高了政府各级官员的_____，加强了_____，在我国古代社会沿用了 1 300 多年。

【我的问题】

【多元评价】

自我评价	同伴评价	学科长评价	小组长评价	学术助理评价

"唐朝的民族政策和科举制度"问题解决—评价单

设计人：张一萍　　　　　　审核人：陈玉清

班　级：　　组　名：　　姓　名：　　时　间：

【学生生成问题】

【教师预设问题】

问题1：唐朝开明的民族政策有何表现？

问题2：唐朝与周边少数民族关系得到发展的原因是什么？

问题3：科举制度的影响是什么？

【多元评价】

自我评价	同伴评价	学科长评价	小组长评价	学术助理评价

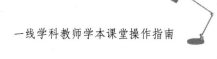

"唐朝的民族政策和科举制度"问题训练—评价单

设计人：张一萍　　　　　　审核人：陈玉清

班　级：　　　　组　名：　　　　姓　名：　　　　时　间：

一、选择题

1. 唐朝时期考试常设的考试科目主要是（　　）。

A. 明经和明算　　　B. 明经和进士　　　C. 测问和经史　　　D. 杂文和诗赋

2. 关于科举制度的说法，不正确的是（　　）。

A. 唐代确立并完善了科举制度

B. 科举考试就是用分科考试的办法选拔人才

C. 进士科是唐朝普遍推崇的科目

D. 科举制度激发了读书人的热情，推动了唐代社会的发展

3. 唐朝的读书人为了实现"朝为田舍郎，暮登天子堂"的理想，最佳途径应该是（　　）。

A. 参加科举考试　　B. 辛勤耕作　　　　C. 作战立功　　　　D. 经商致富

4. 隋唐时期，青年张三是闻名的射手，这天，他满怀信心地去洛阳参加武举考试，这可能是发生在哪位皇帝统治时期的事（　　）。

A. 隋文帝　　　　　B. 隋炀帝　　　　　C. 唐太宗　　　　　D. 武则天

5. 在唐朝，我国境内生活着许多民族，唐太宗时期采取的民族政策是（　　）。

A. 闭关政策　　　　B. 专制政策　　　　C. 开明政策　　　　D. 高压政策

二、材料题

1. 自古以来，中国人讲的就是"和"，以"和"为贵来处理人与人、民族与民族、国与国之间的关系。请用史实说明唐朝在民族关系中所体现的"和"的思想。这一历史事件分别在当时和今天有何意义？

2. 孙中山曾说："现在各国的考试制度，差不多都是学英国的。穷流溯源，英国的考试制度原来还是从我们中国学过去的。"

(1) 源于我国的考试制度指什么制度？

(2) 这种制度正式诞生于哪位皇帝时期？经过唐太宗、武则天的哪些努力逐渐完善？废除于哪一时期？

(3) 这种选拔官吏制度的进步表现在哪些方面？

【多元评价】

自我评价	同伴评价	学科长评价	小组长评价	学术助理评价

（六）地理学科教师学本课堂创建案例

地理学科是基础教育课程体系中十分重要的学科之一。由于，现行教材体系依旧是以"新授课"为教学单位来设计的教学进度，每周地理课平均课时数约在 3～4 节，无法做到每天一节，所以，一般而言，地理学科主要采用"问题综合解决课"或"问题解决评价课"。本节以 1 课时教学容量为例，来介绍地理学科创建学本课堂的操作思路和技术策略。

学校：内蒙古自治区鄂尔多斯市东胜实验中学

年级：七年级

学科：地理

主题："我们生活的大洲——亚洲"

课型："问题综合解决课"

教师：韩琴

本案例中韩琴老师针对"我们生活的大洲——亚洲"这一主题内容，即1课时的教学容量，选择了"问题综合解决课"。课前，韩琴老师对学生的结构化预习能力进行了系统指导和培训，组织学生对本课内容进行了结构化预习；又根据教材、教参和一些教辅资料，借助"问题学习工具开发统一模板"开发了"'我们生活的大洲——亚洲'问题综合—解决单"和"'我们生活的大洲——亚洲'问题训练—评价单"；并根据课型流程和教师导学策略进行了"'我们生活的大洲——亚洲'课堂学习方案设计"。同时，其培养了学术助理来主持本课堂学习活动。第二天，韩琴老师和学术助理开始严格按以下流程组织全体学生学习。

创设情境，呈现目标；（1~3 min）

预习评价，生成问题；（5~10 min）

合作探究，展示交流；（15~20 min）

问题训练，组间展评；（5~12 min）

归纳概括，提升意义。（3~5 min）

通过本课学习圆满完成了教与学任务。

这节"问题综合解决课"所使用的问题学习工具单见相关资料。

相关资料

"我们生活的大洲——亚洲"问题综合解决—评价单

设计人：杨默、韩琴　　　审核人：王鑫

班　级：　　　组　名：　　　姓　名：　　　时　间：

【学习目标】

知识与技能

学会运用地图资料，描述一个大洲的半球位置、经纬度位置和海陆位置；

学会运用地图，知道亚洲的分区以及地区的生活差异。

过程与方法

掌握描述地区位置的方法。

情感、态度与价值观

感受我们生活的亚洲之最及亚洲不同地区的生活差异。

【重点难点】

亚洲的地理位置；

亚洲的地理分区。

【关键问题】

怎样描述一个地区的位置（半球位置、经纬度位置和海陆位置）？

【学法提示】

请同学们采用"阅读六字诀"认真阅读教材，自主完成课后问题和"问题综合解决—评价单"上的预习评价部分；

请每位同学将结构化预习中发现的问题生成后交给学科长；

请同学们认真思考，自主完成"问题综合解决—评价单"上的教师问题，准备在课堂中参与讨论和展示；

请同学们积极参与多元评价，确保自主合作展示。

【知识链接】

亚洲：亚细亚洲的简称。在古代，居住在地中海沿岸的人们把地中海以东的地方称为"亚细亚"，意为"东方日出之地"。

【预习评价】

问题1：认识某地区的位置范围主要从_____位置、_____位置、_____位置描述。

问题2：结合下图请你描述亚洲的位置。

问题3：为什么说亚洲是世界第一大洲？

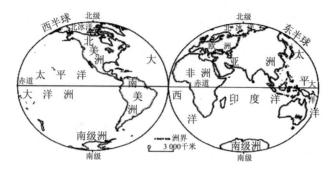

问题4：结合下图，说说亚洲有哪些分区？各个分区有哪些国家？

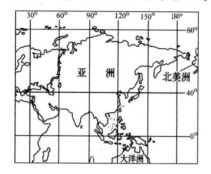

【教师问题】

问题1：阅读下图，描出亚洲的轮廓、填出与亚洲相邻的大洲和大洋。

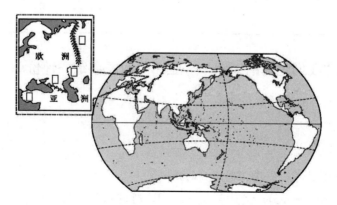

问题 2：阅读上图，说出亚洲与欧洲、非洲、北美洲的分界线。

问题 3：结合教材中第 4 页图 6-5 和第 10 页图 6-13，分析第 5 页图 6-6 中亚洲不同地区的纬度位置对其气候、生活的影响。

【我的问题】

【多元评价】

自我评价	同伴评价	学科长评价	小组长评价	学术助理评价

"我们生活的大洲——亚洲"问题训练—评价单

设计人：杨默、韩琴　　　　审核人：王鑫

班　级：　　　组　名：　　　姓　名：　　　时　间：

【问题训练】

1. 下列关于亚洲的说法，不正确的是（　　　）。

A. 世界上面积最大的大洲　　　　B. 跨纬度最广的大洲

C. 跨经度最广的大洲　　　　　　D. 东西距离最长的大洲

2. 中国位于亚洲的哪个分区（　　　）。

A. 西亚　　　　　　B. 东南亚　　　　　　C. 东亚　　　　　　D. 北亚

3. 读"亚洲范围略图"，判断下列说法正确的是（　　　）。

A. 亚洲纬度约跨70°，经度约跨150°

B. a、b、c所处亚洲分区分别是西亚、东南亚、南亚

C. 亚洲全部位于东半球和北半球

D. 亚洲地跨热带、温带和寒带，是世界上跨纬度最广的大洲

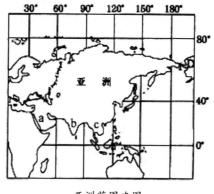

亚洲范围略图

【多元评价】

自我评价	同伴评价	学科长评价	小组长评价	学术助理评价

（七）物理学科教师学本课堂创建案例

物理学科是基础教育课程体系中十分重要的基础学科之一。从课程理念上看，义务教育阶段的物理课程标准应突出体现探究性、创新性和情感性。在学本课堂视野下，我们由追求知识取向教学转向能力取向学习，由知识分段教学转向能力分层学习。在课型上，我们将跳出单一的"新授课"教学，由单一的新授课教学转向以体现问题导学为特征的多元课型学习。在思路上来看，我们如果刚刚开始操作的话，

就起码要充分关注课前和课中，必须体现"先学后导"新理念、新思维，即师生共同前置性学习，产生问题，针对问题在课中合作探究、展讲对话解决。简而言之，课前物理教师结构化备课，落实"知识问题化、活动操作化"理念，开发问题学习工具单，并精心设计课堂学习方案；学生进行结构化预习，完成相应的预习任务。课中师生共同围绕教师预设的"问题"进行合作探究和对话解决。由于，现行物理教材体系依旧是以"新授课"为教学单位来设计的教学进度，每周物理课平均课时数约在 2～3 节，无法做到每天一节，所以，一般而言，物理学科主要采用"问题综合解决课"或"问题解决评价课"，2 课时内容，就选择"问题发现评价课"和"问题解决评价课"。本节以 2 课时教学容量为例，来介绍物理学科创建学本课堂的具体操作思路和技术策略。

学校：河南省南阳市菊潭学校

年级：八年级

学科：物理

主题："机械效率"

课型："问题发现评价课"和"问题解决评价课"

教师：张潭

本案例中张潭老师针对"机械效率"这一主题内容，即 2 课时的教学容量，选择了"问题发现评价课"和"问题解决评价课"。课前，张潭老师对学生的结构化预习能力进行了系统指导和培训，组织学生对本课内容进行了结构化预习；又根据教材、教参和一些教辅资料，借助"问题学习工具开发统一模板"开发了"'机械效率'问题导读—评价单""'机械效率'问题解决—评价单"和"'机械效率'问题训练—评价单"；并根据课型流程和教师导学策略进行了"'机械效率'课堂学习方案设计"。同时，其培养了学术助理来主持本课堂学习活动。第二天，张潭老师和学术助理开始严格按以下流程组织全体学生学习。

创设情境，呈现目标；（1～3 min）

预习评价，生成问题；（5～10 min）

合作探究，展示交流；（15～20 min）

问题训练，组间展评；（5～12 min）

归纳概括，提升意义。（3～5 min）

通过本课学习师生圆满完成了教与学任务。本课"问题发现评价课"和"问题解决评价课"所使用的问题学习工具单见相关资料。

相关资料

　　问题导学型学本课堂学习方案设计案例之"机械效率"

学习方案设计

上课年级	八年级	学科	物理	主题	机械效率	导学教师	张潭
课时数	2课时	课型	问题发现评价课 问题解决评价课			学习日期	2014年6月
学习目标	知识与技能		识记有用功、额外功、总功的定义； 理解机械效率的含义，熟练掌握计算公式并会运用； 能通过计算理解机械效率的变化规律				
	过程与方法		学生经过深度阅读文本、探究、归纳，总结机械效率变化规律的过程，培养比较、概括的逻辑思维能力； 学生经过数据收集、整理、分析的过程，培养用物理语言表述问题的能力				
	情感、态度与价值观		学生通过研究机械效率，体会功的有效利用问题，培养提高事物有效利用程度的意识； 让学生具有将科学知识应用于日常生活、社会的意识				
学习重点	掌握有用功、总功、额外功的定义； 学会计算机械效率						
学习难点	通过计算发现机械效率的变化规律						
关键问题	如何判断与计算有用功、总功						
学习方法	"阅读六字诀"：通过"查、画、写、记、练、思"深度阅读文本，结合实例，加深理解； 小组合作学习法：学生采取自主学习和小组合作学习，寻找问题最佳答案； 展示学习法：通过全班展示，对话交流，学生集合众人智慧共同解决问题						

续表

课前准备	教师准备：开发使用"问题导读—评价单""问题解决—评价单""问题训练—评价单"； 学生准备：复习有关做功的知识

学习过程设计（第一课时）

程序（要素）	时间	教师导学行为	期望的学生行为
创设情境 呈现目标	3 min	［旁白］我们用水桶从井里提出一桶水，在这个过程中，我们需要对水做功吗？那对桶呢？这两部分的功哪部分是要达到我们的目的？哪部分不是我们的目的但又不得不做？怎么来区分这两部分功呢？这节课我们就从这个问题开始学习，请大家先看本课的学习目标	学生对本课具有学习兴趣； 认真阅读学习目标，理解目标要求
自主学习 结构预习	15 min	［旁白］请大家利用 25min，结合大同学提供的"问题导读—评价单"上的九个问题对《机械效率》这节课进行结构化预习，马上开始！ 教师巡视检查指导，及时掌握学生的自学情况； 教师参与学生预习，对学生的见解进行适当指导评价； 重点关注一些同学的预习情况	学生按"问题导读—评价单"的要求，结合"六字诀"深度阅读文本，自主完成预习； 在规定时间内完成预习任务
预习评价 合作讨论	15 min	［旁白］看来大家都已经完成了预习，现在就请大家以最快的速度独立完成"问题导读—评价单"，完成之后小组讨论这九个问题，形成统一结论。 教师在小组间巡回指导，重点指导某同学。 教师广泛参与小组合作讨论	小组学科长能够采用"小组讨论学习 12345"策略，组织结构化讨论； 学生能够在小组内畅所欲言，在同伴发言时，认真倾听，有不同意见能够坦诚交流

程序（要素）	时间	教师导学行为	期望的学生行为
小组展评合作探究	7 min	［旁白］刚才我在巡视的时候看到大家对某些问题还有不一样的意见！现在就请大家通过组间展评来共同解决，问题 1、问题 2、问题 4、问题 5、问题 7 可以不用展讲。 教师根据学生完成评价单情况确定小组展讲题目，学生进行全班展示，不会的可在下环节记录在问题生成本上	学生对自己做错的题目要在听别人展讲时做好记录； 对别人展讲有疑问可以提出合理质疑并讨论
归纳共性生成问题	5 min	［旁白］同学们，能够发现问题，有时比解决问题更重要。请小组长把生成的问题整理出来下课时交给学术助理，我们下一节继续解决。最后，哪位同学来给我们分享一下你的预习成果？ 学生通过整理、梳理把自己的问题呈现出来； 学生总结发言时及时给予评价、指正和鼓励	学生把发现的困惑的问题写在"我的问题"上； 养成勤于思考的好习惯； 能够积极发言，总结预习课上的收获

学习过程设计（第二课时）

程序（要素）	时间	教师行为	期望的学生行为
创设情境问题呈现	2 min	［旁白］上节课我们进行了结构化预习，并利用自习课时间完成了"问题解决—评价单"，这节课我们继续对共性问题进行深层思考。 教师提出本课的学习要求	学生明确本节课研究的问题； 学习积极性高，专注
自主学习合作讨论	7 min	［旁白］请大家根据"问题解决—评价单"进行小组合作讨论，学科长主持，小组长协助，现在开始。 教师巡视学生讨论情况； 参与小组讨论，发现问题及时指导； 重点关注潜能生的学习情况	学科长在组内组织讨论，学生积极思考、发言，解决不了的问题可以在组间交流； 答案要点写在小黑板上，以备展讲

续表

程序（要素）	时间	教师导学行为	期望的学生行为
展示交流规范评价	13 min	［旁白］接下来请大家就各小组的讨论结果逐题展讲解决单上的问题。 教师注意倾听，在组间巡回指导，关注潜能生的表现； 对于容易出错或稍有难度但学生能解决的问题，采用"煽风点火""挑拨离间""传小纸条"等方法，帮助学生解决问题	学生分小组自信、大方展示； 全班交流，形成多元对话； 能抓住关键问题和重点问题展开充分讨论； 用多种方法解决问题
问题训练，合作指导	20 min	教师下发"问题训练—评价单"进行封闭训练； 关注潜能生，及时评价	学生认真审题，独立思考，按时完成"问题训练—评价单"上的问题
归纳概括提升意义	3 min	［旁白］同学们，通过这节课的学习，相信你一定有不少收获，哪位同学来和大家分享一下呢？ 教师注意倾听； 给予适当的评价，多鼓励、表扬	学生总结归纳，提炼升华； 积极思考，自信大方

"机械效率"问题导读—评价单

设计人：张 潭　　审核人：张 栋　　序　号：

班　级：　　　　组　名：　　　　姓　名：

【学习目标】

识记有用功、额外功、总功的定义；

理解机械效率的含义，熟练掌握计算公式并会运用；

能通过计算理解机械效率的变化。

【学习重点】

掌握有用功，总功，额外功的定义；

学会计算机械效率。

【学习难点】

通过计算发现机械效率的变化规律。

【关键问题】

如何判断与计算有用功、总功？

【学法指导】

请同学们采用自主结构化预习法阅读文本，完成预习评价；

在课堂学习中采用小组合作讨论法，解决小组内的共性问题。

【预习评价】

问题1：什么是功？

问题2：什么是有用功，什么是额外功？

问题3：额外功可以避免吗，为什么？

问题4：什么是总功，有用功、额外功、总功之间是什么关系？

问题5：机械效率的计算公式是什么，各个符号的含义是什么？

问题6：机械效率的计算公式还有没有其他的表示方法？

问题7：机械效率能等于100％吗，为什么？

问题8：对于一个机械来说，它的机械效率是恒定不变的吗？能否举例说明？

【我的问题】

【多元评价】

自我评价	同伴评价	学科长评价	小组长评价	学术助理评价

"机械效率"问题解决—评价单

设计人：张　潭　　　审核人：张　栋　　　序　号：

班　级：　　　　　　组　名：　　　　　　姓　名：

【学生生成问题】

【教师预设问题】

问题1：如何判断与计算有用功、总功？举例说明。

问题2：用水桶从井中提水的时候，所做的功哪部分是有用功，哪部分是额外功？如果桶掉到井里，从井里捞桶的时候，捞上的桶里带了一些水，这种情况下哪部分是有用功，哪部分是额外功？对此你有什么发现？

问题3：使用一个动滑轮，将重为400 N的物体匀速提起，所用拉力为250 N。

（不计绳重和摩擦）

　　　求：（1）动滑轮的重力；

　　　　　（2）此动滑轮的机械效率。

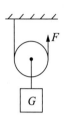

　　　问题4：使用上题中的动滑轮分别匀速提起重500 N、600 N的物体，机械效率各是多少？（不计绳重和摩擦）

　　　问题5：从上边两题中，你发现了什么规律？还有其他的方法改变机械效率吗？

【多元评价】

自我评价	同伴评价	学科长评价	小组长评价	学术助理评价

"机械效率"问题训练—评价单

设计人：张 潭　　审核人：张 栋　　序 号：

班 级：　　　　　组 名：　　　　　姓 名：

1. 关于机械效率，以下说法正确的是（　　）。

A. 机械效率总小于1

B. 单位时间里做功越多的机械，机械效率越高

C. 做功越多的机械，机械效率越高

D. 省力越多的机械，机械效率越高

2. 为了提高滑轮组的机械效率，以下做法中正确的是（　　）。

A. 以较快的速度匀速提升重物

B. 以较慢的速度匀速提升重物

C. 增加承担物重的绳子股数

D. 把滑轮做得更轻巧，减小滑轮在转动过程中的摩擦

3. 某人用的滑轮组匀速提起重 180 N 的物体，所用拉力为 80 N，物体被提高 1 m，则下列说法中正确的是（　　）。

A. 拉力做的有用功是 80 J　　　　　B. 拉力做的总功是 180 J

C. 滑轮组的机械效率是 75%　　　　D. 物体上升过程中动能转化成势能

4. 用滑轮或滑轮组提起同一重物见下图，其中机械效率最高的是（　　）。

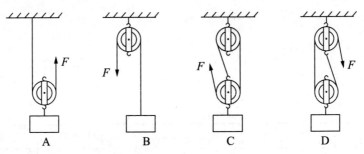

4. 请你判断下面说法中是否正确。

（1）有用功越多，机械效率越高。（　　）

（2）物体做功越慢，机械效率越低。（　　）

（3）做总功越多，机械效率越低。（　　）

（4）做相同的有用功，额外功越少，机械效率越高。（　　）

（5）做相同的总功时，有用功越多，机械效率越高。（　　）

5. 见下图，重 500 N 的物体与地面间的摩擦力为 144 N，为使物体匀速移动 6 m，必须在绳的自由端加 60 N 的水平拉力，那么拉力做的有用功是＿＿＿＿J，此滑轮组的机械效率为＿＿＿＿。

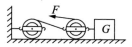

6. 滑轮组既能省力又能改变力的方向。亮亮用自制的滑轮组来提起 500 N 重物（见右图），绳自由端的拉力 F＝200N，重物以 0.2 m/s 的速度匀速上升，不计摩擦和绳重，则动滑轮重＿＿＿＿＿＿N，拉力做功的功率是＿＿＿＿＿W，该滑轮组的机械效率等于＿＿＿＿＿＿，当被提起的重物变重时，滑轮组的机械效率就＿＿＿＿（填"变大""变小"或"不变"）。

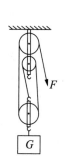

7. 一台起重机将重 3 600 N 的货物提高 4 m，如果该起重机的机械效率是 60%，求：

（1）起重机做的有用功是多少？

（2）总功是多少？

(3) 额外功是多少?

8. 利用下图的滑轮组,在 $F = 80\,\text{N}$ 的拉力作用下,将一个重为 $180\,\text{N}$ 的物体匀速举高 $1\,\text{m}$,绳重、摩擦不计。

求:(1) $G_{动}$ (2) $W_{总}$ (3) $W_{有用}$ (4) $W_{额外}$ (5) η

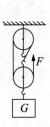

【多元评价】

自我评价	同伴评价	学科长评价	小组长评价	学术助理评价

(八) 化学学科教师学本课堂创建案例

化学学科是基础教育课程体系中十分重要的基础学科之一。从课程理念上看,义务教育阶段的化学课程应突出体现探究性、创新性和情感性,使化学教育面向全体学生,实现人人学有价值的化学,不同的人在化学方面得到不同的发展。由于现

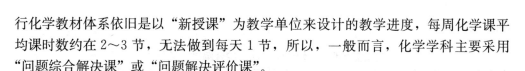

行化学教材体系依旧是以"新授课"为教学单位来设计的教学进度，每周化学课平均课时数约在 2～3 节，无法做到每天 1 节，所以，一般而言，化学学科主要采用"问题综合解决课"或"问题解决评价课"。

1. 化学 1 课时教学内容学本课堂创建案例

学校：江苏省徐州市潘塘中学

年级：八年级

学科：化学

主题："辨别物质的元素组成"

课型："问题综合解决课"

教师：蔡红

本案例中江苏省徐州市潘塘中学蔡红老师针对"辨别物质的元素组成"这一主题内容，即 1 课时的教学容量，便选择了"问题综合解决课"。课前，蔡红老师对学生的结构化预习能力进行了系统指导和培训，组织学生对本课内容进行了结构化预习；又根据教材、教参和一些教辅资料，借助"问题学习工具开发统一模板"开发了"'辨别物质的元素组成'问题综合—解决单"和"'辨别物质的元素组成'问题训练—评价单"；并根据课型流程和教师导学策略进行了"'辨别物质的元素组成'课堂学习方案设计"。同时，其培养了学术助理来主持本课堂学习活动。第二天，蔡红老师和学术助理开始严格按以下流程组织全体学生上课学习。

创设情境，呈现目标；（1～3 min）

预习评价，生成问题；（5～10 min）

合作探究，展示交流；（15～20 min）

问题训练，组间展评；（5～12 min）

归纳概括，提升意义。（3～5 min）

通过本课学习师生圆满完成了教与学任务。本节"问题综合解决课"所使用的问题学习工具单见相关资料。

相关资料

"组成物质的化学元素"问题综合解决—评价单

程序(要素)	时间	创设情境	教师行为	期望的学生行为
创设情境 呈现目标	1～3 min	情境引导 (师生创设)	教师激发学生兴趣,呈现学习目标。 投影脑白金的图片,学生观看,并接说广告词; 播放黄金搭档换物篇广告。 [提问] 广告中所提到的"钙、铁、锌、硒"是指什么? 学生交流讨论,回答问题。 课前下发"问题综合—解决单"上的导学单	学生积极参与小组简短讨论,学生代表叙述小组对"学习目标"的理解
预习评价 生成问题	5～8 min	创设预习评价情境	教师要求高效讨论组间展评,引导学生迅速生成不能解决的问题(尖子班)	学生对"预习导读单"上"我的问题"进行小组讨论、组间展评
合作探究 展示交流	15～20 min	创设合作探究展示交流情境	教师根据生成问题和课前发放的"问题综合—解决单"上的"教师预设"问题,组织小组讨论和展写; 重点关注某同学完成效果; 鼓励学生积极参与主持组织	学生课前完成"问题解决—评价单";采用"小组讨论学习12345"策略,并展写答案或结论;采用展示对话"六字诀",规范展示、注重礼仪;注意破冰语、陈述语、讨论语、结束语。 学生可以自主编题,拓展丰富知识
问题训练 组间展评	5～12 min	创设训练展评情境	当堂下发"问题训练—评价单"进行训练,或组织学生编题训练。也可设计挑战性的小训练单,当堂展评,也可收集后进行测评、指导	学生根据教师要求进行训练; 小组长、学科长积极组织编题、迎接挑战;组间展评
归纳概括 提升意义	1～3 min	创设总结情境	教师要求学生概括收获,表达自己的感受,注意教师激励表扬	小讨论后,学生概括收获,归纳总结提升

"组成物质的化学元素"问题导读—评价单

设计人：蔡　红　　　　　审核人：

班　级：　　　组　名：　　　姓　名：　　　时　间：

【学习目标】

知识与技能

知道元素的概念、元素符号所表示的意义；

记住并学会正确书写常见的元素符号，能书写简单的离子符号；

知道元素的简单分类，学会运用组成物质的元素种类来判断单质、化合物及氧化物；

认识自然界中的常见元素，了解元素摄入多少与人体健康的关系。

过程与方法

联系生活，师生合作、共同探讨；

通过图片，帮助学生认识元素符号。

情感、态度与价值观

通过小组合作团队学习，提高学生结构化预习能力和展讲能力，培养学生团结协作的精神和严谨的学习态度；

了解化学定量测量在化学研究和生产、生活中的重要作用。

【重点难点】

元素概念和元素符号表示的意义；

学会正确书写常见元素的元素符号；

学会识别单质、化合物、氧化物。

【关键问题】

如何快速识记常见元素的名称和符号？

如何认识自然界中元素以及元素对人体健康的重要性？

【学法提示】

请同学们采用"阅读六字诀"认真阅读教材第32~36页，自主完成课后问题和"问题综合—评价单"上的预习评价部分；

请每位同学将结构化预习中发现的问题生成后交给学科长；

请同学们积极参与多元评价，确保自主合作展示质量。

【预习评价】

　　问题1：元素是具有＿＿＿＿＿＿＿＿的同一类原子的总称，目前可以把元素简单分类成＿＿＿＿＿＿和＿＿＿＿＿＿。

　　问题2：元素符号是＿＿＿字母，书写时要注意＿＿＿＿＿＿＿＿＿＿＿＿。元素符号可以表示＿＿＿＿＿＿＿＿＿，也可以表示＿＿＿＿＿＿＿＿＿＿。

　　如H可以表示＿＿＿＿＿＿＿＿＿＿＿，2H可以表示＿＿＿＿＿＿＿＿＿。

　　问题3：单质是＿＿＿＿＿＿＿＿＿＿＿化合物是指＿＿＿＿＿＿＿＿＿＿，它们的主要区别是＿＿＿＿＿＿＿＿＿不同。

　　氧化物必须要满足两个条件＿＿＿＿＿＿＿＿＿＿和＿＿＿＿＿＿＿＿。

　　问题4：地壳里含量前五位的金属是＿＿＿＿＿＿＿＿＿＿（用元素符号表示）。

　　问题5：人体需要的必需元素有＿＿＿＿＿＿种，微量元素有＿＿＿＿＿＿＿（用元素符号表示）；人体缺少某些元素会影响健康，多了也会致病，如钙元素缺乏会导致＿＿＿＿＿＿＿＿＿＿，钙元素过多也会引起＿＿＿＿＿＿＿＿＿。

【问题解决】

　　问题1：决定元素种类的是什么？元素和原子有什么区别和联系？

　　问题2：元素符号的含义有哪些？请说出下列元素符号的含义。

　　H　　　　　　　　2H　　　　　　　　Ca　　　　　　　　2Ca

　　问题3：如何快速识记常见元素的名称和符号？

【我的问题】

【多元评价】

自我评价	同伴评价	学科长评价	小组长评价	学术助理评价

"组成物质的化学元素"问题训练—评价单

设计人：蔡　红　　　　审核人：

班　级：　　　组　名：　　　姓　名：　　　时　间：

【问题训练】

一、选择题

1. 一种元素与另一种元素的本质区别是（　　）。

A. 相对原子质量不同　　B. 质子数不同　　C. 中子数不同　　D. 电子数不同

2. 下列符号中，同时表示一种单质、一种原子和一种元素的是（　　）。

A. 2O　　　　　　　　B. H_2　　　　　　　C. N　　　　　　　D. Fe

3. 下列元素符号和名称书写都正确的是（　　）。

A. 炭 C　　　　　　　B. 钠 Ne　　　　　　C. 汞 Hg　　　　　D. 铝 Al

4. 下列元素符号中都表示金属元素的组是（　　）。

A. Hg　Ba　Mn　　　　　　　　　　　B. Fe　He　Mg

C. Ca　Na　N　　　　　　　　　　　　D. H　C　O

5. 某物质经分析只含有一种元素，则该物质不可能是（　　）。

A. 单质　　　　　　　B. 混合物　　　　　C. 化合物　　　　D. 纯净物

6. 一定由两种元素组成的物质是（　　）。

A. 单质　　　　　　　B. 化合物　　　　　C. 氧化物　　　　D. 混合物

7. 市场上销售的奶粉种类很多，其中"AD 钙奶"中的"钙"指的是（　　）。

A. 分子　　　　　　　B. 原子　　　　　　C. 单质　　　　　D. 元素

8. 关于氧气、二氧化碳、二氧化硫、氧化铝、过氧化氢五种物质，下列叙述中正确的是（　　）。

A. 都含有氧分子　　　　　　　　　　　B. 都含有氧元素

C. 都是氧化物　　　　　　　　　　　　D. 都是化合物

9. 1932 年，美国化学家 H. C. 尤里等发现了一种质子数与氢原子相同，但中子数比氢原子多一个新原子，关于这种原子的说法中，正确的是（　　）。

A. 是与氢原子相同的原子　　　　　　　B. 是氢元素的另一种原子

C. 是一种新元素　　　　　　　　　　　D. 是与氢元素不同类的原子

10. 下图是表示气体分子的示意图，图中"●"和"O"分别表示两种不同质子数的原子，其中表示化合物的是（   　　），表示混合物的是（   　）。

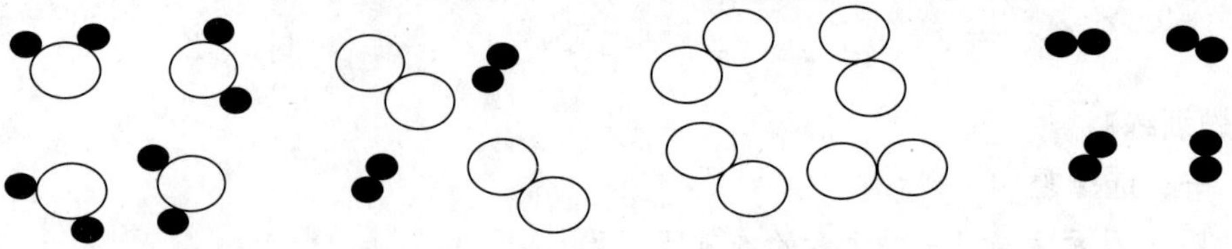

A   B   C   D

二、填空题

1. 写出下列符号的含义：

H ＿＿＿＿＿＿ 、 ＿＿＿＿＿＿ ；2H ＿＿＿＿＿＿ ；

nCu ＿＿＿＿＿ ；S^{2-} ＿＿＿＿＿＿ ；$2K^+$ ＿＿＿＿＿ ；

Mg^{2+} ＿＿＿＿＿ ；Cl^- ＿＿＿＿＿ 。

2. 用化学符号表示：

四个氮原子＿＿＿＿＿；钙元素＿＿＿＿＿＿；两个硫原子＿＿＿＿＿；

三个氯原子＿＿＿＿＿；一个铝原子＿＿＿＿＿；碳元素＿＿＿＿＿＿；

两个氧离子＿＿＿＿＿；一个钠离子＿＿＿＿＿。

3. 现有①食盐水②氧化铜③高锰酸钾④高锰酸钾完全分解后的固体剩余物⑤五氧化二磷⑥硫黄⑦氦⑧二氧化碳⑨白磷⑩镁。

其中＿＿＿＿＿是混合物，＿＿＿＿＿是化合物，＿＿＿＿＿＿是氧化物，＿＿＿＿＿是单质，＿＿＿＿＿是金属，＿＿＿＿＿是非金属。

4. 空气中含量最高的是＿＿＿＿＿＿元素，地壳中含量最高的是＿＿＿＿＿元素，人体中含量最多的物质是＿＿＿＿＿＿＿＿。

5. 多吃海带可以预防"大脖子病"，这是因为海带中含有丰富的＿＿＿＿元素。

6. 蜡烛燃烧后的产物是＿＿＿＿＿和＿＿＿＿＿，由此可知蜡烛中一定含有＿＿＿＿元素，可能含有＿＿＿＿元素。

7. 填写下列空白：

二氧化碳是由＿＿＿＿＿元素和＿＿＿＿＿元素组成的；

二氧化碳分子是由＿＿＿＿＿原子和＿＿＿＿＿原子构成的；

氧化镁、二氧化碳、氧化汞都含有_____元素，它们都属于_____。

8. 小明平时很挑食，这也不吃那也不吃，身体很瘦弱，常年脸色苍白。一天早晨在上学的路上不小心摔了一跤，看上去好像摔的不是太重，却造成腿部骨折。请你帮小明一起分析：他可能体内缺少什么元素？

9. 在某药瓶的标签上对所含的成分有如下说明：每 100 g 药片中含碘 15 g，铁 1.2 g，镁 6.5 g，锌 0.15 g，锰 0.1 g。你认为上述成分是指分子、原子还是指元素？

【多元评价】

自我评价	同伴评价	学科长评价	小组长评价	学术助理评价

2. 化学 2 课时教学内容学本课堂创建案例

学校：河南省漯河高中

年级：高一年级

学科：化学

主题："物质的分类"

课型："问题发现评价课"和"问题解决评价课"

教师：杨磊

本案例中杨磊老师针对"物质的分类"这一教学内容，即 2 课时教学容量，选择和匹配了"问题发现评价课"和"问题解决评价课"。课前，杨磊老师对学生的结构化预习能力进行了系统指导和培训，组织学生对本课内容进行了全面的结构化预习；又根据教材、教参和一些教辅资料，借助"问题学习工具开发统一模板"，组织备课组教师开发了"'物质的分类'问题导读—评价单""'物质的分类'问题解决—评价单"和"'物质的分类'问题训练—评价单"；并根据课型流程和智慧导学策略进行了"'物质的分类'课堂学习方案设计"。同时，其培养了学术助理来主持本课堂学习活动。上课时，杨磊老师和学术助理开始严格按照以下流程组织全体学生进行第一课时"问题发现评价课"的学习,通过本课学习师生圆满完成了教与学任务。

创设情境,呈现目标;(1~3 min)

自主学习,结构预习;(15~20 min)

预习评价,合作讨论;(10~12 min)

小组展评,规范指导;(5~10 min)

归纳共性,生成问题。(2~6 min)

完成第一课时教学任务后,杨磊老师把学生生成的问题整合后以适当方式补充给学生,并要求学生进行"二次预习",学生再次走进文本,完成"'物质的分类'问题解决—评价单"上学习任务。

第二课时,杨磊老师和学术助理开始严格按以下流程组织全体学生进行第二课时"问题解决评价课"的学习。

创设情境,回顾问题;(1~5 min)

合作讨论,问题探究;(5~10 min)

展示对话,规范指导;(15~20 min)

问题训练,合作评价;(6~10 min)

归纳概括,提升意义。(2~5 min)

这两节课所使用的问题学习工具单见相关资料。

相关资料

"物质的分类"问题导读—评价单

设计人:　　　　审核人:　　　　序　号:

班　级:　　　　姓　名:　　　　组　名:

【学习目标】

知识与技能

了解分类的意义和方法;

了解分类法在化学中的应用;

学会常见简单的分类方法——交叉分类和树状分类法。

过程与方法

学生根据自己的生活经历以及之前所学相关基础知识，体验分类的过程并学会简单的分类方法。

情感、态度与价值观

学生通过对分类法运用的实践活动，体验科学方法在科学研究中的价值。

【重点难点】

常见化学物质及其变化的分类方法。

【知识衔接】

从化学物质分类看，纯净物的分类以及溶液和浊液这两种混合物在初中已初步学过，这里主要是通过复习使学生进一步系统化，让学生能从分散系角度对混合物进行分类。

【学法指导】

请同学们采用"阅读六字诀"认真阅读教材，自主完成课后问题和"问题导读—评价单"上的"预习评价部分"；

请每位同学将结构化预习中发现的问题生成后交给学科长；

请同学们通过二次预习，自主完成解决单上的问题，准备在课堂中参与讨论和展示；

请同学们积极参与多元评价，确保自主合作展示质量。

【预习评价】

问题1：初中学过的物质类别有：混合物、_____、单质、_____、金属单质、_____、酸、____、_____、氧化物、金属氧化物、_____。

问题2：初中学过的化学反应类型有：_____、_____、_____、_____、_____、_____。

问题3：用交叉分类法对下列物质进行分类。

H_2SO_4	HCl	HNO_3	H_2CO_3	H_2S

含氧酸	无氧酸	一元酸	二元酸	强酸	弱酸

问题4：从 Ca、H、O、S 等四种元素中，选择适当的元素，按下列要求，写出符合要求的化学式。

(1) 酸：　　　　　　　　　　　　(2) 碱：

(3) 盐：　　　　　　　　　　　　(4) 金属氧化物：

(5) 非金属氧化物：　　　　　　　　(6) 金属单质：

(7) 非金属单质：

问题5：下列物质①H_2O②$NaCl$③$H_2SO_4$④$Ca(OH)_2$⑤$Fe_2O_3$⑥$FeSO_4 \cdot 7H_2O$⑦$HNO_3$⑧$AgNO_3$⑨$NaHCO_3$ 中，属于氧化物的是_____；属于碱的是_____；属于酸的是_____；属于盐的是_____。（填写各物质的序号）

问题6：运用树状分类的方法，请分别以钙和碳为例，用化学方程式表示下列转化关系。

$Ca \longrightarrow CaO \longrightarrow Ca(OH)_2 \longrightarrow CaCO_3$

$C \longrightarrow CO_2 \longrightarrow H_2CO_3 \longrightarrow CaCO_3$

你发现了什么规律？你能用图来表示酸、碱、盐、氧化物之间的转化关系吗？

【我的问题】

【多元评价】

自我评价	同伴评价	学科长评价	小组长评价	学术助理评价

1. 完成单子情况　2. 主动帮助同伴　3. 主动展讲　4. 主动补充与质疑　5. 纪律情况

"物质的分类" 问题解决—评价单

设计人：　　　　审核人：　　　　序　号：

班　级：　　　　姓　名：　　　　组　名：

【学生生成的问题】

【教师生成的问题】

问题 1：你能说说初中学了哪些类别的物质吗？请举例。

问题 2：请你从每一组找出一种与其他物质的类型不同的物质，且说明理由。

(1) O_2、F_2、S、N_2 _____

(2) Fe、Na、Al、Si _____

(3) MgO、Zn、NaOH、NH_3 _____

(4) NaCl 、KCl 、Fe_2O_3、$BaCl_2$ _____

问题 3：用交叉分类法，你能说出下列物质的类别吗？

H_2O _____　　NaCl _____

H_2SO_4 _____　　Ca（OH）$_2$ _____

Fe_2O_3 _____　　$FeSO_4 \cdot 7H_2O$ _____

HNO_3 _____　　$AgNO_3$ _____

$NaHCO_3$ _____　　HCl _____

CO_2 _____　　Al_2O_3 _____

问题 4：写出下列四个反应的方程式。

(1) 硫在氧气中燃烧

(2) 红磷在氧气中燃烧

（3）铁丝在氧气中燃烧

（4）铝箔在氧气中燃烧

你能从哪些角度对上述四个反应进行分类？

【多元评价】

自我评价	同伴评价	学科长评价	小组长评价	学术助理评价

1. 完成单子情况　2. 主动帮助同伴　3. 主动展讲　4. 主动补充与质疑　5. 纪律情况

"物质的分类"问题训练—评价单

设计人：　　　　审核人：　　　　序　号：

班　级：　　　　姓　名：　　　　组　名：

【基础训练】

1. 下列对 $NaHSO_4$ 的分类中不正确的是（　　　）。

A. $NaHSO_4$ 是盐　　　　　　　　B. $NaHSO_4$ 是酸式盐

C. $NaHSO_4$ 是钠盐　　　　　　　D. $NaHSO_4$ 是酸

2. 想一想：$Ba(OH)_2$（固态）、$CuSO_4$（固态）、CH_3COOH（液态）这些物质为什么可归为一类，下列哪个物质还可以和它们归为一类（　　　）。

A. 75%的酒精溶液　　　　　　　　B. 淀粉溶液

C. $Fe(OH)_3$ 胶体　　　　　　　　D. 硝酸钠

3. 下列物质不可能由一种元素组成的是（　　　）。

A. 单质　　　　B. 混合物　　　　C. 氧化物　　　　D. 纯净物

4. 分类是学习和研究化学的一种重要方法，下列分类合理的是（　　　）。

A. K_2CO_3 和 K_2O 都属于盐　　　　　B. KOH 和 Na_2CO_3 都属于碱

C. H_2SO_4 和 HNO_3 都属于酸　　　　D. Na_2O 和 Na_2SiO_3 都属于氧化物

5. 物质的分类法是化学研究的重要方法之一。化学工作者经常根据物质的组成对物质进行分类研究。近年来发现在金星大气层中存在三氧化二碳。下列物质与它属于同类的是（　　　）。

A. H_2、O_3　　　　　　　　　B. H_2SO_4、H_2CO_3

C. SO_2、NO　　　　　　　　　D. Na_2SO_3、$KClO_3$

6. 小美在奥运五连环中填入了五种物质（见下图），相连环的物质间所发生的反应中，没有涉及的基本反应类型是（　　　）。

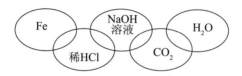

A. 分解反应　　　C. 化合反应　　　B. 复分解反应　　　D. 置换反应

【拓展训练】

1. 以 H、O、S、N、K、Ba 六元素中任意两种或三种元素组成合适的常见物质，分别将其中一种常见物质的化学式填在下表相应类别中。

物质类别	酸	碱	盐	氧化物
化学式				

2. 从上表中选出一种酸和一种氧化物，写出其反应的化学方程式。

【多元评价】

自我评价	同伴评价	学科长评价	小组长评价	学术助理评价

1. 完成单子情况　2. 主动帮助同伴　3. 主动展讲　4. 主动补充与质疑　5. 纪律情况

（九）生物学科教师学本课堂创建案例

生物学科是基础教育课程体系中十分重要的基础学科之一。由于现行教材体系依旧是以"新授课"为教学单位来设计的教学进度，每周生物课平均课时数约在2～3节，无法做到每天一节，所以，一般而言，生物学科主要采用"问题综合解决课"或"问题解决评价课"。本节介绍生物学科1课时教学内容创建学本课堂的案例。

学校：内蒙古自治区通辽市十一中

年级：八年级

学科：生物

主题："病毒"

课型："问题综合解决课"

教师：王红丽

本案例中内蒙古自治区通辽市第十一中学的王红丽老师针对"没有细胞结构的微小生物——病毒"这一主题内容，即1课时的教学容量，选择了"问题综合解决课"。课前，王红丽老师对学生的结构化预习能力进行了系统指导和培训，组织学生对本课内容进行了结构化预习；又根据教材、教参和一些教辅资料，借助"问题学习工具开发统一模板"开发了"'没有细胞结构的微小生物——病毒'问题导读—评价单""'没有细胞结构的微小生物——病毒'问题解决—评价单"和"'没有细胞结构的微小生物——病毒'问题训练—评价单"；并根据课型流程和教师导学策略进行了'没有细胞结构的微小生物——病毒'课堂学习方案设计"。同时，其培养了学术助理来主持本课堂学习活动。第二天，王红丽老师和学术助理开始严格按以下流程组织全体学生上课学习。

创设情境，呈现目标；（1～3 min）

预习评价，生成问题；（5～10 min）

合作探究，展示交流；（15～20 min）

问题训练，组间展评；（5～12 min）

归纳概括，提升意义。（3～5 min）

通过本课学习师生圆满完成了教与学任务。要注明的是关于小组合作团队学习机制班主任教师已经统一创建，不用每天创建。

这节"问题综合解决课"所使用的问题学习工具单见相关资料。

相关资料

问题导学型学本课堂学习方案设计案例之"没有细胞结构的微小生物——病毒"

学习方案设计

学校名称：通辽第十一中学

课程名称：生物

内容主题："没有细胞结构的
　　　　　微小生物——病毒"

教材版本：人教版

教师姓名：王红丽

教　　龄：19 年

简介："病毒"是人教版八年级上册第五单元第五章的内容。此内容包含了病毒的发现、病毒的种类、病毒的结构和生活、以及病毒与人类的关系。教材在介绍动物、细菌、真菌后，本章介绍病毒。学生学习有细胞结构的生物后，再学习病毒这类特殊生命形式，有利于学生整体把握生物界的几大类群。学生在七年级学习了"除病毒外，生物由细胞构成""生物的结构层次""细菌和真菌"的内容，这是学习"病毒"的基础。通过本节课的学习，学生进一步认识到没有细胞的病毒也是生物。

课题	没有细胞结构的微小生物——病毒	课型	问题综合解决课
课时	1 课时	学习日期	2013 年 10 月
学习目标	知识与能力 能够识别各种病毒，对病毒进行合理的分类；学会病毒的特点和结构，明确病毒是生物；知道病毒的生活方式；认识病毒与人类的关系，认同利用病毒可以为人类造福。 过程与方法 反复阅读自主学习，合作探究，讨论交流；师生互动，生生互动，小组展示交流。 情感态度与价值观 关注病毒与人类的关系，树立科学价值观		
重点难点	重点：病毒的特征、结构和生活。 难点：病毒与人类的关系		
关键问题	病毒结构如此简单，要选择怎样的生活方式来维持自己的生命呢？		
学习方法	朗读学习法：让学生在反复朗读、讨论中把握文意； "六字诀"读书法：读、画、写、记、练、思； 质疑点拨法：采用质疑讨论法挖掘课文的深层含义； 小组合作学习法； 交流展示法		
教学准备	教师准备："问题导读评价单""问题解决评价单""问题训练评价单"搜集相关资料；挂图；深入钻研文本内容。 学生准备：借助工具书掌握课文中的主要内容，搜集有关病毒的信息等；利用课前时间深度预习；用"六字诀"读书法朗读课文，保证阅读遍数		

学习过程设计

程序(要素)	时间	创设情境	教师行为	期望的学生行为
创设情境 导入主题	1~3 min	创设语言 情境	［旁白］1918—1919 年流行感冒引起全世界上亿人患病，2000 人死亡，同学们知道流感是由什么引起的吗？（病毒）其中麻疹、病毒性肝炎、禽流感、狂犬病，肆虐今日的艾滋病都是由病毒引起的。据统计，约 60% 的人和动物疾病是由病毒引起的，问：病毒对人类危害大不大？（大）本节课我们一起探究有关病毒的知识	学生表现出积极的参与兴趣； 怀着对问题的探究热情走进文本
检查预习 展示预习 成果	5~10 min	创设思考、学习情境	［旁白］现在请学科长检查预习，准备展示预习成果。 教师巡回； 进行启发性指导	学生表现出积极的热情； 学生展示预习成果； 其他学生能够认真倾听并记录
小组讨论 合作解决 共性问题	5~8 min	创设组内合作交流情境	［旁白］大家讨论得很认真，见解也很独特，老师相信你们一定能够很轻松地解决"问题解决—评价单"上的问题。下面，大家带着这些问题，再次走进文本，讨论解决疑难问题吧！ 教师巡回指导，适当评价； 教师参与学生讨论，为学生提供指导性意见	学生表现出高度的参与热情； 学科长发挥作用，关注小组内同学的学习情况； 学科长指导同学们将答案要点写在"问题解决—评价单"上
组间交流 展示共性 问题	10~15 min	创设交流与表达情境	［旁白］看到大家积极主动的讨论，老师很高兴，现在，请各小组展示你们的讨论结果，其他小组同学可以进行补充质疑。 教师参与学生的学习活动，鼓励学生从不同侧面进行展示自己的见解； 教师进行真实性、激励性、赏识性评价	学生以小组为单位，根据自己的理解对问题进行解读； 在同学汇报时，其他学生要认真倾听； 小组间质疑和补充

续表

程序(要素)	时间	创设情境	教师行为	期望的学生行为
拓展训练 能力提升	8 min	创设展示情境	教师做好训练提升的组织工作； 鼓励学生大胆地表达自己的观点	学生独立完成训练单； 展示训练成果； 对共性问题共同解决提升
总结概括 提升意义	2 min	创设总结情境	教师鼓励学生积极总结本节课的学习收获； 倾听学生的总结归纳，及时给予鼓励	学生认真总结学习收获，表现出积极的情感体验

"没有细胞结构的微小生物——病毒"问题导读—评价单

指导教师：王红丽　　　　审核人：七年生物组

班　级：　　姓　名：　　组　名：　　时　间：

【学习目标】

知识与能力

能够识别各种病毒，对病毒进行合理的分类；

学会病毒的特点和结构，明确病毒是生物；

知道病毒的生活方式；

认识病毒与人类的关系，认同利用病毒可以为人类造福。

过程与方法

反复阅读自主探究，合作交流；

师生互动，生生互动，小组展示交流。

情感、态度与价值观

关注病毒与人类的关系，树立科学价值观。

【重点难点】

重点：病毒的结构和生活。

难点：病毒与人类的关系。

【关键问题】

病毒结构如此简单，要选择怎样的生活方式来维持自己的生命呢？

【学法指导】

通过查阅资料，了解有关病毒引起疾病的信息；

图文结合分析病毒的形态结构特点；

合作探究病毒是如何生活的。

【预习评价】

请同学们在结构化预习中走进文本，认真阅读教材第72～74页内容，然后，合上书独立完成下列问题。

问题1：病毒是怎样被发现的？

问题2：病毒的形态是怎样的？

问题3：病毒的大小是怎样的？

问题4：病毒分为哪几类？

问题5：病毒会对人类的生活产生什么影响？

【我的问题】

【多元评价】

自我评价	同伴评价	学科长评价	小组长评价	学术助理评价

1. 完成单子情况　2. 主动帮助同伴　3. 主动展讲　4. 主动补充与质疑　5. 纪律情况

"没有细胞结构的微小生物——病毒"问题解决—评价单

指导教师：王红丽　　　　　审核人：七年生物组

班　级：　　姓　名：　　　组　名：　　　时　间：

【学生生成问题】

问题1：结合动植物细胞的结构，分析病毒的结构和它们有什么区别？

问题2：病毒没有细胞结构，但为什么属于生物？

【教师预设问题】

问题1：病毒能够独立生活吗？

问题2：怎样预防和治疗病毒性疾病？

【多元评价】

自我评价	同伴评价	学科长评价	小组长评价	学术助理评价

1. 完成单子情况　2. 主动帮助同伴　3. 主动展讲　4. 主动补充与质疑　5. 纪律情况

"没有细胞结构的微小生物——病毒"问题训练—评价单

指导教师：王红丽　　　　审核人：七年生物组

班　级：　　姓　名：　　组　名：　　时　间：

【问题训练】

一、选择题

1. 下列不具有细胞结构的生物是（　　　）。

A. 细菌　　　　B. 草履虫　　　　C. SARS 病毒　　　　D. 衣藻

2. 寄生在细菌细胞内的病毒又称为（　　　）。

A. 噬菌体　　　B. 动物病毒　　　C. 植物病毒　　　　D. 疟原虫

3. 病毒繁殖的场所是（　　　）。

A. 水中　　　　B. 空气中　　　　C. 活细胞中　　　　D. 陆地上

4. 下列叙述中不属于病毒特点的是（　　　）。

A. 只能寄生在活细胞里

B. 没有细胞结构

C. 离开活细胞通常会变成结晶体

D. 个体较小，用光学显微镜才能看见

二、分析下面资料，回答问题

禽流感是禽流行性感冒的简称，它是由禽流感病毒引起的传染病。科学家研究发现，目前在世界各国发生的禽流感致病病毒多为 H5N1 型甲型流感病毒。该病毒具有高致病性，会造成大批禽类死亡，而且已经出现了人被感染而死亡的现象。

1. H5N1 属于哪类病毒？

2. 它与噬菌体在结构上的共同特点是：都没有＿＿＿＿＿＿＿＿＿＿结构，只有＿＿＿＿＿＿＿＿和＿＿＿＿＿＿＿＿＿。

三、请填表比较细菌、真菌和病毒的主要特征

	结构特点	营养方式	生殖方式
细菌			
真菌			
病毒			

【多元评价】

自我评价	同伴评价	学科长评价	小组长评价	学术助理评价

1. 完成单子情况   2. 主动帮助同伴   3. 主动展讲   4. 主动补充与质疑   5. 纪律情况

（十）科学学科教师学本课堂创建案例

科学学科是义务教育阶段小学三年级至六年级课程体系中十分重要的学科之一。小学阶段教材教学内容相对简单，教学容量较少，相应的课时数也相对少。一般而言，每周2～3课时。本节以1课时教学容量为例谈科学学科如何创建学本课堂。

学校：北京市海淀区田村小学

年级：五年级

学科：科学

主题："橡皮泥在水中的沉浮"

课型："问题解决评价课"

教师：林飞燕

本案例是江苏省徐州市潘塘中学蔡红老师和北京市海淀区田村小学林飞燕老师共同合作、共同研究的成果。在一次校际教研活动中两人合作成功创建了科学学科学本课堂。她们针对"橡皮泥在水中的沉浮"这一教学内容，选择了"问题解决评价课"。课前，林老师组织学生对本课内容进行了结构化预习；又根据教材、教参和一些教辅资料，借助"问题学习工具开发统一模板"开发了"'橡皮泥在水中的沉浮'问题导读—评价单""'橡皮泥在水中的沉浮'实验探究—评价单"和"'橡皮泥在水中的沉浮'问题训练—评价单"；并根据课型流程和智慧导学策略进行了"'橡皮泥在水中的沉浮'课堂学习方案设计"。同时，其培养了学术助理来主持本课堂学习活动。第二天，林老师和学术助理开始严格按以下流程组织全体学生上课学习。

创设情境，呈现目标；（1～3 min）

自主学习，合作探究；（5～10 min）

展示交流，规范评价；（15～20 min）

问题训练，组间展评；（5～12 min）

归纳概括，提升意义。（3～5 min）

通过本课学习师生圆满完成了教与学任务。需要注明的是关于小组合作团队学习机制班主任教师已经统一创建，不用每天创建。蔡红和林飞雁老师共同开发的问题学习工具单和学习方案设计见相关资料。

相关资料

问题导学型学本课堂学习方案设计案例之"橡皮泥在水中的沉浮"

学习方案设计

学校名称：北京教育学院附属海淀实验小学

课程名称：小学科学

内容主题："橡皮泥在水中的沉浮"

教材版本：教科版

教师姓名：林飞雁

教　　龄：23 年

> **简介**：本课是教科版小学科学五年级下册第一单元第三节的内容。这节课是"问题综合解决课"，主要是让学生通过自主学习、合作探究，小组内讨论交流，完成问题解决单，对解决不了的问题，教师要加以指导。在方法设计上，主要以小组合作探究学习为主，鼓励各组学生积极思维，想出不同的解决方法，并大胆说出自己对排开的水量的测量方法。希望学生自己能悟出解决的方法和道理，整个课堂都围绕着学生自主合作探究问题而开展，学生在自主合作学习的基础上，进行问题训练，实现学习目标。

学习年级	五年级	学科	科学	主题	橡皮泥在水中的沉浮	导学教师	林飞雁
课型	问题解决评价课	课时	1	学习日期		2014 年 1 月	
学习目标	知识与技能 钢铁制造的船能够浮在水面上，原因在于它排开的水量很大； 用刻度杯测量橡皮泥排开的水量； 用橡皮泥制作成不同的形状，使之能够浮在水面上； 根据橡皮泥排开的水量，做出沉浮判断 过程与方法 在自主探索与小组合作学习活动中，经历实验探究的过程，建立排开的水量与沉浮关系的联系。 情感、态度与价值观 学习有用的科学，更加乐于科学学习； 在实践中认识到合作的价值，乐于与人交流，合作，表达； 在实验中，提高创造能力						
重点	改变物体排开的水量，物体在水中的沉浮可能发生改变						
难点	认识到认真细致地采集数据的重要						
关键问题	怎样改变物体排开的水量，从而使物体在水中的沉浮随之发生改变						
学习方法	情境教学法：创设情境，让学生在具体情景中学习数学，感受科学的有用。 自主探究学习法：在教学中发挥学生的主体作用，充分放手让学生自主学习，在解决问题的过程中，尊重学生的思考方法，鼓励运用多种方法解决问题。 合作讨论学习法：学生课前利用结构化预习方法进行充分预习，生成重点和关键问题，为课堂中的探究讨论打下了基础，课堂上通过小组合作讨论，各抒己见，教师再适当点拨归纳。 展示学习法：通过在组内、全班展示学习成果，分享学习过程，形成多元对话。						

续表

学习年级	五年级	学科	科学	主题	橡皮泥在水中的沉浮		导学教师	林飞雁
课型	问题解决评价课	课时	1	学习日期		2014 年 1 月		
学习准备	教师准备： "问题导读—评价单"；设计学习方案；"学生实验学习单"。 实验用品准备： 橡皮泥、烧杯、水							

学习过程设计

程序（要素）	时间	创设情境	教师行为	期望的学生行为
创设情境 问题呈现	2 min	创设 问题情境	有的物体在水中是沉的，有的物体在水中是浮的。我们能想办法改变它们的沉浮吗？ 教师提出本课的学习要求； 出示"实验探究—评价单"	明确本节课研究的问题； 学习积极性高，专注；
自主学习 合作讨论	6 min	创设 合作学习 情境	组织学生开展实验探究活动； 教师巡视学生小组的实验活动情况； 发现问题及时指导	根据"实验探究—评价单"进行自主学习； 在组内由学科长组织实验探究，解决不了的问题可以在组间交流； 一组同学展写在黑板上； 两名学术助理在班中巡视
展示交流 规范评价	18 min	创设 展示情境	在各个小组进行实验基础上，并展示实验结果； 倾听； 组织对话； 指导五年（1）班的马燕、张志超等学困生； 规范指导实验过程	分小组自主、自信、大方展示； 全班交流，形成多元对话； 能抓住关键问题和重点问题——怎样改变物体排开的水量，从而使物体在水中的沉浮随之发生改变——展开充分讨论； 用多种方法解决问题
问题训练 合作指导	11 min	创设 训练情境	指导； 评价； 激励	认真审题，独立思考，自主完成随堂问题训练习题； 遇到问题与同学交流； 分组展示
归纳概括 提升意义	3 min	创设 感悟情境	交流科学与生活关系等方面，谈本节课的收获； 倾听； 评价	总结归纳，提炼升华； 积极思考，自信大方； 有持续探究问题的愿望

"橡皮泥在水中的沉浮"问题导读—评价单

班级：　　　　　组名：　　　　　姓名：

【学习目标】

认识到钢铁制造的船能够浮在水面上，原因在于它排开的水量很大；

能够用刻度杯测量橡皮泥排开的水量；

能够用橡皮泥制作成不同的形状，使之能够浮在水面上；

能够根据橡皮泥排开的水量，做出沉浮判断。

【学习重点】

改变物体排开的水量，物体在水中的沉浮可能发生改变。

【学习难点】

认识到认真细致地采集数据的重要。

【知识链接】

不同材料的物体，体积相同，重的物体容易沉。

【问题探究】

阅读课文第7～8页的内容三遍，完成以下问题。

问题1：各种不同的实心形状的橡皮泥，放入水中是沉还是浮？

问题2：改变橡皮泥的形状，他的轻重改变了吗？

问题3：做成什么形状的橡皮泥才能浮在水面上？

问题4：什么叫作排开的水量？

问题 5：钢铁造的大轮船为什么能浮在水面上？

【我的问题】

【多元评价】

自我评价	同伴评价	学科长评价	小组长评价	学术助理评价

"橡皮泥在水中的沉浮" 实验探究—评价单

班级：   组名：   姓名：

【学习目标】

认识到钢铁制造的船能够浮在水面上，原因在于它排开的水量很大；

能够用刻度杯测量橡皮泥排开的水量；

能够用橡皮泥制作成不同的形状，使之能够浮在水面上；

能够根据橡皮泥排开的水量，做出沉浮判断。

【实验内容】

实验一：橡皮泥实心团的不同形状在水中的沉浮

	烧杯中水的刻度	是沉还是浮
原先水的刻度		
放入形状 1 后的刻度		
放入形状 2 后的刻度		
放入形状 3 后的刻度		
放入形状 4 后的刻度		

我的发现一：橡皮泥的形状改变后，重量_____（填"变"或者"不变"），所以实心橡皮泥在水中是_____（填"沉"或"浮"）。

实验二：让橡皮泥浮在水面上

	烧杯中水的刻度	是沉还是浮
原先水的刻度		
放入形状 1 后的刻度		
放入形状 2 后的刻度		
放入形状 3 后的刻度		

我的发现二：要让橡皮泥在水中浮起来，它要做成的有什么形状的？橡皮泥的形状改变后，重量_____（填"变"或者"不变"）。

实验三：比较橡皮泥排开的水量

橡皮泥的形状	烧杯中的水量（毫升）	放入后水面的刻度	排开的水量（毫升）	沉浮状况
实心团				
能浮的形状 1				
能浮的形状 2				
能浮的形状 3				

我的发现三：

1. 沉的形状，排开的水量_____（填"大"或者"小"），浸入水的体积_____（填"大"或者"小"）；浮的形状，排开的水量_____（填"大"或者"小"），浸入水的体积_____（填"大"或者"小"）。

2. 重量不改变，改变物体的_____，物体在水中的沉浮就可能改变。

【多元评价】

自我评价	同伴评价	学科长评价	小组长评价	学术助理评价

"橡皮泥在水中的沉浮"问题训练—评价单

班级：　　　　组名：　　　　姓名：

【问题训练】

1. 同种材料构成的物体，改变它的重量和体积，沉浮状况会改变。（　　　）

2. 物体在水中都受到浮力的作用，物体浸入水中的体积越大，受到的浮力也越大。（　　　）

3. 重量较轻而体积较大的物体在水中容易浮。（　　　）

4. 一块橡皮在水中是沉的，切成二分之一大小后，它在水中是（　　　）。

A. 沉　　　　　　　　B. 浮　　　　　　　　C. 不沉也不浮

5. 一公斤铁在水中是下沉的，和它相同重量的塑料在水中（　　　）。

A. 沉　　　　　　　　B. 浮　　　　　　　　C. 不确定

6. （　　　）的物体容易浮。

A. 体积小重量大　　　B. 体积大重量大　　　C. 体积大重量小

7. 下列（　　　）橡皮泥浸入水中的体积大。

A. 实心球　　　　　　B. 实心条形　　　　　C. 船形

【多元评价】

自我评价	同伴评价	学科长评价	小组长评价	学术助理评价

（十一）音乐学科教师学本课堂创建案例

音乐课程是人文学科的重要领域之一，是实施美育的主要途径之一，是基础教育阶段的一门必修课。在学本课堂视野下，我们由追求知识取向教学转向能力取向学习，充分尊重学生的学习天赋和兴趣，激发学生学习音乐的热情和主动性，让学生深刻理解音乐教育对人的潜能挖掘、思维发展和创新能力培养的积极意义和重要价值。在课型上，将跳出单一的"新授课"教学，由单一的新授课教学转向体现新课程理念特征的多元课型学习。在思路上来看，我们如果刚刚开始操作的话，要充分关注课前、课中和课后，必须体现"先学后导"的新理念、新思维，即师生共同进行前置性学习，音乐学科同样强调预习（其实许多学生都参加过音乐课外辅导班，可以说音乐天赋人人有），学生能够自学则自学，能够预习则预习，学生在预习的基础上，课中以小组为单位，开展合作探究活动。简而言之，我们课前提倡教师结构化备课，落实"活动问题化"理念，并精心设计课堂学习方案和所需学习工具单；提倡学生结构化预习，完成相应的预习任务。课中师生共同围绕教师预设的"问题或任务"进行合作探究和实践活动。

笔者多年指导课程改革实践积累了关于音乐课堂改革的一些经验，与大家分享。如何在学本课堂视野下上好音乐课？我认为要落实以下六点实施意见。

一是音乐学科学本课堂理念、思维与其他学科保持一致性。

二是音乐学科课堂教学组织形式与其他学科保持一致性，开展小组合作团队学习活动，要设音乐学术助理、学科长，与班级其他学科实施学本课堂一样，保持原班级的小组合作团队学习体系，由小组长、学科长负责，除特殊教学内容，可开展男女分组学习等。

三是音乐学科课型要结合学科特点进行适当的创新，一般而言主要有音乐欣赏课、技能训练课和综合实践课。具体流程和时间设计如下。

"音乐欣赏课"流程：

创设情境，呈现目标；（1～3 min）

小组讨论，合作探究；（5～8 min）

展示分享，规范指导；（20～25 min）

总结归纳，提升意义。（2～5 min）

"技能训练课"流程：

创设情境，呈现目标；（1～3 min）

示范引领，规范要求；（3～6 min）

自主建构，小组讨论；（8～10 min）

展示分享，规范指导；（15～22 min）

总结归纳，提升意义。（2～3 min）

注：建议在音乐教室室上课，以小组为单位组织团队学习。

"综合实践课"流程：

创设情境，引入主题；（1～3 min）

小组讨论，合作探究；（5～8 min）

多元展示，规范评价；（15～20 min）

回归实践，反思感悟；（6～12 min）

总结归纳，提升意义。（3～5 min）

四是音乐学科的课堂学习设计思路和方法与其他学科保持一致性，但是不必开发系统的问题学习工具单，可以引入"学习任务表""活动观察表""问题导读—评价单""技能训练—评价单"和"实践探究—评价单"等。根据不同课型开发本课所需的相应工具单。

五是音乐课堂的教学环节要严格遵循课型流程，不得随意改动，否则，课型就变形了。特征完整体现和学生学习能力提升到一定程度后，教师可结合学科特点、学生能力需要做适当调整和掌握，必须开展以团队学习为特征的自主合作探究学习活动。必须注意的是在课堂学习中体现情感、态度与价值观目标，需要音乐教师在学习活动设计时提前预设和安排。

六是音乐教师在教学行为上应注重智慧导学策略，做智慧型的"懒"教师，逐步走向智慧型教学。同时，教师要加强教育专业理论学习，提高综合素质，不断创新教学，走向智慧型、艺术型和专家型教师。

在学本课堂视野下，音乐教师要将上述的六点建议与共性行动策略、个性化行动策略有机结合起来。在音乐教学中，最常使用的课型是"技能训练课"，本节以1课时教学内容的"技能训练课"为例，来介绍音乐学科创建学本课堂的操作思路和技术策略。

学校：河南省洛阳市新城实验学校

年级：三年级

学科：音乐

主题："滴哩滴哩"

课型："技能训练课"

教师：丁冉

本案例是河南省洛阳市新城实验学校丁冉教师研究的成果和作品。她针对"滴哩滴哩"这一教学内容，选择了"技能训练评价课"。课前，丁老师组织学生对本课内容进行了结构化预习；又根据教材、教参和一些教辅资料，借助"问题学习工具开发统一模板"开发了"'滴哩滴哩'问题清单";并根据课型流程和智慧导学策略进行了"'滴哩滴哩'课堂学习方案设计"。同时,其培养了学术助理来主持本课堂学习活动。第二天,丁老师和学术助理开始严格按以下流程组织全体学生上课学习。

创设情境,呈现目标;(1~3 min)

示范引领,规范要求;(3~6 min)

自主建构,小组讨论;(8~10 min)

展示分享,规范指导;(15~22 min)

总结归纳,提升意义。(2~3 min)

通过本课学习师生圆满完成了教与学任务。需要注明的是关于小组合作团队学习机制班主任教师已经统一创建,不用每天创建。丁冉老师开发的课堂学习方案和问题学习工具单见相关资料。

相关资料

问题导学型学本课堂学习方案设计案例之"滴哩滴哩"

学习方案设计

上课年级	三年级		音乐学科	主题	滴哩滴哩	指导教师	丁冉
课时	1	课型	技能训练课			学习日期	2014 年 5 月
学习目标	准确演唱学过的歌曲《滴哩滴哩》; 　　以小组为单位通过对歌曲的理解来创编舞蹈、故事、音乐等形式进行展演,来表达歌曲情绪以及对大自然的喜爱; 　　能够自信大方地展现自己并表达自己对歌曲的理解,使之喜欢音乐、喜欢音乐课						
重难点点	重点:对《滴哩滴哩》这首歌曲进行创编。 　　难点:感受歌曲的情绪以及春回大地、万物复苏、生机勃勃的美好景象						
关键问题	让学生通过合作讨论对歌曲进行创编,以小组合作讨论交流等形式,体会春回大地、万物复苏、生机勃勃的美好景象						
学习方法	情境教学法:利用多媒体创设情境,引导学生品味春天的美丽,培养学生创造思维能力。 　　自主探究学习法:引导学生自主学习,感受歌曲之美,让学生充分动起来。 　　合作探究学习法:通过合作学习法,学生进行舞蹈、音乐创编						
教学准备	教师准备多媒体图片、《滴哩滴哩》这首歌的视频等; 　　学生上网收集有关春天的歌曲、故事、图片等,进行结构化预习,课前完成问题清单						

学习过程设计

程序(要素)	时间	创设情境	教师行为	期望的学生行为
创设情境 呈现目标	3 min	多媒体播放春天的图片创设语言情境	［旁白］同学们，寒冷的冬天已经过去了，我们迎来了万物复苏的春天，让我们一起用音乐来描绘美丽的春天吧！ 　教师呈现多媒体； 　呈现学习目标； 　弹琴让学生们复习演唱这首有关春天的歌曲，《滴哩滴哩》； 　纠错，使学生能够准确地演唱这首歌曲	［旁白］同学们，今天我们一起走进春天的这首歌曲《滴哩滴哩》，下面请大同学为我们解读学习目标。 　每个学生都明白本节课的学习任务； 　学科长带领全班边拍手边歌唱
示范引领 规范要求	2 min	创设示范、规范要求情境（学生们认真听规范和要求）	［旁白］从大家的歌声中我感受到了春姑娘那活泼、热情、美丽的模样，那么下面请大家用自己的动作、语言把春天的歌演一演	学科长要求小组把歌曲创编为有创意有新意的音乐形式； 　规范小组讨论要求。 　［旁白］同学们，我们可以用舞蹈、朗诵、情景剧等形式与歌曲结合进行展演。小组首先讨论分工和形式，时间为 2 min，然后再进行编排
自主建构 小组讨论	10 min	创设讨论探究情境（教室里，有积极讨论的氛围、教师要看到的是"我要积极讨论，要上台展演"的局面）	（闭口、巡观、心照） 　教师组讨论的过程中，巡回指导，关注热情度不高，不积极的小组。教师参与学生的学习活动，鼓励学生大胆展示自己对歌曲的见解； 　适时用"激活"策略，激发学生的创造性思维； 　鼓励热情度不高的小组； 　在巡观过程中鼓励学生的创新思维，鼓励学生提出不同见解等	［旁白］现在是讨论编排时间，请大家起立、聚首，开始讨论，时间 8 min。 　学科长组织学生讨论编排； 　小组讨论热烈，并能够快速的进入状态； 　编排完毕后，在学科长的带领下，小组寻找合适的位置进行二次排练为班级展演做准备； 　学科长要激发小组展演的热情，邀请大家进行展演

续表

程序(要素)	时间	创设情景	教师行为	期望的学生行为
展示分享规范指导	10 min	创设展示评价情境（学科长组织并激励小组上讲台展演）	教师采用"龙虎榜"的激励作用调动学生情绪，提升学生的参与度，对展演积极的小组进行表扬或鼓励，也可给小组贴笑脸或物质奖励； 可以选择性的补充或者评价小组的展演； 给小组成员适当点评，激励学生的表现欲和创新精神。 ［旁白］大同学要评价，某某组热情非常高，而且把歌曲编排的很有创新意义，给同学们点赞	［旁白］时间到，请同学们快速坐好，哪一组先来表演，某某组。 学科长积极的鼓励没有展演的小组。 ［旁白］我觉得他们表演出了春天活泼的样子，很精彩，掌声鼓励下吧，还有哪一组愿意挑战他们？ 小组展示后学科长为他们评价。 ［旁白］某某组，有谁为他们评价？ 小组展示热情高，并用结构化语言进行展演，展演内容丰富并且富有想象力
总结归纳提升意义	3 min	创设升华歌曲情感，塑造感悟情境（学生自主回顾本课，积极谈感受）	在学生谈感受时适时给予肯定和补充 ［旁白］我们一起感受了春天的温暖，就像同学们说的那样，在这美好的季节里我们要保护好刚刚抽出嫩芽的花草树木，更要把握好这美好的季节努力学习，最后让我们一起到外面去感受温暖的春天吧！（边唱春天举行音乐会边结束本节课）	学科长组织学生再次复习歌曲并谈谈对本节课的感受和收获； ［旁白］同学们的展演让我感受到春天的阳光照耀着我们，很温暖。请想想你的感受和收获。 学生积极地谈感受，以及这节课的收获

问题清单

三年级：音乐　　　主备人：丁冉　　　组长：张燕华　　　负责人：

主题	"滴哩滴哩"

基础性问题

问题1：准确地演唱三首歌曲"滴哩滴哩"。

问题2：发声练习　1＝C　2/4。

5 5 5｜3 3 3｜1 3 5 3｜1—‖

理论性问题

问题1："▼"顿音记号的唱法及练习。

问题2：十六分音符的唱法练习。

5 5 4　3｜　3 3 2　1｜1—‖

习题性问题

会做每首歌曲课后第1～2题。

拓展性问题

问题1：学生上网收集有关春天的歌曲、故事、图片等，进行结构化预习。

问题2：学生根据歌曲为自主创编舞蹈、故事、音乐等其他形式做准备。

教师评价意见	

（十二）体育学科教师学本课堂创建案例

体验学科是基础教育课程体系中十分重要的学科之一。从课程性质上看，体育学科是我国体育教育的重要组成部分，也是十分重要的教育载体，体现运动性、实践性和人文性等基本特点。笔者多年指导课程改革实践积累了关于体育课堂改革的一些经验，与大家分享。如何在学本课堂视野下上好体育课？我认为要落实以下六点实施意见。

一是体育学科学本课堂理念、思维与其他学科保持一致性。

二是体育学科课堂教学组织形式与其他学科保持一致性，开展小组合作团队学习活动，设体育学术助理、学科长，与班级其他学科实施学本课堂一样，保持原班级的小组合作团队学习体系，由小组长、学科长负责，除特殊教学内容，可以开展男女分组学习等。

三是体育学科课型要结合学科特点进行适当的创新。一般而言，体育学科课型主要创新为：理论探究课、技能训练课和技能竞赛课。具体流程和时间设计如下。

"理论探究课"流程：

创设情境，呈现目标；

自主学习，完成工具；

小组讨论，合作探究；

展示对话，规范指导；

总结归纳，提升意义。

注：课前学生结构预习，配备任务工具单。

"技能训练课"流程：

创设情境，呈现目标；

示范引领，规范要求；

小组讨论，专项训练；

展示分享，规范指导；

总结归纳，提升意义。

注：排队以原班级小组排队，发挥学术助理和学科长的作用。

"技能竞赛课"流程：

创设情境，呈现目标；

小组合作，团队准备；

竞赛规则，规范要求；

专项竞赛，客观评价；

激励评价，意义提升。

注：教师依据相应标准制定竞赛规则与标准，让学生当评委等多种角色。

四是体育学科的课堂教学设计思路和方法与其他学科保持一致性，但是不必开发系统的问题学习工具单，可以引入"学习任务表""活动观察表""问题导读—评

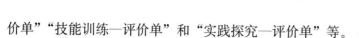

价单""技能训练—评价单"和"实践探究—评价单"等。

五是体育教师在创建体育学本课堂时一定要严格执行和遵循课型流程，要切记，否则就很容易变形。教师操作成熟后或学生学习能力提升后，我们可结合学科特点、学生学习需要适当地进行调整和掌握，必须开展以团队学习为特征的自主合作探究学习活动。教师必须注意的是要在课堂教学中体现情感、态度与价值观目标，需要教师在课堂学习设计时提前预设和安排。

六是体育教师在教学行为上要注重智慧导学策略，做智慧型"懒"教师，逐步走向智慧型教学。同时要加强教育专业理论学习，提高综合素质，不断创新教学，走向智慧型、艺术型和专家型教师。

在学本课堂视野下，体育教师要将上述的六点建议与共性行动策略、个性化行动策略有机结合起来。在体育教学中，最常使用的课型是"技能训练课"，本节以1课时教学内容的"技能训练课"为例，来介绍体育学科创建学本课堂的操作思路和技术策略。

学校：河南省洛阳市新城实验学校

年级：六年级

学科：体育

主题："跑步走—立定"

课型："技能训练课"

教师：李红星

本案例是河南省洛阳市新城实验学校李红星教师研究的成果和作品。他针对"跑步走—立定"这一教学内容，选择了"技能训练评价课"。课前，李红星老师组织学生对本课内容进行了结构化预习；根据课型流程和智慧导学策略进行了"'跑步走—立定'课堂学习方案设计"。同时，其培养了学术助理来主持课堂学习活动。第二天，李红星老师和学术助理开始严格按以下流程组织全体学生上课学习。

创设情境，呈现目标；（1～3 min）

示范引领，规范要求；（3～6 min）

自主建构，小组讨论；（8～10 min）

展示分享，规范指导；（15～22 min）

总结归纳，提升意义。（2～3 min）

通过本课学习师生圆满完成了教与学任务。需要注明的是在上体育课时，不要按学生大小个子来排队，而是以小组团队为单位排队（组内排大小个），由各个小组的学科长负责组织本小组的体育课学习，各小组的小组长负责纪律等。全班有体育委员或体育学术助理负责组织和管理。李红星老师开发的课堂学习方案见相关资料。

相关资料

学习过程设计

上课年级	六	学科	体育	主题	跑步走—立定	导学教师	李红星
课时数	1	课型	技能训练课			学习日期	2015 年 3 月
教学目标	进一步养成跑步走的正确姿势，提高跑步走的能力和自控能力； 通过教学，学习"跑步走—立定"的基本动作方法，提高快速反应能力，激发学生学习的积极性，增强学习的自信心，发展学生灵敏、协调素质和时空感与观察力； 通过教学，增强学生的组织性、纪律性和集体协同一致动作的集体意识与观念，培养良好的意志与品质，做到坚决服从命令，令行禁止； 能积极地和同伴合作为集体增荣誉，具有合作能力； 能够虚心接受别人评价，建立和谐人际关系						
重点难点	重点：跑的技术要素以及步幅、步速的准确。 难点：保持队形的整齐						
关键问题	通过自主学习、小组合作探究、讨论交流、展示等形式熟练掌握跑步走的动作要领						
学习方法	通过小组中同伴的相互观察、帮助、展示、评价、交流等活动提高学习合作能力						
学习准备	教师准备：规划各小组活动区域。 学生准备：换好运动服、运动鞋						

活动流程	预计时间	教师行为	期望学生行为
创设情境 呈现目标	2～3 min	［旁白］同学们，北京天安门的阅兵方阵，以及国旗护卫队的方阵，你们见过么？那些解放军叔叔，英姿飒爽，整齐划一的步伐，你们想不想去和他们 PK 一下？老师这节课就教好你们的基本功，将来你们去北京露露脸，有兴趣吗！	学生注意力集中； 具有学习兴趣； 带着情感欲望进入学习主题
示范引领 规范要求	4～5 min	教师挑学生示范。 教师根据学生的示范进行规范指导。 教师进行示范总结动作要领：听到预令，两手迅速握拳，提到腰际，拳心向内；听到动令，上体稍向前倾，同时左脚蹬力跃出；听到"立——定"的口令，再跑两步，然后左脚向前大半步，接着右脚靠拢左脚，同时双手放下，成立正姿势。 教师点出重难点	学生认真观察，并模仿，学习兴趣高昂； 能提出问题大胆及时质疑； 表现出高度的参与热情
小组讨论 专项训练	14～15 min	教师引导小组长带领分组练习； 巡回纠错指导，及时表扬优秀，鼓励落后； 指导小组内部相互展示，评价指导。	学生参与积极性高； 能积极听取教师和同伴的意见； 大胆勇敢地展示给同伴，敢于表现自我、展示自我； 认真看同伴动作，大胆做点评，能合理的给同伴做出评价
展示分享 规范指导	9～10 min	引导学生集中； 教师指导分组展示专项学习效果； 教师指导学生能给出展示小组合理评价； 教师做点评； 指导学生自我点评	集合迅速做到快静齐； 积极主动与同伴分享学习效果； 发表自己的见解，能够合理给出评价； 能够虚心接受别人的意见； 敢于面对成败，做到胜不骄傲败不气馁； 各小组展示时，要认真倾听其他小组的观点

续表

活动流程	预计时间	教师行为	期望学生行为	
总结归纳提升意义	3~5 min	教师带领学生做放松活动； 指导小组讨论总结本节课的收获； 指导各小组代表与大家分享收获； 师生再见	学生能够做到身心放松； 各小组从纪律、合作、知识、技能等方面总结，讨论场面热烈； 大胆发言，根据收获圆满完成教学目标	
活动密度		35%~40%	活动强度	中

(十三) 美术学科教师学本课堂创建案例

美术学科是基础教育课程体系中十分重要的学科之一。从课程性质上看，美术学科是我国艺术教育的重要组成部分，也是十分重要的教育载体，体现艺术性、思维性、创新性、审美性和情感性等基本特点。笔者多年指导课程改革实践积累了关于美术课堂改革的一些经验，与大家分享。如何在学本课堂视野下上好美术课？我认为要落实以下六点实施意见。

一是美术学科学本课堂理念、思维与其他学科保持一致性。

二是美术学科课堂教学组织形式与其他学科保持一致性，开展小组合作团队学习活动，要设美术学术助理、学科长，与班级其他学科实施学本课堂一样，保持原班级的小组合作团队学习体系，由小组长、学科长负责，除特殊教学内容，可开展男女分组学习等。

三是美术学科课型要结合学科特点进行适当的创新。一般而言，美术学科课型主要创新为：美术欣赏课、技能训练课、设计应用课和综合实践课。具体流程和时间设计如下。

"美术欣赏课"流程：

创设情境，呈现目标；

小组讨论，合作探究；

展示分享，规范指导；

总结归纳，提升意义。

"技能训练课"流程：

创设情境，呈现目标；

示范引领，规范要求；

自主建构，小组讨论；

展示分享，规范指导；

总结归纳，提升意义。

注：建议在美术教室上课，以小组合作为单位组织团队学习。

"设计应用课"流程：

创设情境，呈现目标；

学法指导，规范要求；

自主建构，小组讨论；

展示分享，规范指导；

总结归纳，提升意义。

四是美术学科的课堂学习设计思路和方法与其他学科保持一致性，但是不必开发系统的问题学习工具单，可以引入"学习任务表""活动观察表""问题导读—评价单""技能训练—评价单"和"实践探究—评价单"等。根据不同课型开发本课所需的相应工具单。

五是美术课堂的教学环节要严格遵循课型流程，不得随意改动，千万要切记，否则，课型就变形和走样了。特征完整体现和学生学习能力提升到一定程度后，教师可结合学科特点、学生能力需要做适当调整和掌握，必须开展以团队学习为特征的自主合作探究学习活动。必须注意的是在课堂学习中要休现情感、态度与价值观目标，教师需要在学习活动设计时提前预设和安排。

六是美术教师在教学行为上要注重智慧导学策略，做智慧型的"懒"教师，逐步走向智慧型教学。同时，教师要加强教育专业理论学习，提高综合素质，不断创新教学，走向智慧型、艺术型和专家型教师。

在学本课堂视野下，美术教师要将上述的六点建议与共性行动策略、个性化行动策略有机结合起来。在美术教学中，最常使用的课型是"技能训练课"，本节以1课时教学内容的"技能训练课"为例，来介绍美术学科创建学本课堂的操作思路和技术策略。

学校：内蒙古自治区鄂尔多斯市鄂托克旗实验小学

年级：三年级

学科：美术

主题："各种各样的鞋"

课型："技能训练评价课"

教师：邵江

本案例是内蒙古自治区鄂尔多斯市鄂托克旗实验小学邵江老师研究和实施的课堂案例。他针对"各种各样的鞋"这一教学内容，选择了"技能训练评价课"。课前，邵江老师组织学生对本课内容进行了结构化预习；根据课型流程和智慧导学策略进行了"'各种各样的鞋'课堂学习方案设计"。同时，其培养了学术助理来主持本课堂学习活动。第二天，邵江老师和学术助理开始严格按以下流程组织全体学生上课学习。

创设情境，呈现目标；（1～3 min）

示范引领，规范要求；（3～6 min）

自主建构，小组讨论；（8～10 min）

展示分享，规范指导；（15～22 min）

总结归纳，提升意义。（2～3 min）

本课属于技能训练课，以"鞋"为主线进行联想和创作，因为鞋是人类文化的缩影，不同的民族，不同的时代，不同的身份，有许多风格迥异的鞋。虽是一双小小的鞋，却蕴含了丰富的文化，又给人太多的启迪。选择鞋为探索内容，贴近学生生活，让学生在生活中发现美、感受美、创造美，培养学生热爱生活的情感。

通过本课学习师生圆满完成了教与学任务。需要注明的是，我们建议教师在美术教室上课，座位保持原班级小组的建制，以小组团队为单位就座，不能随便就座，全班有美术助理负责组织和管理。各个小组的美术学科长负责组织本小组的美术课学习，各小组的小组长负责纪律等。邵江老师开发的课堂学习方案见相关资料。

相关资料

问题导学型学本课堂学习方案设计案例之"各种各样的鞋"

学习方案设计

学习年级	三年级	学科	美术	课题	各种各样的鞋	导学教师	邵江
课型	技能训练课	课时	1	学习时间		40 min	
设计理念	本课教学设计在新课程教育思想指导下，采用发散创新的新型教学模式，激发学生的学习兴趣，启发并引导学生发挥自己的创造潜能，进行积极的探索、创新，并联系学生的生活实际进行有趣的作品展示与评价，以丰富美术课程的欣赏与评价活动						
教学目标	知识与技能 引导学生仔细品味鞋上的文化，了解鞋的历史及鞋的造型特点，知道鞋与生活的密切关系。 过程与方法 展开想象的翅膀，用自己喜欢的材料制作一双心中的鞋。 情感、态度与价值观 培养学生发现美、表现美、欣赏美的能力						
重点难点	重点：感知鞋的实用性和美观性，了解鞋子的结构。 难点：鞋子的结构与制作的关系						
教学方法	欣赏、观察、讲解、讨论						
关键问题	如何设计实用美观的鞋？ 如何设计奇特的鞋？						
教学准备	课件图片、卡纸、剪刀、固体胶等； 提前准备好具有本地特色的鞋子（蒙古靴）； 让学生了解当地的地域特色						

活动流程	预计时间	情境创设	教师行为	期望的学生行为
创设情境 呈现目标	3 min	创设问题引入情境	教师展示脚上的蒙古靴，提问这是哪个地方的鞋子？引出课题，教师板书："各种各样的鞋"； 组织小组内观察、探究； 引导学生欣赏古代的、有民族特色的和现代的、有特殊功能的鞋	学生回答蒙古靴，引发民族自豪感

续表

活动流程	预计时间	情境创设	教师行为	期望的学生行为
示范引领规范要求	5 min	创设示范情境	教师介绍各种类型的鞋： 原始人裹脚布、活络齿屐、唐代分梢玉履、青铜战靴、花盆鞋、弓鞋； 虎头鞋、绣花鞋、蒙古靴； 各种现代鞋； 有特殊功能的鞋。 教师提出设计和制作鞋子的要求	学生分组进行研究，认真观察鞋子的款式、材质、用途、寓意等，做好交流准备； 希望通过近距离地观察鞋子，满足学生的好奇心，增强学生的学习兴趣
自主建构小组讨论	10 min	创设讨论情境	教师组织各个小组开展讨论设计和制作方案； 让学生尝试制作一双鞋； 教师巡回到小组进行指导学生制作	学生在规定时间内完成任务； 小组讨论鞋子的结构； 讨论制作步骤
展示分享规范指导	17 min	创设展示情境	教师组织学生小组展示本组作品； 根据学生作品的展示情况，有选择地对具有代表性的鞋子进行评价和激励	学生以小组为单位进行展示，评价； 展示作品本身就是学生的自评过程，尽可能让每位学生都能感受成功的快乐
总结归纳提升意义	5 min	创设总结情境	教师组织学生小组进行总结性展示，分享收获； 首先表扬学生，然后说：联想连接起许多本来不相干的事物，只要有一丝可牵，就能搭起一座相像的桥，让创作的脚步，自由来去。可以由无限想象去设计一双鞋，同样我们也可以鞋的形象去装扮我们的生活	学生用多元评价法评价学生的作业； 畅谈本课学习的收获
教师板书		各种各样的鞋 实用　　　　　　材料多样 　　　鞋　　　　造型新颖 　　　　　　　　色彩协调 美观　　　　　　构思巧妙		

学本课堂的
实践成果

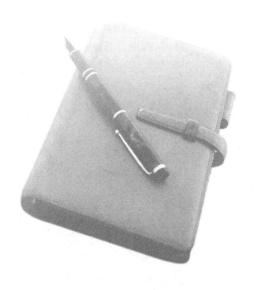

我自 2004 年以来，在中国教科院领导的高度关怀和支持以及科研处的指导下，开始研究新课程有效教学，2006 年 7 月开始在中央教育科学研究所立所级课题进行研究，课题名称为"新课程有效课堂教学行动策略研究"，开始阶段重点是研究教师和学生在课前、课中和课后的各种行动策略，在"六要素"问题教学法的基础上，初步探索出了"先学后导—问题评价"（FFS）有效教学模式。2008 年 7 月，我开始在全国教育科学规划领导小组办公室立项研究，课题名称为"有效教学的行动策略研究"，是教育部规划课题。经过"十一五"期间的长期研究，丰富和完善了"先学后导—问题评价"（FFS）有效教学模式，建构了基本完整的理论体系和操作体系，逐步创建问题导学型学本课堂。近十年来，我长期开展行动研究，行走在全国中小学校，守在中小学课堂，躬身观课指导 7000 多节，每年帮助一线教师临床指导上课 160 多节，观研课笔记 20 余本，共 600 多万字。它们记录着我创建学本课堂的艰辛与收获，这是无冕的奖状。

十多年来，我孜孜以求，心中秉持信仰，坚持指导课程改革，行走在基层学校，守在中小学课堂，用心谱写学本课堂，成功指导了河南省漯河高中、山西省太谷第二中学、河北省鹿泉第一中学、四川省棠湖中学、江苏省沭阳中学、湖北省枝江第一中学、重庆市开县中学、深圳市第二实验中学等 10 多所普通高中，这几所学校的高考成绩均得到提升；山西省大同云岗中学、辽宁省浑南第一中学、内蒙古自治区通辽市第十一中学、江苏省徐州市潘塘中学、山东省济阳县竞业园学校、深圳市丽湖中学等 20 多所初中学校，在本地区学业水平测试中这些学校均取得优异成绩；山东省枣庄市红旗小学、山东省济阳县第二实验小学、河南省洛阳市新城实验小学、广东省广州市颐和实验学校、北京市大兴区团河小学、北京市周口店中心小学等 20 多所小学，都取得了非常好的实验效果，不但学生学业成绩得到了提升，更重要的是学生学会了快乐学习，尤其是社会化素质得到了显著提高，促进了学生的全面发展。

由于我所在单位是教育部直属的教育科学研究单位，没有直属中小学校，所以本模式的实验检验工作主要是在全国范围内的课题研究学校进行。从 2006 年至 2013 年，我在全国范围内实施试验学校上千所，其中有 60 余所学校应用本模式创建了学本课堂，均取得了显著成效。最突出的效果：一是学生成长。学生学会学习、喜欢学习，学习负担减轻，学业成绩大面积提升。二是教师发展。教师学会智慧导学，喜欢教学工作，职业幸福感增强，大大促进了教师专业化发展。三是学校发展。

这些学校都成长为引领当地课堂教学改革的示范校和先锋校，甚至有的成为引领全国基础教育课程改革的示范校、样板校。

十多年来，我以自己发明的"先学后导—问题评价"（FFS）有效教学模式为指导入手，长期深入基层学校、躬身深入课堂，采用结构化观课指导法、"临床式"指导法成功指导了 60 多所中小学校的课堂教学，这些学校均达到了课程改革的要求和发展目标，基本实现了"教本课堂"向"学本课堂"的转型。我秉持素质教育信念、精心指导每所学校，帮助各个学校创建了各具特色的个性化学本课堂模式，使所有班级创建了问题导学型学本课堂，大面积提高了学校教育质量。简单概括起来，小学课程改革成果可以用"灿烂"形容，初中课程改革成果可以用"优质"形容，高中课程改革成果可以用"卓越"形容。现将 20 所学校的个性化学本课堂模式汇总如下。（因篇幅和资料局限不能全部呈现，仅对 2014 年第 16 期《人民教育》专辑报道的 18 所学校和部分创建学本课堂的学校进行介绍，敬请尚未收录的其他已经成功创建或正在创建的学校谅解。）

20 所学校的个性化学本课堂模式汇总

序号	学校名称	个性化模式名称	校长
1	山东省枣庄市市中区红旗小学	LOC 学本课堂	种道法
2	广东省广州市颐和实验学校	SQC 学本课堂	李兴秋
3	北京市大兴区团河小学	QCT 学本课堂	张桂明
4	山东省济阳县第二实验小学	"356" 学本课堂	卢 箭
5	河南省洛阳市新城实验学校	QIP 学本课堂	王金华
6	安徽省霍山县文峰中学	QIT 学本课堂	刘 彬
07	山东省济阳县竞业园学校	"单元整体问题导学" 学本课堂	齐志海
8	江苏省徐州市潘塘中学	QRF 学本课堂	孟宪文
9	辽宁省沈阳浑南第一中学	QEP 学本课堂	雷 军
10	内蒙古自治区通辽市第十一中学	"368" 学本课堂	王佩权
11	北京大学附属中学云南实验学校	"1263" 学本课堂	艾宏宇
12	山西省大同市云岗中学	QPT 学本课堂	杨志刚

续表

序号	学校名称	个性化模式名称	校长
13	广东省深圳市丽湖中学	GWQ 学本课堂	房超平
14	河南省内乡县菊潭学校	QPG 学本课堂	樊聪丛
15	山西省太谷第二中学（高中）	"三·五·三"学导型学本课堂	赵万科
16	河南省漯河高中（高中）	"三维六元"学本课堂	赵建钊
17	深圳市第二实验中学（综高）	RQE 学本课堂	赵　立
18	河北省玉田第一中学（高中）	STT 学本课堂	赵仁义
19	北京市杨镇第二中学	ICD 学本课堂	王玉辉
20	内蒙古自治区呼和浩特市第二十一中学	LEW 学本课堂	康连芝

注：本序号不是排名。

一、LOC 学本课堂

LOC 学本课堂是山东省枣庄市市中区红旗小学的特色课堂，是以"问题·情智"（LOC）学习模式为主要途径创建的特色课堂。山东省枣庄市市中区红旗小学是我国基础教育课程改革的早期探索者和成功者。可以说，红旗小学从 2007 年开始就成为引领全国小学课程改革的一面十分鲜艳的旗帜，为推动全国层面上的基础教育课程改革做出了突出贡献。我 2006 年开始指导这所学校的课程改革，至今约有 13 次到校指导。2007年枣庄市市中区教育局成功召开了首届全国新课程有效教学观摩现场会，红旗小学和枣庄市第十三中学是主要现场校。学校成功课程改革的关键在于种道法校长，他是一位外柔内刚、信仰坚定、孜孜以求的专家型校长，善于思考，深入课堂实践指导学科教师教学行为。我们共同研究、合作探索，成功

实现了红旗小学的课程改革大业，实现了教学方式的转型，创建了符合素质教育思想的学本课堂。

种道法校长曾真诚地说："我校从 2006 年以来，在韩立福博士'先学后导—问题评价'（FFS）有效教学模式指导下，率先开展了'问题式小组合作学习'新模式的研究和探索，掀起了一场小学生学习的革命，提出了'把课堂还给学生、让课堂充满生命力'的课堂教学理念，并形成了'先学后导—问题评价'下的开放式小组合作'455'课堂教学模式，先后在 2007 年和 2010 年两次承办全国新课程有效教学现场会。2011 年，学校为进一步丰富课程改革内涵，提升学校课堂教学改革品牌效应，确立了'构建情智课堂、打造幸福教育'的核心办学理念，完成了'问题·情智（LOC）学习模式'的定格，为红旗小学教育教学改革谱写了新的篇章。"

"问题·情智"（LOC）学习模式是基于新课程理念和建构主义理论，结合我校课堂教学实际而提炼出来的。该模式的"问题"即以问题为主线；"情智"即以"润情点智"为核心理念，在润物无声中培育情感、点燃智慧；"LOC"以"博爱悦纳

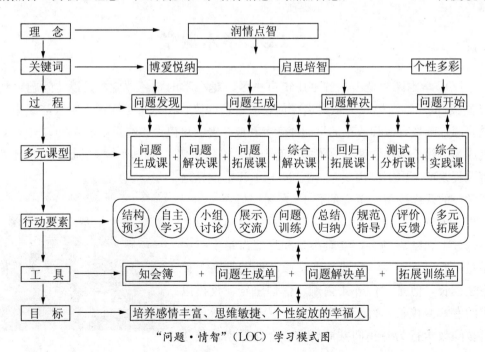

"问题·情智"（LOC）学习模式图

（L）、启思培智（O）、个性多彩（C）"为关键词。"问题·情智"（LOC）学习模式是让师生在问题发现、问题生成、问题解决、问题拓展等学习过程中，借助于开发的"知会簿""问题生成单""问题解决单""拓展训练单"等工具，通过结构预习、自主学习、小组讨论、展示交流、问题训练、总结归纳、规范指导、评价反馈、多元拓展等九大行动要素，建构起"问题生成课""问题解决课""问题拓展课""综合解决课""回归拓展课""测试分析课""综合实践课"等七种课型，最终达到"培养情感丰富、思维敏捷、个性绽放的幸福人"的育人目标。

红旗小学实施"问题·情智"（LOC）学习模式，实现了由传统的教师控制型课堂向师生分享型课堂的转变，让学生真正享受到了幸福教育，同时也让教师真正享受到了教育的幸福。一是有效提升了学生的学习力。学生主体性、能动性和勇于探究质疑的精神已初步形成，培养了学生的"读、写、疑、思、说、唱、画、演、辩"等多项能力。学生个人素质和学校教育教学质量都有了大度幅度提升，每一位学生都体验到了学习、进步和成长的快乐。二是教师的专业素质大幅度提高。教师的学生观、教育观、教学观以及评价观发生了巨大变化。许多年轻教师脱颖而出成为区、市名师，教师撰写的论文在国家级正式刊物上发表的有 50 余篇，省市级获奖论文有 200 余篇。该校教师 31 人被评为区、市级骨干教师、教学新秀、教学能手、学科带头人、名师，在国家、省、市、区级学科优质课评比中 40 余人获奖。许多外地学校邀请该校教师前去授课，教师们充分享受到了工作和成功的喜悦。

学校先后荣获"全国教育科研先进单位""全国艺术教育先进单位""山东省教学示范学校""山东省教育科研成果二等奖""市级文明单位等荣誉称号"。学校领导在"2009'山东省素质教育论坛"做了典型发言，先后成功承办了区科学管理现场会、市数学建模现场会、全国新课程有效课堂教学观摩研讨会。学校课程改革成果先后被《人民日报》《中国教育报》《山东教育报》《德育报》《枣庄日报》《枣庄教育》《教育文摘》等报刊报道，并被市教育局素质教育新探索丛书《追求新境界 2010》收录；学校领导和教师应邀到北京、河南、四川、广东、江西等省、市讲学、做课 30 余次，先后接待北京、河北、安徽、广东、内蒙古等省、市、自治区观摩团 70 余个，共 3 000 余人。

二、SQC 学本课堂

SQC 学本课堂是广东省广州市颐和实验学校的特色课堂，是以"SQC"问题导学型课堂学习模式为主要途径来创建的个性化模式。颐和实验学校是全国早期成功课程改革学校之一，做到了坚持信念、坚守课程改革、持续课程改革，早已成长为中国华南地区基础教育课程改革的先锋者、示范校，为推动广州市课程改革、港澳台教育发展和全国基础教育课程改革做出了十分重要的贡献。

我从 2007 年开始指导这所学校，曾亲自到校指导十多次，该校于 2009 年、2012 年两次成功召开了全国新课程有效教学观摩现场会。在李兴秋校长的执著追求和探索下，他带领年轻教师创造了课程改革奇迹，创造了"没有课外作业、没有课外补习、没有待优生"的"三无"质量品牌。

该校 2007 年参加全国教育科学"十一五"规划教育部规划课题"有效教学行动策略研究"，首先在语文、数学、英语学科中全面开展新课程高效课堂的研究与实践，按照"分科实验、稳步推进、确保成效"的实验原则，采取"上靠、外引、内主、一挂"的措施，构建了以问题为中心的"SQC"问题导学型课堂学习模式和"三十二五"① 的课堂结构范型。

该模式中的核心理念为"目标自学（S）""问题建构（Q）"和"合作研习（C）"等三个关键词。"目标自学"，即在目标引领下使学生开展自主学习，指向学会终身学习；"问题建构"，即在问题导学下使学生开展自主建构学习、合作建构学习、对话建构学习、体验建构学习，指向教学方式和教学方法的转型；"合作研习"，即在合作学习机制下使师生等开展研究性学习、研讨性学习和巩固性学习。

---

① "三十二五"的含义是"小组合作探究""师生展讲对话""学生当堂训练"三个环节，所用时间分别为 10 min，其中间穿插两个 5 min 的"轻松一刻"。

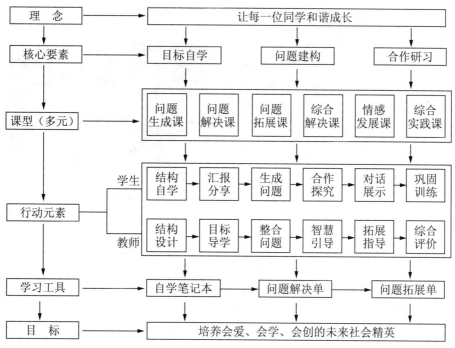

"SQC"问题导学型课堂学习模式和"三十二五"课堂结构图

本模式的实施使过去学生依赖教师的被动性学习转变为自主、合作、探究的积极主动性学习。学生整体成绩提高迅速，待优生的提高尤为显著。学校连续三届毕业生成绩及各学科成绩均居广州市、区优质学校行列。广州市颐和实验学校从 2007 年 10 月开始实验，2008 年学年末语文、数学两科在广州市统考中成绩第一；在 2009 年小升初考试中

语文、数学、英语三科成绩均为广州市第一，90％以上学生被广州市重点中学"抢夺式"录取。广州市颐和实验小学的课程改革成果多次受到中央教育科学研究所、教育部教师发展基金会、基础教育司、课程发展研究中心，省、市、区领导和专家的高度重视和充分肯定，《南方日报》《羊城晚报》《广州日报》《新快报》《信息时报》《南方都市报》以及新浪网、广东新闻网等多家媒体均予以了报道。教育部《基

础教育课程》《广东教育》《教育大观》《2011 年广东年鉴》《广东教育强省之路》等

书刊多次介绍该校的课程改革经验。七年来，学校先后接待了深圳南山区、西安市、银川市、昆明市、重庆市开县教委等全国各地同行 1700 多人次前来学校观摩交流。近年来，学校先后被评为"白云区先进民办学校""广州市先进民办学校""广东省创新优秀单位""全国教科研先进单位""全国教科研示范学校""全国百强民办学校"。

三、QCT 学本课堂

　　QCT 学本课堂是北京市大兴区团河小学的特色课堂，是以"QCT"体验学习模式为主要途径创建的个性化模式。作为北京市的一所学校，其能够实现深度课程改革特别值得称赞和表扬。由于经济发达地区的资源优势，人们更加关注的是资源型课程改革，重点加强校本课程资源建设，轻视课堂教学改革，误认为学生生源好，教师学历层次高就无需课程改革，在此背景下该校率先进行课堂教学改革真是令人敬佩。

　　我 2011 年开始指导北京市团河小学，先后来学校指导有十余次，该校克服困难，励精图治，成功实现了课堂教学改革，创建了符合新课程理念的学本课堂。2012 年成功召开了全国新课程有效教学观摩现场会，成长为全国小学课程改革的一

面旗帜。张桂明校长是一位忠厚老实、踏实肯干、信念坚定、智慧创新的专家型校长。在他的示范引领下，团河小学的教师都认真学习、积极参与、勇于探索，表现出非同寻常的专业情意，对课堂教学改革富有极高的研究热情。我和张校长共同研究、积极探索，帮助学校建构了"QCT"体验学习模式，创建了体现本校体验教育特色的学本课堂，小课堂办出了大教育，学校课堂教学改革取得了阶段性显著成效。

德国教育学家斯普朗格认为："教育的最终目的不是传授已有的东西，而是要把人的创造力诱导出来，将生命感、价值感唤醒。"优化课堂教学模式，建构高效课堂，一直是团河小学追求的目标。随着课程改革的不断深入，学校越发清醒地认识到：一个成功的高效课堂教学应该是师生的互动，师生彼此相互探讨问题。教师必须在一定程度上尽量满足学生的求知欲，同时更能够引发学生极大的兴趣去利用课余的时间探讨更深层次的学问，使教学在课堂外也能更大限度地延伸，让他们自己去攻克学问的堡垒。培养学生独立的求知能力，引领学生攀爬学问的巅峰，这应该是新时期全体教师的共同任务。

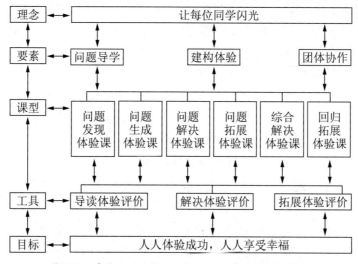

"问题·建构·团队"（QCT）体验学习模式框架图

理念："每位同学"指学校的所有教职工及学生。"闪光"指学校的全体师生在"问题·建构·团队"（QCT）体验学习模式中都能发挥自己的聪明才智，像天空中的繁星一样闪烁着灿烂的光芒，都能在团河小学这片沃土上有所发挥，有所发展。

要素："问题导学""建构体验""团队协作"是指以问题导学为核心、以建构体验为方法、以团队协作为平台实施教学模式。

课型：运用体验教育创新出六类课型——"问题发现体验课""问题生成体验课""问题解决体验课""问题拓展体验课""综合解决体验课""回归拓展体

验课"。

以行求知，体验中学，是卢梭自然主义教育思想的一个基本点。"体验教育"就是让教育对象在问题生成解决中认知，在明理中发展。体验教育注重课堂教学的形式与过程，更注重问题导学在学生内心的体验。

工具：是指"导读体验评价单""解决体验评价单""拓展体验评价单"。体验单具的开发功能能让学生在学习过程中有的放矢，能记录学生的成长历程，让学生在问题导读中拓展思维，在问题解决中唱响思维，在问题拓展中训练思维。

目标：人人体验成功，人人享受幸福。它是实施"问题·建构·团队"（QCT）体验学习模式的最终理想。学生是快乐的，教师是幸福的。每个学生都喜欢学习，每位教师都喜欢教学。学生在学习中成长，教师在教学中提高，学校在模式中发展。

万木竞发只争春，通过实践我们真正体验到了这一有效教学理念带来的感受与成果，成功探索了体现素质教育思想、符合课程改革理念的"QCT"体验学习模式，使过去以"教"为中心的课堂向以"学"为中心的课堂快速转型，创建了适合学生快乐学习、合作学习、幸福学习的有效课堂，学生学业成就得到大幅度提升，综合素质水平也得到了全面发展。几年来，北京市团河小学在教委及各方人士的关心指导下，多次荣获"大兴区教育教学一等奖""国家级教育体制改革试点项目基础教育课程教材改革试验项目学校""北京市教育科研先进学校""北京市综合实践活动课程实施特色学校""北京市基础教育课程建设先进单位""大兴区特色建设优类校"等荣誉。全校师生将合力打造品牌教育，达到人人体验成功，人人享受幸福的目标。

四、"356"学本课堂

"356"学本课堂是山东省济阳县第二实验小学的特色课堂，是以"356"问题导学型课堂学习模式为主要途径来创建的个性化课堂。
学校有一些课程改革基础，2011 年下半年，我开始
指导山东省济阳县第二实验小学的课程改革工作，
帮助学校提炼了课堂学习模式，实现了该校课堂教
学方式的成功转型，创建了符合素质教育思想、新
课程理念的学本课堂。目前，学校已经成长为驰名
国内的课程改革示范校，每天到学校参观学习的教
师络绎不绝。学校已经成为引领全国深度课程改革的一面旗帜。

　　卢箭校长是一位稳重老练、性格内敛、富有内涵、善于思考、做事踏实的专家
型校长，该学校的课程改革成功还在于有一位聪明能干、极具执行力的教学副校
长——范淑萍。四五年来，我与卢箭校长和范淑萍副校长开展合作研究，深入班级
进行实践指导，从教师导学课堂思维推向问题导学课堂境界，实现了成功转型。卢
箭校长曾这样肯定地说："学校自 2008 年实施课程改革以来，形成了'三导五学六
环节'小组合作学习模式，并先后两次承办省、市课堂教学改革现场会，成为全省
有效教学的一面旗帜。2011 年 9 月，学校为进一步丰富课程改革内涵，提升课堂教
学改革品牌效应，特聘中央教科院韩立福教授为我校课堂改革专家顾问。韩教授的
几次亲临指导使我们如鱼得水，既规范了我们三年的研究，又从理论和实际操作层
面提升了我们的研究。2012 年 12 月，我们把"三导五学六环节"小组合作学习模
式，最终定格为"356"问题导学型课堂学习模式，为济阳县第二实验小学教育教学
改革掀开了新的篇章。"

　　在"356"问题导学型课堂学习模式框架的引领下，教师在课堂上，彻底转变了
角色，真正成为学生学习的策划者、倾听者、合作者、引导者、学习资源的提供者，
学校从而完成了由传授型课堂向建构型课堂的过渡，从教师支持型课堂向学生支持
型课堂的发展，最终实现了师生共同享受教育幸福的目标。通过创建学本课堂，学
校实现自主、合作、探究的学习方式，激发了学生的学习激情。学生的学习方式有
了明显变化，自主学习的能力显著增强，学生的综合素质显著提升。学校成立了各
项艺术社团，在舞蹈、绘画、声乐、书法等方面涌现出了大批小明星。学校编排的
课本剧《猎人海力布》、科普剧《果园里的故事》在省、市比赛中均获一等奖，舞蹈
《小蚂蚁》获山东电视台"六一"文艺汇演最具活力节目奖。学校创建学本课堂后培

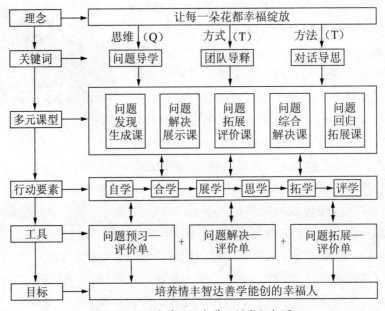

"356"问题导学型课堂学习模式框架图

养了一大批素质高、业务精的骨干力量，先后有 5 位教师获市"走青春路，做育花人"活动一等奖，推出 4 位济阳县教学名师。先后有 20 多位教师在省、市优质课比赛中获奖，教师们所写的教育教学论文仅去年一年就有近百篇发表在各级各类刊物上，教师们合作编写了教学专著《高效教学研究——"三导五学六环节"教学模式》，由济南出版社公开发行。

经历 6 年的研究和创建，学校还引起了省内各市、县学校的广泛关注。2011 年，济南市章丘罗家小学已加盟该校的课题研究。从去年开始，其他省市的兄弟学校领导及骨干教师近 1000 人次来学校参观、交流，对该校课程改革工作起到了很大的促进作用。"356"问题导学型学习模式被列入中央教科所重点课题。2012 年 5 月 31 日，山东省教育厅教科所到该校为课题做开题论证指导。2009 年《山东教育》、2012 年 5 月 19 日《中国教育报》、2012 年 12 月 11 日《济南日报》对学校的课程改革工作进行了全面报道。几年来，学校先后被评为

全国"'尝试教学理论研究与实践'实验基地""全国'十一五'教育科研先进集体"
"山东省教学示范学校""山东省语言文字示范学校""山东省体育传统项目学校"
"济南市教书育人工作先进单位""济南市文明单位等荣誉"称号。

五、QIP 学本课堂

  QIP 学本课堂是河南省洛阳市新城实验学校的特色课堂，是通过"问题·卓雅"
（QIP）课堂学习模式来创建的学本课堂。学校课程改革成功得益于有一位聪明能干
的好校长——王金华，她是一位聪明智慧、思维灵光、阳光灿烂、能力非凡、对教
育有深刻理解的专家型校长，兼任新安县政协副主席、新安县教育局副局长。我们
早在 2008 年暑期认识，她在北京师范大学专家型校长培训班学习，我做"有效教学
新思维、新模式"专题报告。后来，王校长到陕西省宝鸡市参加课程改革研讨会时
与凤翔县朱晓娟老师（是我指导的课程改革名师和有效教学法指导师）相见，两人
对有效教学和学本课堂做了深度交流，深受触动，坚定了深度课程改革的信心。于
是，在王校长的真诚邀请下我于 2011 年末开始指导新城实验学校。王金华校长与其
团队通过近几年的合作研究、创建，使学校成功实现了教本课堂向学本课堂的转型，
教育教学质量得到了稳步提升。2014 年 4 月学校成功召开了全国新课程有效教学成
果鉴定暨学本课堂经验交流现场会。目前，学校的知名度和美誉度日益增强，到该
校参观交流的教育者络绎不绝，学校课程改革成功享誉全国，成为引领全国基础教
育课程改革的示范校，成长为照亮全国小学课程改革的耀眼新星。

  "问题·卓雅"（QIP）课堂学习模式以培养有自信、善合作、会学习、能创新的
健康人为终极目标，倡导课堂教学以问题的提出和解决为主线。"卓雅"指教育理
念——让每位同学都卓越、博雅；QIP 是关键词，分别指策略、方法和目标。

  策略——问题导学（Q），是指师生把知识问题化，共同以问题学习为主线，开
展自主合作探究学习，单位时间内发现问题，解决问题，实现学习目标。

  方法——智慧建构（I），变传统的"教师搭台教师唱"为"师生搭台学生唱"，
变集体学习形式为小组合作学习，变"上对下"的师生关系为平等的合作、协商、
发展关系，变权威型教师角色为参与课堂的"大同学"，变传统灌输为利用工具单进
行自主探究、合作探究、展示对话等思维训练。

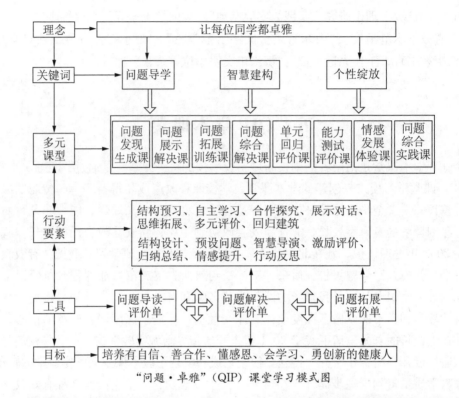

"问题·卓雅"（QIP）课堂学习模式图

目标——个性绽放（P），让学生挺胸抬头做学习的主人，让学生多彩发展、个性绽放，变"要我学"为"我要学"，成为有自信、善合作、会学习、能创新的健

康人。

　　近年来，该校不断更新教育理念，深入践行"源教育"理念，积极探索课堂教学改革。十八届三中全会后，按照国家对中小学教育改革的要求，对学校目前所取得的课程改革成就，王校长及其团队都感到自豪和欣慰。她感慨地说："我校在中国教育科学研究院博士韩立福的指导下，创建了'问题·卓雅'（QIP）课堂学习模式，实现了由'教本课堂'向'学本课堂'的转型，取得了显著的教育教学成果和良好的社会声誉，迅速成为有效教学课程改革先锋学校。"目前，该校教师的观念发生了质的改变，逐步由教本课堂的"教师搭台教师唱"转变为学本课堂的"师生搭台学生唱"。学生的学习状态也由被动接受知识转变为以问题为引领，主动发现问题、团队合作解决问题的问题导学式学习，逐步建立了学生快乐学习，班级自治管理，小组团队合作，教师积极研究，师生共同成长的理想佳境。在一年多的实践与探索中，我们研发了"问题·卓雅"（QIP）课堂学习模式，从而彻底将"要我学"转变为"我要学"和"我会讲"，达到"小组团队合作、学生自主学习、班级自治管理、教师积极研究、师生共同成长"的理想目标。

　　新城实验学校先进的教育理念、广阔的教学平台，宽松的成长环境，使全校师生的视野更加开阔，发展更为主动，成长更为全面，学校由刚成立时的 13 名教师、165 名学生发展为现在的 122 名教师、2900 余名学生。自学校实施"问题·卓雅"（QIP）课堂学习模式后，学校的教学模式和师生学习方式发生了根本性变化，真正建立了学生快乐学习，小组互助合作，班级自治管理，师生共同成长的理想佳境。学校迅速成为全国课程改革先锋校，校长王金华及几十位教师被聘为"学本课堂"教学专家到北京、山西、内蒙古等地指导有效教学；副校长吕霞志等 36 位教师的优质课获国家、省、市级奖励；教师在《中国教育报》《人民教育》《语文教学与研究》《辅导员》《中国教师报》等刊物发表教育教学论文几十篇，70 余名教师著有个人专辑，40 余名教师参与编写面向全国发行的《教材全解》《读写一点通》等；"问题·卓雅"（QIP）课堂学习模式被评为全国教育改革创新典型案例；校长王金华荣获"全国教育改革创新优秀校长"奖。学校于 2014 年 4 月成功举办的"全国新课程有效教学'同课异构'暨新城实验学校阶段性成果展示会"，受到了教育部基础教育司一司王定华司长、教育部基础教育课程教材发展中心田慧生主任、中国教育报刊社张新洲副社长等与会领导的高度评价。对于学校的系列改革成果，《人民日报》《人民政协报》《中国教育报》《人民教育》《辅导员》《中国教师报》《教育时报》等媒体纷纷给予了关注和报道，学校知名度和美誉度日益提升，先后被评为"全国教科研先进单位""全国个性化阅读实验先进学校""全国教育专家指导中心课程改革教育培训基地""全国阅读教育先进集体""全国中小学诗意校园""中国校园媒体建设百佳示范学校""河南省教育名片学校""河南省学校文化建设百佳学校""河南省示范性家长学校""河南省书法教育先进学校""洛阳市规范化学校""洛阳市特色学校""洛阳市教育系统先进集体"等，迎来了全国各地教育同人络绎不绝的参观学习潮。

六、QIT 学本课堂

　　QIT 学本课堂是安徽省霍山县文峰中学的特色课堂，是通过"QIT"问题导学型学习模式来创建的。我从 2008 年开始指导这所学校的课程改革。由于这所学校是一所民办公助学校，在学校管理方面有一定的自主权，因此，在落实和贯彻课程改革精神方面有着足够的执行力。刘彬校长是集团的执行董事，全面管理和经营学校管理工作，是一位性格内敛、意志坚定、理念先进、富有创新意识的专家型校长。他有在公办中小学任校长多年的经历，积累了丰富的学校管理经验，对传统教学的弊端有着深刻的认识，所以，对基础教育课程改革有着深度的教育情怀。因此，他十年如一日，"咬定青山不放松"，坚持课程改革。8 年来，我和刘校长真诚合作、开展课程改革研究，共同建构了"QIT"问题导学型学习模式，实现了教本课堂向学本课堂的成功转型，学校根本上转变了教学方式，提升了课堂内涵和品质。2014 年 5 月文峰中学成功通过全国学本课堂推广示范校验收评估，受到国家教育部基础教育课程教材发展中心、中国教育报刊社、《人民教育》编辑部领导专家的高度评价。

　　文峰学校是 2005 年成立的一所民办寄宿

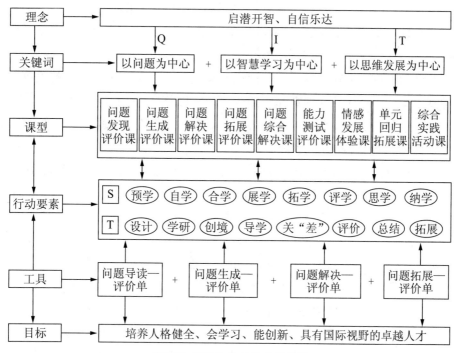

"QIT"问题导学型学习模式图

制学校,学生多来自农村山区,留守儿童多,生源基础差,学生厌学情绪严重,不改变传统的"教"和"学",学生就学不好,留不住,学校就没有出路。带着这个问题,我们开始探讨如何改变"教"和"学"的方式,让学生喜欢学习,热爱课堂,热爱老师,热爱学校。刘彬校长回顾和总结学校8年课程改革历程时说:"8年,我们经历了摸索探究、专家引领和模式形成三个阶段。第一阶段:摸索探究。转变学与教的方式,让课堂'活'起来,让学生'动'起来。第二阶段:专家引领。构建学本课堂,使课堂真正成为学生基于学、展示学、交流学、深化学的'学堂'。2008年,我校有幸加入了国家教育部'十一五''有效教学的行动策略研究'课题实验,得到了中央教科院专家韩立福博士的指导,韩教授亲临我校,走进文峰课堂做专题指导,在'以学为中心,以学定教,教为学服务'的新型教学观指导下,构建以学习者(学生、教师、参与者)学习为本的学本课堂。第三阶段:模式创建。建构了体现以问题导学、智慧学习、思维发展为中心的'QIT'问题导学型学习模式。'QIT'分别取'问题''智慧''思维'三个英语单词的首字组成'QIT'，简称为'QIT'学习模式。这三个阶段喻示着我校课程改革品质的提升及成功过程。"

课堂教学改革让文峰学校尝到了课程改革的甜头，学校步入良性的发展轨道，同时得到了省、市、县教育主管部门的认可。2011年11月上旬和中旬，全市新课程改革现场会和全县有效教学现场会先后在文峰学校召开；中国教育电视台报道了文峰学校课堂教学改革的实践和经验。

文峰学校自成功实施课程改革以来，教育教学质量逐年提升，每年度中、高考成绩也持续提高。学校初中部2005年秋开始招生，从2008年至2014年，七届初中毕业生中考总平均分、及格率、优秀率、省级示范高中统招达线率、体育达标率均居全县第一。

文峰学校高中部2008年秋学期开始招生，首届毕业生406人参加高考，本科达线142人（其中一本24人），达本率35%；2012届毕业生646人参加高考，本科达线296人（其中一本47人），达本率46%；2013届毕业生958人参加高考，本科达线606人（其中一本127人），达本率63%；2014届毕业生1 028人参加高考，本科达线721人（其中一本208人），达本率70%。这些成绩对重点高中来说是比较普通的，但是对一个生源一般的民营高中而言是一种教育奇迹，因为它实现了增值教育，把一般的学生教育成了高成就学生。

毕业年度	报考（人）	招生当年达省示范高中定向分数线人数（人）	文峰应届本科达线（人数）	其中			本科达线率（%）
				一本（人）	二本（人）	三本（人）	
2011	406	54（全县1106）	142	24	75	43	35
2012	646	65（全县901）	296	47	114	135	46
2013	958	116（全县899）	606	127	284	195	63
2014	1028	204（全县1114）	721	208	332	181	70

文峰学校先后荣获"安徽省民办学校先进单位""安徽省科普教育基地""中国民办教育百强学校"""实施有效教学打造高效课堂'省级试点项目先进单位""六安

市普通高中教育教学先进单位""六安市基础教育课程改革先进单位""六安市第六届""第七届文明单位""六安市餐饮服务示范单位""六安市留守儿童之家建设与管理先进单位""六安市劳动保障诚信示范单位""霍山县社会管理综合治理先进单位""霍山县平安建设先进单位"。2013年10月30日，中国陶行知研究会民办教育专委会2013年年会在文峰学校召开；2014年11月16日，安徽省初级中学教育管理研究会第十三届年会在文峰学校召开，该校受到与会领导和代表的高度赞扬。

七、"单元整体问题导学"学本课堂

"单元整体问题导学"学本课堂是山东省济阳县竞业园学校的特色课堂，是以"单元整体问题导学"教学模式来创建的。我是2009年到这所学校指导课程改革工作的，与齐志海校长开展合作研究、帮助学校成功创建了个性化课堂教学模式，成功实现了课程改革，提升了课堂内涵，促进了学校发展。齐志海校长是一位理念先进、智慧聪颖、善于学习、善于思考、善于创新的专家型校长，有执著追求课程改革的意识，这是该学校课程改革成功的关键。

竞业园学校是以过去5年的教学改革经验为基础，把有效教学研究成果融汇于学校的课堂教学中，吸取原有课堂模式实施中的高耗低效的教训，引进了"单元教学"和"整体教学"的思想，以及有效教学中"问题评价"的核心理念，来构建"单元整体问题导学"教学模式的。由于实施"单元整体教学"，单一的课型就不能

满足教学的实际需要，所以，我们将"有效教学"研究成果之一——课型，全部拿来，并结合我们的教学实践进行了科学建构，为我所用。这就是竞业园学校"单元整体问题导学"教学模式中的五种常见课型，即"问题发现课""问题生成课""问题解决课""问题拓展课"和"问题综合解决课"。同时，根据教学需要还创生出以讲评试卷为主要任务的"能力测试讲评课"；以阅读写作为主要任务的"读写一体课"；以考试复习为主要任务的"问题复习生成课"与"问题复习解决课"；为完成学科总复习任务设置了"专题回归评价课"。与此同时也设计出了与这些课型相适应的各种教学工具。当然，我们还根据音体美学科教学以及校本课程实施的需要，分别设计出不同的模式与课型。

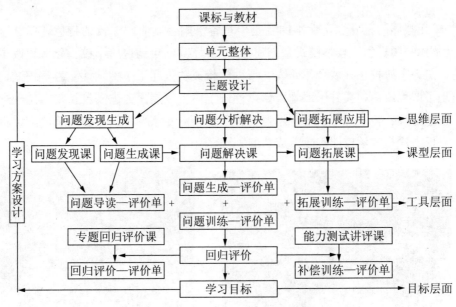

不同模式的学习方案设计图

竞业园学校 9 年的教学实践，尤其是近 4 年来对"有效教学"理论的研究与实践证明，如果在课堂上坚持贯彻"单元""整体""问题导学"模式教学，学生必将真正逐步实现课堂与课外的自我学习、自我发展、自我提升，进而实现自身的可持续发展。通过近几年的深化改革，学校发生了巨大变化。一是从课程改革之初的"竞业园课堂模式"到"单元整体问题导学"教学模式，9 年的研究与实践，使竞业园学校的课堂教学实现了"被动式"→"互动式"→"主动式"的大跨越，使课堂成为竞业园学校的招牌，竞业园学校正成为济阳教育的一张名片。二是竞业园学校师生的校园生存状态发生巨变，平均年龄不到 30 岁的教师队伍中，在各项教师专业技能比赛中均能获得市、县级一等奖。近 3 年来，该校教师获得市级各类技能比赛一等奖的有 391 人，省级奖项的有 146 人，全国的奖项的有 16 人；教师专业水平不断提高，每月都有竞业园的教师受邀到全国各地做课交流。

学生发展方面，以学生学业成绩为主要标志的学生各项素质得到全面提升和发展，近年来，该校中考成绩在全市名列前茅，有 80% 以上的学生被高中阶段学校录取，参加全国省、市、县组织的科技、文化、才艺、体育等活动的学生均取得优异成绩。几年来，学生获得各类县、市级奖项的有 626 人，获得省级奖项的有 328 人，获得国家级奖项的有 53 人，成为最受高中学校欢迎的优质生源。

学校办学品位大大提升，成为当地乃至周边地区的优质教育资源。课程改革 9 年多，竞业园学校不仅在国家课程、地方课程的实施上取得的成绩令人瞩目，而且在学校深入挖掘自身的同时，还面向社会外聘了十几名特色教师，开设了 42 门独具特色的校本课程。这些课程的开设，大大丰富了学生的校园生活，较好地满足了学生多层次的求知欲望，吸引了来自济阳及周边地区的学生来校就学。

学校一改最初的贫弱与不堪，逐步成为当地基础设施完善、办学水平上乘的优质教育资源。学校课程改革取得了显著成效。先后荣获了"山东省规范化学校""山东省消防工作先进校""山东省语言文字规范化学校""山东省绿色学校""济南市文明单位""济南市教学示范校"等荣誉。《济南教育》《当代教育科学》《现代教育报》《教改前沿》《课程改革先锋》《中国教育报》《中国教师报》等多家媒体多次报道了学校教学改革情况。全国、省、市、县各级教育、教学改革现场会、研讨会等多次在该校召开，吸引了全国各地的教育同行到校参观、考察，教师受邀传播课堂教学经验的足迹遍及全国 20 余个省份。

八、RQF 学本课堂

RQF 学本课堂是江苏省徐州市潘塘中学的特色课堂，是通过"问题·启心"

（RQF）学本课堂学习模式来创建的。我是 2009 年下半年开始指导这所学校的，先后去了七八次，与孟宪文校长、党杰副校长共同研究、推动学校课堂改革，指导学校创建了"问题·启心"（RQF）学本课堂学习模式，实现了课堂教学方式的根本转型，培养了一大批新型名师，全面推动了学校基础教育课程改革，提高了教育教学质量。2013 年由中央电化教育馆录制了学校创建 RQF 学本课堂的成功历程，并于 2014 年在中国教育电视台"空中课堂"栏目中播放。

潘塘中学课程改革成功的关键在于孟宪文校长和党杰副校长，孟宪文校长是一位信念坚定、性格内敛、做事执著、智慧好学的专家型校长，党杰副校长是为人厚道、善于思考、积极探索、智慧推进的专家型校长，真诚协助孟校长实现学校课程改革大业。由于他们积极努力、克服困难、挑战现实，才成功实现了课程改革。孟宪文校长曾感慨地说道："2009 年 9 月，我校有幸参与了中央教科所韩立福博士主持的'新课程有效教学行动策略研究'的课题。韩博士多次理论和临床指导，用有效教学行动策略的理论前瞻性和实践有效性给予全体教师一次彻底的意识洗涤，让全体教师体验了一种完全彻底的、痛快淋漓的新课程理念大冲击。实践上的实效，让我们树稳了自信；理论上的有力支撑，让我们找准了方向；教育中的行为智慧，让我们明确了思路；教学中的集思广益，让我们找到了可贵的解决问题的方法……从此，潘塘中学'初中有效课堂教学实践研究'开始全面推开，各学科子课题也呈现出遍地开花的新格局。2012 年 7 月，我们在教育专家韩立福博士的帮助下，提炼、建立了'问题·启心'（RQF）学本课堂学习模式。'问题·启心'（RQF）即以'问题'为核心，以'开启心智'为目的，通过智慧的学习方式（认知智慧、情感智慧、道德智慧、生活智慧和创新智慧）使学生获得终身发展。"

"问题·启心"学习模式，使学生通过自主学习、合作交流、展示对话等方式进行学习，教师的作用是点燃学生学习的激情，在学习过程中对学生进行智慧指导。"启心达人"为这一模式的核心理念，即开启心智，塑造真人。这一理念既是现代教学理论的具体体现，更是我校多年教学文化的积淀，而践行这一理念的关键是"尊重（R）个性""问题（Q）导学""建构（F）成长"。"尊重个性"是前提，"问题导学"是核心，"建构成长"是目的。

学校在探索的过程中取得了一系列的成就和荣誉，如"徐州市模范学校""徐州市百佳校园""徐州市德育先进校""徐州市体育先进校"及"区先进集体"等，特

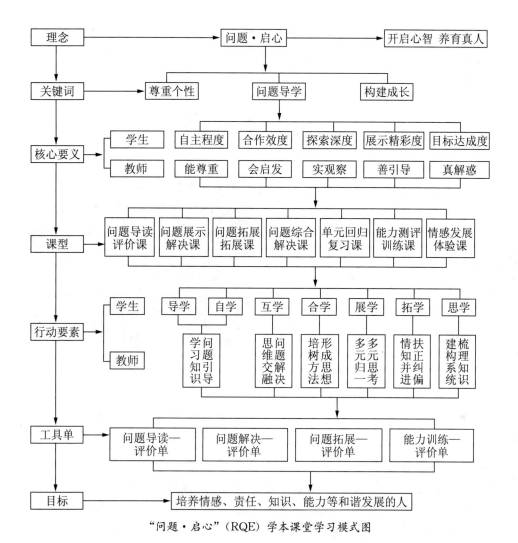

"问题·启心"（RQE）学本课堂学习模式图

别让我们高兴的是，潘塘中学先后被徐州市教育局定为"徐州市课程改革实验校"，被教育部综合实践活动课题组授予"全国先进实验学校"。在 2010 年先后被云龙区文教体局授予"基础教育课程改革先进集体""教育科研先进集体""青春期教育示范学校"。2011 年、2013 年两次获得徐州市基础课程改革先进单位。

在课程改革的指引下，潘塘中学的教师转变理念，积极实践，实现了学生乐于学习、学业成绩提高、师生关系和谐、家长满意度提高等办学目标。学校将借助云龙区"四区同创"的天时，搬迁新校的地利，潘塘中学干群一心的人和，踏着课程改革的步伐，不断提升学校发展内涵，师生享受着教育的快乐和幸福。

九、QEP 学本课堂

QEP 学本课堂是辽宁省沈阳浑南第一中学（以下简称浑南一中）的特色课堂，是通过"问题·生态·潜能"（QEP）课堂学习模式来创建的。我是 2010 年 11 月 30 日来到浑南一中进行第一次指导的，先后大约八九次。雷军校长是充满激情、思维敏捷、智慧创新的专家型校长，当时还有一位助理型的关键人物校长助理——谢岩（因创建学本课堂取得重大成就，现

已调任北京市顺义区杨镇教育集团）是课程改革成功的关键人物，具体负责学校教学教务、科研等工作，虚心好学、聪明智慧、身先垂范、积极推动，协助雷军校长实现了中国课程改革史上的"浑南速度""浑南现象"，创造了 3 个月实现成功课程改革的奇迹。

雷军校长曾在总结课程改革工作时说："从 2009 年建校以来，学校致力于课堂教学改革，立足生态教学研究，取得了阶段性的研究成果。尤其是在中国教科院韩立福博士的指导下，建构了'问题·生态·潜能'（QEP）学习模式，创建了 QEP 学本课堂，课堂教学发生了实质性的变化，取得了令人欣喜的巨大成绩。"

本模式由核心理念、关键词、多元课型、行动要素、学习工具、培养目标六个层面构成。

核心理念：倡导"唤醒我心中的巨人"的核心理念，寓意是开发每个学生的潜能，将每个学生培养成推动社会发展的卓越型人才。

关键词：在落实核心理念过程中强调问题导学、生态建构和潜能开发。问题导学是指课堂教学实现以问题发现、生成、解决、拓展为主线的自主合作探究学习，

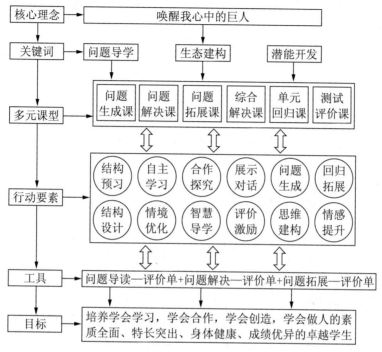

"问题·生态·潜能"（QEP）课堂学习模式图

让学生学会问题学习，培养终身学习能力；生态建构是指课堂教学追求自然、和谐、合作、本真的建构式学习，使学生学会自主建构学习、合作建构学习，在建构学习中完成学习任务，实现学习目标；潜能开发是指面向每个学生、基于每个学生、开发每个学生，使每个学生的潜能得到最大限度的开发。

多元课型：强调多元课型，超越了过去新授课的单一课型，这六种课型是问题生成课、问题解决课、问题扩展课、综合解决课、单元回归课、测试评价课。

行动要素：在多元课型中强调师生合作学习的十二个行动要素，即结构预习、自主学习、合作探究、展示对话、问题生成、回归拓展、结构设计、情境优化、智慧导学、评价激励、思维构建、情感提升。

学习工具：在学习过程中，强调使用三种问题学习工具单，即问题导读—评价单，问题解决—评价单，问题拓展—评价单。

学习目标：基于"唤醒我心中的巨人"的核心理念，通过多元课型，实现"培养学会学习，学会合作，学会创造，学会做人的素质全面、特长突出、身体健康、成绩优异的卓越学生"的学习目标。

学校建校以来，获得了国家、省、市的各界的关注，同时浑南一中人也不辱使命，收获了累累硕果。2009 年被沈阳市教育局授予"沈阳市绿色学校"的称号，2011 年被中国教育报刊社授予"中国当代特色学校"的称号。同时，浑南一中是全国初中学校课程教学改革联盟的发起单位，是全国青少年道德培养实验基地，并被全国教育家指导中心指定为中学课程改革实验基地。这些成绩，对一所建校仅仅 3 年的浑南一中来说，是一个奇迹，也是浑南一中人自强不息奋斗的结果。可以简单概括为浑南一中是"活力一中""勤奋一中"和"学术一中"。

浑南一中，不到两年，势如破竹，可以肯定的是它是新生代，生命力非常旺盛，教师们具有金字塔似的年龄结构，他们的平均年龄 28 岁，其中当然也不乏经验丰富的中年教师，教师队伍中 95％是重点大学、重点示范学校的本科生，75％是研究生，另有一名博士生。浑南一中人精力充沛，活力四射，感染着每位学生、家长以及关注他发展的各界人士，因此说浑南一中是"活力一中"。

浑南一中不仅有充满活力、魅力文明的教师和学生，更有勤勤恳恳，持之以恒的奋斗精神，学生们在一年的时间里，一个年级 280 名学生获奖，373 人获国家、省、市级各类奖励荣誉，国家级公开课竞赛获一等奖，获各类先进与科研奖励 100 多项，因此说浑南一中是"勤奋一中"。

浑南一中是人文绿色生态校园，进行的是生态学校教育，目前，它在探索着符合国家、省、市中长期发展规划要求的生态课程和生态学校教育模式，学校先后承担了"五项国家级科研课题"，该校现有四项国家级课题结题，一项正在研究探索中，课题全员参与。研究内容都源于教育教学实际，和该校的生态学校建设息息相关，因此说浑南一中是"学术一中"。

十、"368"学本课堂

"368"学本课堂是内蒙古自治区通辽市第十一中学的特色课堂，是通过"368"问题导学型课堂学习模式来创建的。我是 2010 年下半年开始引领和指导这所学校的，先后来学校指导十多次。该学校课程改革成功的关键在于王佩权校长和孙淑芬书记。王佩权校长是一位理念先进、有战略思考、做事果断、积极创新的专家型校长，孙淑芬书记是心地善良、外柔内刚、孜孜不倦、执著课程改革的专家型书记。他们两位带领团队克服困难、开拓创新、积极课程改革，终于成功实现了学校课程改革，创建了"368"学本课堂。

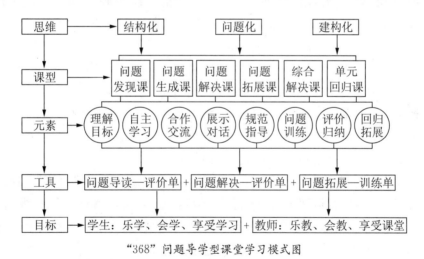

"368"问题导学型课堂学习模式图

新时代、新课程、新教育赋予教育人新的责任——只有创新才会发展。王佩权校长在总结中诚恳写道："学校在经历了自主尝试、思考调整之后，2010 年 9 月有幸请来了中国教育科学研究院的韩立福博士，并参加了其主持的全国教育科学'十一五'教育部规划'有效教学的行动策略'课题研究。在韩立福博士的指导下，学校将'三段式学案导学'有效课堂教学模式，建构成'368'问题导学型课堂学习模式，突破了我们课程改革发展中的瓶颈，实现了以'教'为中心的课堂向以'学'为中心的课堂的快速转型。"

随着课堂内涵的提升，引发了外界的广泛关注，2011年10月21日至23日，学校成功召开了全国新课程有效教学观摩研讨会。研讨会引起了区内外的教育专家、同行的强烈共鸣，收到了非常好的效果，与会专家给予其高度评价。近两年来，区内外近千人的同行前来学习交流，学校连续4年被评为实绩突出领导班子，教育教学先进集体。

同时，学校在学本课堂探索中涌现出了20多名自治区教学能手，通辽市首批名师，师德标兵，市、区级教学能手，一批教师在国家级课堂教学观摩与评比、教学基本功大赛、有效教学同课异构等活动中分获特等奖、一等奖及二等奖。受自治区教育厅师范处的邀请，该校在京蒙对口帮扶培训活动中做课程改革成果汇报；近百人应邀到北京、唐山、黑龙江、云南等院校作为点评嘉宾和专家评委进行课程改革研讨培训和实践者对话活动。为推动地方课程改革的有效进行，市、区两级教育行政和业务主部门先后邀请该校几十名教师送课下乡、同课异构。学校各项活动的开展，引起了社会各界的关注，《中国教育报》《中国教师报》《内蒙古日报》《内蒙古教育》及市、区两级新闻媒体相继对学校的课程改革进行了报道。最值得庆贺的是通辽市第十一中学的"368"问题导学型课堂学习模式在2014年教育部基础教育教学成果评审中荣获国家二等奖。这是内蒙古自治区唯一获得殊荣的奖项。

几十载栉风沐雨，砥砺前行，通辽市第十一中学在教育的沃土上播撒汗水，收获希望。2009年被通辽市人事局、教育局评为"通辽市教育系统先进单位"，2009—2013年，连续5年被区委组织部评为"工作实绩突出领导班子"，连续5年被区政府评为"政府行风评议优秀单位"，荣获"科尔沁区教体系统先进党支部"等称号。2013年9月该校被全国教育科学十一五教育部规划"有效教学行动策略研究"课题办公室评为"教育部规划'有效教学的行动策略研究'优秀实验学校"，11月被通辽市教育局确立为"通辽市名教师工作室"，12月被内蒙古自治区教育厅确立为"内蒙古自治区教学研究基地学校"。2014年10月，在全市基础教育改革现场会上，该校荣获全市基础教育课程改革成绩突出单位、先进单位、特色教研优秀单位等称号。

先后荣获自治区以上荣誉："教育部基础教育国家级教学成果二等奖""全国优

秀实验学校""全国创新教育实验学校""全国校报校刊联谊会理事单位""宋庆龄少年儿童科技发明示范基地""国家重点科研课题中学自学辅导实验基地""全国最佳校报特等奖""全国家长学校教育实验校""全国家长学校教育实验区""内蒙古自治区教学研究基地学校""内蒙古自治区教育科学研究实验基地""内蒙古自治区现代教育技术优秀学校"等。

十一、"1263"学本课堂

"1263"学本课堂是北京大学附属中学云南实验学校的特色课堂，是通过"1263"问题导学型学习模式来创建的。该学校成功实现课程改革，源于3位关键性人物：第一位是集团总裁、董事长陈云海同志，第二位是校长艾宏宇同志，第三位是业务校长朱绍聪同志。在他们的鼎力合作、倾心打造下实现了成功课程改革。

北京大学附属中学云南实验学校是一所国有民营学校，集团总裁陈云海同志有中国教育情怀，追求中国教育梦，高度重视素质教育，积极推进基础教育课程改革，把"领导型人才培养"确定为学校的育人目标和核心竞争力。他是对教育有着深刻理解，有着特殊情怀的企业家、实业家，一向倡导培养领导型人才理念，并将"培养领导型人才"确定为学校发展目标。在他的高度重视和全力支持下，学校积极探索课堂教学改革。他带领学校领导团队，到国内外教育改革成功学校参观学习，决心改变中国传统课堂教学。

2010年12月，我第一次来到北京大学附属中学云南实验学校进行新课程有效教学指导，从此在这里开始了课程有效教学研究和探索。在智慧型、专家型校长艾宏宇同志的全力推动下，广大师生积极探索新课程有效教学，共同创建了适合学校特色的问题导学型学本课堂，成功探索了"1263"问题导学型课堂学习模式，创新了以教为中心的传统教学常规机制，建构了以学为中心的新教学常规和新机制，为培养领导型学生搭建了科学而有效的平台。经过几年的努力创建，学校课堂教学改革取得了十分显著的成效。

目前，全校所有课堂教学都发生了实质性转型和变化，所有课堂教学都达到了问题导学型学本课堂境界，尤其是初中部实现了学生支持型学本课堂。学生学会了有效学习，学得轻松开心；教师学会了有效教学，导得智慧幸福。近年来，学校教育教学成绩得到大面积提高，特别是学生综合素质得到明显提高。

"1263"问题导学型学习模式是一种以问题为核心的学习方式，学生通过自主学习、合作交流、展示对话等方式进行学习，教师的作用是点燃学生学习的激情，在学习过程中对学生进行智慧指导。

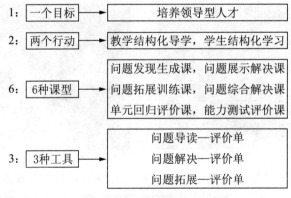

"1263"问题导学型学习模式图

"1"是一个目标，即培养领导型人才，这是该校的育人目标；

"2"是两个行动，即教师结构化导学，学生结构化学习；

"6"是六种课型，即问题发现生成课，问题展示解决课，问题拓展训练课，问题综合解决课，单元回归评价课，能力测试评价课；

"3"是开发的三种问题学习工具，即"问题导读—评价单""问题解决—评价

单""问题拓展—评价单"。

随着课堂改革研究的不断深入，在艾宏宇校长的带领下师生积极深入探索，研发了"1263"问题导学型学习模式，给学生、教师的发展搭建了更加宽广、多元的成长平台。

其特点是以问题为核心，实现知识问题化，把教师"教"的课堂变为学生"学"的课堂，把课堂上教师讲得精彩变为学生学得精彩，把学生综合素质和能力的发展摆在首位。通过一个多学期的学习、实践、探索，新的学习方式已被绝大多数教师和学生接受，工具单制作逐步规范，课堂走向民主，走向主动，走向合作，教师智慧指导的能力逐步提高，学生自主学习的习惯和能力开始形成，学习积极性提高，学习成绩有明显提升，今年该校中考成绩进入昆明市前6名。2011年5月24日，国家教育部副部长刘利民在云南省教育厅罗崇敏厅长等领导陪同下莅临该校，在了解了学校的教育教学及课堂教学改革的基本情况后，刘利民副部长对学校课堂教学改革做出了重要指导讲话，高度赞扬了学校教育模式，对课堂和学生的变化，给予了高度评价。他说："非常高兴能够看到北京大学附属中学云南实验学校在现行教材的基础上对课程改革所做出的努力和探索，我认为你们学校课程改革的亮点就在于以学生为主，培养了学生终身学习的能力。希望学校能把这种'问题导学型学本课堂'教育模式系统化地深入研究，作为我国改革创新的试点，为我国的教育改革事业提供一些先进经验，在更大范围内推广学习。希望学校领导和教师，要坚持把这种教育模式进一步探求下去，并预祝学校能够百尺竿头，更进一步。"（以上根据刘利民副部长讲话录音整理）

该校课堂品质的提升，引发了外界的广泛关注，来自省内外的教育专家、同行纷纷前来考察、交流，甚至大洋彼岸的美国安多福学校也前来观摩研讨，截至2012年年底，共有省内外60余所学校或教育机构，4 000余人的教师、教育工作者前来访问交流。北京大学附属中学云南实验学校的师生们接受了社会各界一次又一次检阅，交出了一份又一份令人惊喜的答卷。

北京大学附属中学云南实验学校建校以来，在教育主管部门及各方人士的关心指导下，学校在中考、高考及各类竞赛中取得了令人瞩目的成绩，学校已发展成为一所拥有师生3 600多人，由高中、初中和小学三个学部构成的集十二年一贯制教育为一体的学校。

十二、QPT 学本课堂

QPT 学本课堂是山西省大同市云岗中学的特色课堂，是通过"QPT"问题导学型学习模式来创建的。

我从 2011 年开始指导山西省大同市云岗中学，面对该校教师队伍老龄化等问题，我和杨志刚校长共同研究、积极探索，成功建构了"QPT"问题导学型学习模式，实现了学校教学方式的根本转型，创建了符合素质教育思想的 QPT 学本课堂，为促进师生成长搭建了科学平台。山西省大同市云岗中学能够成功实现关键在于杨志刚校长，他是一位理念先进、为人忠厚、性格刚毅、执著课程改革的专家型校长，他带领团队合作探究、积极推进，实现了学校的深度课程改革。杨校长曾总结说："我校从 2010 年开始推出教学方式改革，为了深化课堂教学改革，提升教育教学质量，特聘请中央教科院韩立福博士为课堂教学改革总顾问、指导专家，构建了'QPT'问题导学型学习模式，经过多年的研究和实践，逐步形成了具有云岗中学特色的'QPT'问题导学型学习模式多元体系，创建了 QPT 学本课堂，取得了显著成绩。"

该学习模式的全称是"问题导学、潜能挖掘、思维发展，问题导学型学习模式"。取问题（Q）、潜能（P）、思维（T）的英文首字母，简称"QPT 学习模式"。它是在学习建构观、学习者发展观、人本评价观、多维目标观的框架内建构的一种"学本课堂"教学模式。其基本内涵是：以问题为主线，以智慧策略为抓手、以评价为手段、以多元课型为支点、以团队学习为平台、以学习工具为驱动，在单位时间内发现问题、生成问题、解决问题、拓展问题，促进教师专业发展和学生的思维能力健康发展，具有可操作性。

近几年来，该校受到了上级部门的充分肯定：2011 年 9 月，被山西省大同大学外语学院确立为"教科研基地"；2011 年 10 月，被山西省教育学会确立为"课题引领课程改革'搭建学生自主发展平台行动研究'实验学校"；2011 年 12 月，被山西省教育学会评为"三晋课程改革先进学校"；2012 年 4 月，被大同市教育局确立为"课堂教学改革基地学校"；2013 年 4 月，被山西省教育厅等五部委评为"平安校园

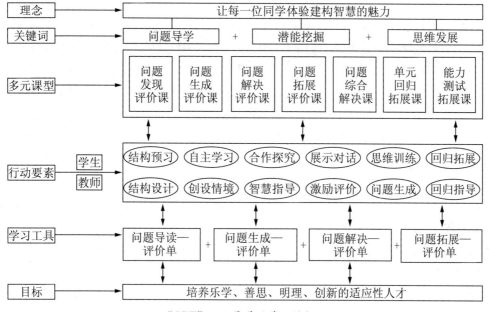

"QPT"问题导学型学习模式图

示范学校";2013年4月,被山西省教育学会评为"三晋课程改革名校";2013年6月,被大同大学确立为"教学实践基地学校";2013年7月,被山西省教育厅、山西省人民政府教育督导室授予"山西省素质教育示范学校"的荣誉;2013年11月,被中国民航管理干部学院列为"民航人才选拔基地";2013年12月,被山西省教育学会列为"十二五"规划课题"先学后导、问题评价"百所实验学校。

十三、GWQ学本课堂

GWQ学本课堂是广东省深圳市丽湖中学的特色课堂,是通过"GWQ三导"教学程式来创建的。该校的房超平校长是我在深圳市南山实验区专家组工作期间的"好搭档",当时他任南山区教科所所长,对教育改革有深刻的认识和独到的见解,是教育研究成果颇丰的教育家型校长。这所学校是新建学校,在建校之初,房超平校长带领教师利用 20 天，按问题导学理念、课型、方式和方法进行自主合作展示学习，不仅完成了学习任务，还促进了教师专业成长。我先后共去三四次，学校主要是自主成长起来的。这也是他们学校的创建特色。房校长曾总结道："我校在中国教育科学研究院韩立福教授的指导下，经过接近两年的实践，提出了'GWQ 三导'教学程式，试图从教学设计入手，再造新课程理念下的教学设计链，取得了初步的成效。"GWQ 是目标（G）、路径（W）和问题（Q）三个词英文的缩写。"GWQ 三导"教学程式即"目标·路径·问题"三导教学程式。具体地说，目标是指按照因材施教的原则，设计优等生、中等生、后进生三类学生分别能够达到的基础性、拓展性和挑战性分类学习目标；路径是指根据自主合作探究的新课程理念，设计通过自主学习和合作交流解决基础性目标，通过合作交流和展示对话学习形成拓展性目标和部分挑战性目标的达成路径；问题是依据分类目标设计是关键问题，即我们所说的胖问题，并根据胖问题设计问题串，形成以问题串为主要内容的自主学单。

学习任务、学习目标、实践路径和自主学单四者是关键。

2013 年 4 月 18 日，南山区初中语文教师作文教学总决赛在南山实验麒麟部举行，入职仅半年的年轻教师熊雅丽荣获特等奖。之后，丽湖中学的青年教师屡屡在各级各项专业大赛中获奖。据不完全统计，短短一年半时间，学校先后有 3 人获国家级教学比赛特等奖；10 人获区级奖励，其中特等奖 2 人、一等奖 10 人、二等奖 6 人。4 月 28 日，在云南昆明举行的全国新课程有效教学"同课异构"教学比赛中，建校不到一年的南山区丽湖中学的参赛教师获得语文、数学、英语学科三项特等奖，成为参与本次比赛的七所学校中的佼佼者，也使"深圳"形象深深烙印在近千名观摩本次活动的专家和教师心中。在全国教学比武中获得"大满贯"，是丽湖中学推进课堂教学改革的又一丰硕成果。

墙内开花，一路芬芳。迄今，已有河北省唐山市丰南区中学等学校的领导等慕名前来参观、学习，撷取教育教学的真经。开学半年多以来，学校大刀阔斧的改革

（图示）学习任务（有一定的强制性）
结合学情确定 —— 根据目标修订
学习目标
达成目标途径 依据目标编写
依据目标设计 支撑目标工具
实现路径　　　自主学单

创新举措和别具一格的校园文化活动反响巨大，获得了社会的高度关注。《中国教育报》《教育文摘周报》《南方日报》《南方都市报》《南方教育时报》《深圳特区报》《深圳晚报》《晶报》等国家、省、市媒体先后大篇幅报道了丽湖中学的教育改革举措，为学校赚足了人气。

十四、QGP 学本课堂

QGP 学本课堂是河南省内乡县菊潭学校的特色课堂，是通过"QGP"问题导学型课堂学习模式来创建的。我从 2012 年初开始指导这所学校，先后指导八九次，与樊董事长、樊聪丛校长一道共同研究课程改革，协助学校建构了"QGP"问题导学型课堂学习模式，实现了教学方式的根本性转型，创建了 QGP 学本课堂。

这所学校是一所民办学校，隶属内乡县教体局，直接接受其行政和业务管理。樊董事长是理念先进、忠厚诚实、务实肯干、智慧创新的教育实业家，樊聪丛校长是智慧灵光、朴实善良、勤恳敬业、工作踏实、善于学习创新的专家型校长。我与原教育局张成喜副局长作为学校特聘专家，精诚团结、协力探究，成为樊董事长、樊聪丛校长的得力助手，带领来自江苏省的 3 位校长推进学校的课堂改革。

自建校以来，学校高度重视课堂教学改革，并以此为龙头实施了一系列改革措施，取得了明显成效：其一，推进内乡县教研室创立并推广实施的"学·导·练"课堂教学模式，使知识讲授课堂成为过去，初步解放了学生的学习力，大大提高了课堂教学效益；其二，改革学生评价标准，用多把"尺子"衡量学生，大幅度增加了各类优秀学生的数量和质量，真正呈现出校园内星光灿烂的喜人局面；其三，制定专任教师评价办法，实施教书育人德、智、体、美"承包责任制"，教学成绩只是"责任制"中的一个侧面，使广大教师真正面向全体学生，促进学生全面发展；其四，制定与课堂教学改革相配套的教师专业成长激励机制，设置"骨干教师""学科带头人""名师"荣誉称号并给予相应奖励措施，激励广大专任教师积极参与学校课堂教学改革，促进教师专业成长；其五，构建学校文化，通过"学校使命""育人理念""学校愿景""三风训语""发展目标""管理理念"等文化元素的渗透，促进学校内涵发展，创办全国知名特色学校。

樊董事长曾感慨地说："从 2012 年秋期开始，学校加入中国教育科学研究院韩立福教授主持的全国教育科学'十一五'规划教育部规划课题'有效教学的行动策略研究'项目，用先知先觉们的研究成果，指导我们的教育教学实践。一年多来，在韩教授及其专家团队的指导下，经过全体师生的共同努力创建了具有我校特色的'QGP'问题导学型课堂学习模式，取得了十分显著的成就。"

"QGP"问题导学型课堂学习模式是一个系统的操作体系，其中，"Q"指"问题"，"G"指"团队"，"P"指"个性"。

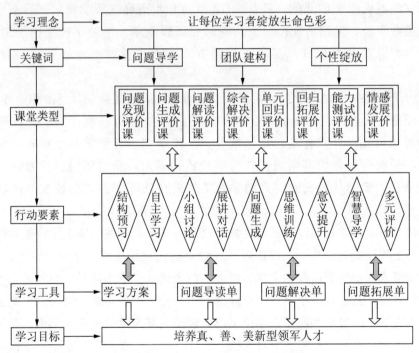

"QGP"问题导学型课堂学习模式图

几年来，在县教体局的正确领导下，广大师生经过不懈努力、积极探索，共同创建了高质量的学本课堂，学校教育教学质量得到明显提升，在课堂教学改革、特长教育等方面已经发展成为内乡县中小学校的排头兵。2013 年，该校初中部毕业生参加全省中招统一考试，省级示范性高中录取率达 33.3%，位列全市前茅。目前，学校已圆满完成"三年发展规划"，逐步成长为内涵丰富、特色突出的区域性知名学校。受到市、县教育局领导高度评价和内乡县广大百姓的广泛认可，已成长为一所内涵厚重、特色鲜明的区域性课程改革示范学校。并获得"中国民营百强学校""河南省诚信办学单位""内乡县教师教育基地"等荣誉称号。

十五、"三·五·三"学导型学本课堂

"三·五·三"学导型学本课堂是山西省太谷第二中学的特色课堂，是通过"三·五·三"学导型课堂教学模式来创建的。我从 2008 年下半年至今，亲自指导 20 多次。这所学校的成功关键在于赵万科校长，在 2008 年实施课程改革，其难度尤为大。近年来，赵校长带领校长团队致力于学校课程改革事业，走出了成功之路。太谷第二中学创造了教育的奇迹，将最普通的学生，通过课堂教学改革，培养成优秀学生，实现了增值教育。

赵万科校长曾高度评价说："太谷第二中学在中国教育科学研究院韩立福教授的指导下，积极探索有效教学的行动策略，确立了'依标施教，以学定教，先学后导，问题评价'的教学理念，构建了'三·五·三'学导型课堂教学模式，推进学生'自主、合作、探究'学习方式的变革，实现了大发展，取得了大成就。"

"三·五·三"学导型有效教学模式由理念、核心要素、多元课型、行动元素、学习工具、目标六个部分组成。

理念：依标施教，以学定教，先学后导，问题评价。依标施教是指教师根据对课题三维目标的准确把握，引导学生反复阅读，深入文本，感知内容，体验意义，发现问题，生成问题，实现知识的迁移；以学定教是指教师根据课题三维目标预设的问题和学生在"问题生成学导课"中生成的问题，教师指导学生自主合作展示交流，进一步帮助学生理解知识，巩固记忆，提升能力；先学后导是指教师根据学生对知识的掌握情况和疑点的把握，指导学生学会拓展学习，进一步挖掘问题，展示问题，巩固知识，提高学生分析问题、解决问题的综合能力；问题评价是指教师根据学生完成三单的情况给予评价。

核心要素：以自主学习为核心、以小组合作为方法、以展示交流为平台实施教学模式。

多元课型：运用"三·五·三"创新三类课型——"问题导读生成课""问题展示解决课""问题拓展提升课"。

行动元素："情境设置""自主合作""展示交流""师生互导""拓展提升"。

学习工具："问题导读—评价单""问题解决—评价单""问题拓展—评价单"。记录学生的成长历程。让学生在问题导读中拓展思维。

目标：师生共同发展是实施"三·五·三"学习模式的最终理想。

围绕三维目标的本质要求，突出优化"阅读、思维、表达"技能而提质增效，其中思维技能是提质的核心，以优化"辨析、变通、联想、类比、记忆"思维为重点。学校独创了课前用"一·三·九"优学思维模式进行结构化自主学习，课中用同题异构"二·三·四"比拼模式及"一·二·三"思路构建模式相互合作而优学，课后用"一题多元、多题一源、纵横联系、类比类推"十六字反思模式进行优学成果大比拼为支撑的模式。由校长主持构建的"'三·五·三'学导型课堂教学模式的探索与实践"课题，荣获 2014 年教育部基础教育国家级教学成果二等奖。学校历经 6 年课程课堂教学改革，由一个名不见经传的县级普通高中发展为省级示范、多元特色、成果显著的优质高中，成为全国普通高中课堂改革领航名校。慕名而来参观学习、观课交流的全国各地兄弟学校的领导、教师以及教育界专家络绎不绝。2010 年晋中市新课程有效教学实践探索首届高中校长高峰论坛、2011 年山西省普通高中课堂教学改革学校首届校长高峰论坛、2012 年全国课堂教学改革论坛暨现场交流会均在该校举行。

学校有效教学成果显著，教学质量不断攀升，培养出了山西省理科状元贺鼎，晋中市文科状元连泽鹏、任宇芳、彭敬宇等一大批优秀学子；每年还为清华、北大、浙大等名校输送数十名拔尖学生，升学率稳定在 85% 以上；特别是为国家培养输送了 200 余名空军、民航飞行学员，50 多名民航空乘空保学员；为高等体育、艺术学校输送了 1000 余名特长学生；为军事、公安院校输送了 600 余名优秀人才。其中包括 2009 年山西省十大新闻人物、全国首批女歼击机飞行员之一的王欣，空军比武第一名的任夏彬，中国东方航空公司山西分公司优秀机长丁晓佳，被空军航空大学与清华大学航天航空学院首批联合培养的飞行员巩雨等。

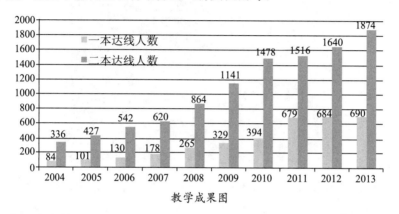

教学成果图

多年来，在全体教职工的努力下，学校的各项工作得到了国家、省、市党委、政府和教育行政部门的高度认可，学校荣获"全民国防教育先进单位""出飞率全国第一""全国特色学校"等国家级荣誉 25 项；荣获"山西省教育系统先进集体""山西省基础教育课程改革先进集体""山西省德育示范校""山西省五星级基层工会"等省部级奖励 56 项；荣获记晋中市"集体一等功"等市级荣誉 96 项；连续 3 年荣获"晋中市高中学校综合评估先进单位""晋中市教学质量优秀奖""晋中市教学改革先进奖"。

十六、"三维六元"学本课堂

"三维六元"学本课堂是河南省漯河高中的特色课堂，是通过"三维六元"卓越课堂学习模式来创建的。我是 2010 年 11 月开始指导漯河高中的，先后来 13 次左右，这是一所地市级普通高中，学生生源和教师素质相对要好，这所学校的课程改革特点是好生源、好师资，通过课堂改革谱写素质教育的辉煌。因为，目前，国内

　　许许多多的所谓名校，以好生源、好师资学校不需要课堂改革为借口不进行课程改革，只进行校本课程改革。漯河高中是先从高三课堂改革抓起，建立了高中全程课堂改革新体系。

　　漯河高中课堂改革成功的关键在于赵建钊校长、王海东副校长，他们两位都是国务院政府津贴享受者、中原名师、特级教师。赵建钊校长是一位理念先进、思维缜密、性格刚毅、严肃认真、执著课程改革、有较强的执行力的专家型校长。给我留下深刻印象的是，首次系统培训中，有些教师认识不足有些躁动，赵建钊校长就一半天一半天地站着听课，关注着教师的听课效果。王海东副校长是一位理念先进、性格开朗、思维灵活、智慧创新、有较强的执行力的专家型校长。近几年来，我与他们二位及校长团队共同开展研究，建构了"三维六元"卓越课堂学习模式，创建了"三维六元"卓越型学本课堂。

　　沙澧河畔中原名校，字圣故里英才摇篮。始建于 1948 年的漯河高中有着 60 余年的辉煌历史，是河南省首批示范性高中和漯河市唯一一所申报全国示范性高中的学校。该校秉承"公、诚、爱、严"的校训，经过 60 余年栉风沐雨的发展，如今的漯河高中已成为一所教风严谨、学风纯正、办学理念科学、办学成绩辉煌的人才摇篮，在豫中南享有"将军摇篮""博士基地""状元名校"的美誉。原中央军委副主席、国防部长曹刚川上将从这里走出。

　　2008 年，河南省实施高中课程改革。2010 年，河南省教育厅出台一系列措施，规范中小学办学行为。面对规范办学，深入贯彻落实课程改革精神的形势，学校质的发展迫在眉睫。在这种形势下，传统的课堂教学模式固然可以保持现有的成绩，

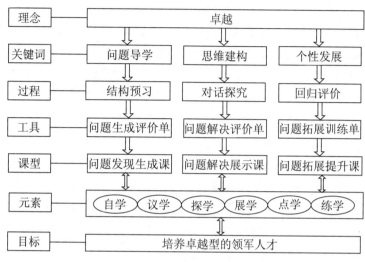

理念	卓越		
关键词	问题导学	思维建构	个性发展
过程	结构预习	对话探究	回归评价
工具	问题生成评价单	问题解决评价单	问题拓展训练单
课型	问题发现生成课	问题解决展示课	问题拓展提升课
元素	自学　议学　探学　展学　点学　练学		
目标	培养卓越型的领军人才		

"三维六元"卓越课堂学习模式图

但要创办国家级示范性高中，实现"创中华名校，育民族英才"的宏伟蓝图就必须探索新的路径。在这种情况下，以赵建钊为首的学校领导班子，高瞻远瞩，运筹帷幄，超前谋划，果断提出以高效课堂为抓手，促进学校内涵式发展，走可持续发展之路的宏伟战略。

　　赵建钊校长向全体师生提出："现在，有效教学不是讨论做与不做的问题，而是如何做的问题。"于是，从 2008 年开始，漯河高中教师南下湖北、江苏，北上河北，西进宁夏、山西，东征山东，考察课程改革名校，探索漯河高中课程改革之路。赵建钊校长总结说："在长期的探索中，韩立福教授的有效教学理论犹如一盏明灯照亮了我校的课程改革之路。2010 年，我校结合办学实际，聘请中央教科所韩立福博士

为指导专家，以构建高效课堂为突破口，大力开展新课程背景下的有效教育教学研究，提出符合我校实际的'有效教学'学导型课堂教学模式，探索出一条'轻负担，高质量，低耗时，高效益'的课堂教学改革之路，促进了学校的内涵式发展。"从2010年新年伊始，"问题式"学导型课堂学习模式的探索，在漯河高中全面展开。经过近年来的深入探索和强力实施，该校为课堂教学方式发生了本质性变化，学生学会了自主合作探究学习，教师学会了智慧型导学，学校教育教学质量得到大幅度提升，取得了前所未有的辉煌成就。

首先，持续提高的高考成绩。2009—2013年高考，漯河高中成就了漯河市五连冠，5年夺得文、理状元9名！一举为清华大学、北京大学输送了39名优秀高中毕业生。老百姓甚至幽默地为漯河高中编了个顺口溜："漯河高中不简单，高考年年出状元。"2013年高考成绩揭晓，漯河高中连续第五年包揽漯河市文、理双状元；河南省文科前6名中，漯河高中占3人；河南省理科前6名中，漯河高中占2人；漯河高中参加高考人数共2 100余人，达到一本录取分数线者850人，达到二本分数线者1 500人。学校一举实现清华、北大共录取15人的好成绩。2014年高考，全省文科前10名中，漯河高中占3名；齐华瑞同学以665分夺取全省状元。4人被清华大学录取，10人被北京大学录取，两人被香港大学录取。

其次，各个学科的特色教学活动。语文教研室的"快乐作文秀"不仅激发了学生学习作文的兴趣，释放了学生写作的压力，而且大面积提高了学生的作文水平。英语教研室的"魅力3分钟"，成为学生竞相展示英语口语风采的个性化舞台，不仅使更多学生踊跃参与"校园英语角"，在2009—2014年的全国性英语演讲或写作大赛中，师生更是捧回了30多个一等奖。

漯河高中素质教育硕果累累，学生的创造力空前活跃。2004年至今，数学、物理、化学、生物等学科竞赛就有上百人获得省级和国家级奥赛奖；2005届学生王杰瑞、韩萧开发的"电台数字音频工作站"软件获19届河南省青少年科技发明一等奖；2005届学生张栋的英语口语被疯狂英语创始人李阳赞誉"比美国人还纯正"，现就读于哈佛大学；2008年，河南省中学生英语综合技能竞赛中，漯河高中9人获一等奖。

2013年12月，该校成功召开了全国新课程有效教学成果展示暨专家鉴定会议，得到教育部基础教育课程教材发展中心田慧生主任、中国教育报刊社张新洲副社长以及来自中国人民大学、北京师范大学的专家的高度评价。目前，漯河高中的课程改革成功经验享誉全国，来漯河高中参观学习的领导、教师络绎不绝。

十七、RCE 学本课堂

　　RCE 学本课堂是深圳市第二实验中学的特色课堂，是通过"问题·个性"（RCE）课堂学习模式来创建的。我是2012年初来到这所学校开始指导的，与赵立校长、郑联采副校长共同开展课堂教学改革研究，指导学校建构了"问题·个性"（RCE）课堂学习模式，创建了促进学生个性发展的 RCE 学本课堂。

　　深圳市是我国经济改革的前沿和"窗口"，云集了我国来自各省、市的优秀教师、传统名师、特级教师，再加上地区经济发达促进了条件性教育质量的显著提升，面对课程改革许多人有两种误解：一是认为经济发达地区学校无须改革；二是经济发达地区办学条件好，教育质量就好。当许多学校都在沾沾自喜或观望时，深圳市第二实验中学赵立校长带领校长团队和广大师生开始先行探索和实验。高中部开始进行了6个文科实验班，然后逐步推开。当时出现了一个怪现象，部分不能理解课

程改革的教师起初将自己的孩子调到非实验班，实验一年后，学生成绩明显提升，便又开始将自己孩子调进实验班。2014 年文科实验班高考成绩在学校史上创造了奇迹。

深圳市第二实验中学课程改革成功的关键在于赵立校长和郑联采副校长。赵立校长是一位为人忠厚、性格温和、谦虚内敛、外柔内刚、信念坚定、智慧创新、执著课程改革的专家型校长；郑联采副校长是为人谦和、性情直爽、秉持信念、智慧创新、有课程改革执行力的专家型校长。他们密切配合、积极推动课程改革，最终取得了奇迹般的教育成就。郑联采副校长在总结中说："2012 年 3 月，在赵立校长的亲自策划下，我校邀请中央教育科学研究院韩立福博士来校指导，正式开展有效教学实验。为了确保实验计划和措施的贯彻落实，加强对实验工作的指导，学校专门成立了课程改革实验工作领导小组，由校长担任组长、分管教学副校长任副组长，领导小组成员包括教学处主任、主任助理和年级主任及副主任，并在各年级成立相应的课程改革推进机构，分期分批推进实验工作。至 2013 年 2 月，有效教学实验在全校推广。2013 年 5 月，韩立福博士莅校推门观课并组织研讨报告后，对我校的课程改革实验给出'全面实施，成效显著，本质转型，内涵丰富'的高度评价。"

这次的课程改革实验班既改变了学校教师们的观念，推动他们追寻教育的本质，寻找变革的力量，不断探索寻求突破，也让学校教师深刻认识到务必把培养人、造就人作为学校的第一要务，把学生放在教育教学的第一位，创造适合学生发展的教育。经过两年多的实验和探索，结合学校实际情况，韩立福博士和学校领导深入研讨后，指导学校构建起具有学校特色的致力于培养学生综合素养的"问题·个性"（RCE）课堂学习模式。

开展有效教学实验以来，深圳市第二实验中学的教师观念得到更新，思想更加解放，在教育教学工作中取得的成就如下。

深圳市第二实验中学 2013 年、2014 年连续两届中考成绩优秀，各项指标在深圳市罗湖区名列前茅。

在 2014 年 5 月举行的"第七届全国互动课堂大赛"中，深圳市第二实验中学初中部林森、陈琪、王义明老师荣获一等奖，吴晓玲老师荣获二等奖。林森老师在 6 月份举行的现场说课比赛中再次获得一等奖。

在 2014 年深圳市举行的班主任技能大赛中，深圳市第二实验中学张哲老师荣获

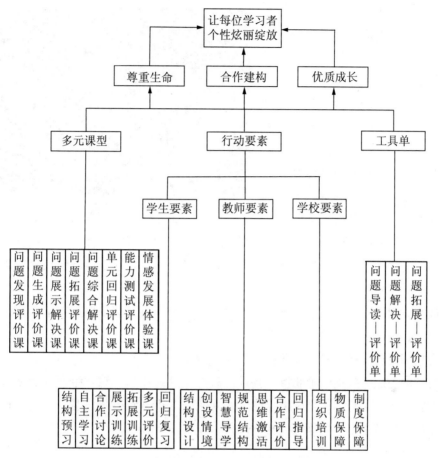

"问题·个性"（RCE）课堂学习模式图

二等奖。

　　深圳市第二实验中学韦茜老师在 2014 年"深圳市童话寓言教学大赛"中荣获一等奖。之后，韦茜老师在光明新区面向全区老师执教了一堂公开课。

　　在深圳市"2013 年化学名师好课"活动中，深圳市第二实验中学汪英老师面向全市化学老师执教的课荣获一等奖。

　　2014 年 10 月，黄奕华老师应深圳市电教馆之邀录制了一堂优质录像课。

　　学校连续 8 年获评深圳市高考先进单位。

中高考方面，2014 年高考成绩，重点大学人数 143 人，本科 A 443 人，本科 B 623 人，三项均创历史新高。理科最高分 661 分，超重点线 101 分，是近四年的最高纪录。重点率达 20%，本科 A 率达 62%，本科 B 率达 88%，本科 A、本科 B 率均达历史新高。深圳市第二实验中学今年参考人数 716 人，

是参考人数最多的一届，也是创造高考奇迹的一届。这对一所生源好的重点高中来说，也许不值一提，但是对生源一般的深圳市第二实验中学来讲，实属创造奇迹，能够把普通的、一般的生源培育成优秀生源、优秀人才，这就是增值教育，是功德教育。

竞赛方面，学生在数学、物理、生物、信息等学科竞赛中屡创佳绩，有 300 多人获得省、市以上奖励。

在教师发展方面：有效教学模式带动了教师专业成长，教师们不断学习，充实教育教学能力，一大批教师获得了教学比武好成绩。比如，数学组彭青老师荣获全国数学教学比赛一等奖；物理组程建生老师荣获全市青年教师比赛一等奖等；孙欢老师在广东省班主任专业能力大赛中荣获一等奖。

十八、STT 学本课堂

"STT"学本课堂是河北省唐山市玉田第一中学的特色课堂，是通过"STT"问题导学型学习模式来创建的。我是 2013 年开始指导这所学校的，与赵仁义校长一道开展课堂教学研究，指导学校建构了"STT"问题导学型学习模式，创建了"STT"学本课堂。

赵仁义校长是理念先进、性格直爽、智慧创新、善于学习、富有挑战意识、具

有执行力的专家型校长。他带领校长团队成员积极探索、锐意创新、积极践行课堂教学改革，取得了高中课程改革的显著成绩。面对"县第一中学不敢真改"的社会现象，玉田第一中学做出了示范和榜样，起到了示范引领的积极推动作用。

　　在教学改革方面，学校紧紧抓住课程改革的战略机遇期，积极探索，不断创新，结合学校自身特点和课堂教学模式基础，我们共同创建了全新的课堂模式——"STT"问题导学型学习模式。该模式充分体现学本课堂理念，突出问题导向，注重小组建设，促进全面提升，实现了课堂教学的自主性、参与性、针对性、高效性。全体学生学有信心，学有进步，学有所成。"STT"问题导学型学习模式，在素质教育和高考成绩之间找到了一个极佳的契合点。

　　自 2008 年以来，玉田第一中学综合改革卓有成效，办学特色更加鲜明，教育质量不断攀升，二批本科升学率连创新高，从 2008 年的 770 人起步，到 2014 年的 1609 人，六年连上六个台阶，已经连续 3 年，上段人数位居唐山市重点中学第二名。尤其是 2014 年高考，综合排名位更是雄居首位，稳居唐山市高考先进校的领先方阵。

　　目前，玉田第一中学全校师生正以饱满的热情，高昂的斗志，全力冲刺"九年战略"第三阶段目标（第一步，走出低谷，厚积薄发；第二步，质量一流，市内领先；第三步，提升品位，争创国优），为把学校建设成为质量一流，特色鲜明，品位高雅、具有较大影响力的国家级名校而努力奋斗！

　　学校先后获得全国中小学班级管理先进单位，全国基础教育百佳名校、河北省现代教育技术示范校，河北省体育传统项目学校、河北省学校国防教育先进集体、唐山市文明单位、唐山市三八红旗集体等国家、省市级荣誉称号；并且，连续 17 年被评为"唐山市高中工作先进校"和"高考强校"。

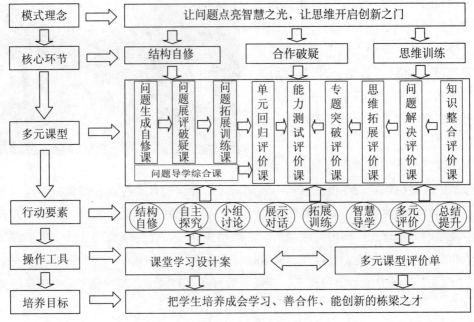

"STT"问题导学型学习模式图

十九、ICD 学本课堂

杨镇第二中学是一所初中"寄宿制"学校，是北京市在校人数最多、占地面积最大的学校。我 2010 年开始指导这所学校的课堂教学改革，与王玉辉校长一道开始了杨镇二中的课程改革探索之路。ICD 学本课堂是杨镇二中的特色模式，是通过"ICD"问题导学型课堂学习模式来创建的。王玉辉校长是一位理念先进、信念坚定、具有专业智慧、慈母心怀、关爱师生的教育家型校长。她带领全校师生创造了一个又一个辉煌！

为了进一步落实课程改革，2010 年 9 月，我和王校长共同确立了以主体（I）、合作（C）、发展（D）为核心的"ICD"课程改革思路，构建了"ICD"问题导学型课堂学习模式。改革的核心是让学生成为教育教学活动的主体，让主体在合作中共

同进步。学校遵循"让每个生命精彩绽放"的理念，设立了培养"会学习、善合作、高能力的卓越公民"的目标，明确了"主体建构、合作对话、发展思维"的关键词，形成了八个多元课型、六组行动要素及三种评价单。学生在教学活动中真正体验到了平等、尊重、民主、理解与信任，自信、独立、责任、分享、包容、谦逊等品质得到了很好的培养。

学校成绩卓著，被评为"全国书法实验校""国家级体育传统校""联合国教科文组织中国可持续发展教育（ESD）项目示范学校""全国节能减排与可持续发展学校—社会行动项目示范学校"。学校连续多年被评为"顺义区教育工作先进单位"，多次承办市、区级教育教学现场会，获得"全国素质教育优秀学校""全国现代教育理论与实践先进学校""教育奠基中国全国名优学校"等多项荣誉称号。

学校的办学成果辉煌，引起社会广泛关注。办学经验多次刊登在《中国教育报》《中国教师报》《现代教育报》《北京教育》《中小学管理》等多种报刊中。学校干部教师数十次在全国、市、区级会议上介绍经验，首都师范大学出版社出版的反映学校"三品"办学之路的《"品"出优质》一书于 2013 年 9 月全国发行。中国教育电视台在该校还录制了长达半小时的"走进问题导学，创建学本课堂"的专题宣传片。

在 2013 年年底顺义区组织的 23 所初中学生参加的学生综合素质展示活动中，该校八年级获得优秀成绩，进区前十名的有 3 人，进前 500 名的人数达 101 人，创学校历史新高。2014 年年底的顺义区学生综合素质展示活动中，八年级再次获得优秀成绩，解玖溪同学获得第一名，进前 500 名的人数达 114 人，再创学校历史辉煌。近三年的中考中该校均获"区先进集体奖""英才教育奖""学科优秀奖"。学生综合素质的全面提升体现了课程改革的成果。

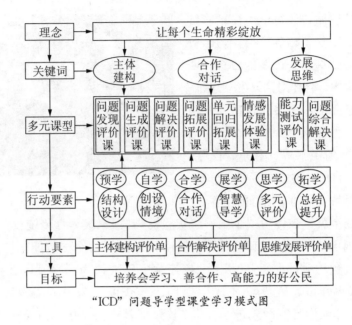

"ICD"问题导学型课堂学习模式图

二十、LEW 学本课堂

内蒙古自治区呼和浩特市第二十一中学的课程改革成绩是最有说服力的、最值得肯定的，因为在平凡中创造了奇迹。2010 年，我在内蒙古自治区教研室孙柏军主任的推介下，来到这所呼和浩特市生源最差的完全高中，到目前为止，我已经来校指导十多次。所有生源都是各个高中不招收的初中生，凡是想上高中的都在这里

"兜底"。为什么这所极其普通的弱势生源学校能够创造奇迹呢？主要是有一位秉持信念、执著探索、孜孜不倦、脚踏实地、具有专业智慧和课程改革执行力的康连芝校长。

他面对课程改革困难不退缩，做到"咬定青山不放松"，带领校长团队克服教师观念转型、教学行为转型、教师被动课程改革等问题，终于走出"课程改革困境"，取得了"艳阳高照"的好成绩。2014年呼和浩特市第二十一中学高考成绩创历史新高，创普通高中办学奇迹，弱势变强势，连续实现四年增长，实现一、二本人数大幅超越。

对于其他生源好的高中而言，他们的高考成绩在人数上不值得一提，更没有考进清华、北大的学生。但是，其有着非凡的意义，他们实现了增值教育。更说明了一个有非凡意义的道理：实施课堂改革非但不影响高考成绩，还能提高高考成绩。这就是最好的例证，铁一般的实证。尤其是对每一个考生而言，他们学会了自主学习、合作学习、展示学习等，他们有了人生的自信，他们有了黄金般的社会化质素，这比考上清华北大更有意义。如果没有康连芝校长坚定而持续地推动课程改革，这些学生们的人生会是怎么样的，或许幸福、或许痛苦，我们无法想象，不敢想象。康连芝校长是功德无量的校长，造福学生终身幸福的校长。

我们把中考成绩和高考成绩对比分析一下：当年的中考出库线是330分，400分以上只有5个人，最高分才是451分，还接受一些200多分的学生。但是，经过三年的问题导学型学本课堂的教育，呼市二十一中的学生们取得了高考好成绩——秦晓雷同学取得最高成绩561分；黄丽娟同学入学成绩273分，高考成绩525分，三年提高了252分；赵泽宇同学入学成绩333分，高考成绩521分，三年提升188分；等等。这就是奇迹。

从实验效果来看，实施有效教学、创建学本课堂，使各实验学校的学生学习方式得到了有效转变，学生学习的能动性和积极性得到了最大限度的提高，几乎是每

个学生都在积极主动学习，都学会自主合作探究学习，明显地缩小了学生之间的差异，学生综合素质得到大幅提升，使学生在中小学期间赢得了"黄金般"的社会化素质，大面积地提高了教育教学质量。教师学会了有效教学、智慧导学，促进了教师专业成长。中国教育学会会长顾明远教授视察新课程有效教学创建学校的学本课堂时给予了高度评价："通过课堂观察看出，学生最大的变化是在真正地听、真正地思、真正地议、真正地做，学生在学本课堂中是真实、个性、活泼、有效的学习。最让人振奋的是，FFS教学模式的实施，在课堂教学中让我们感悟到素质教育理念处处得到体现，学本课堂做到了面向全体，促进每位学生主动发展和全面发展。"

社会评价和反响

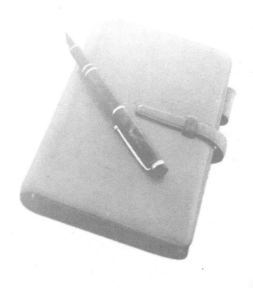

经过十多年的艰辛探索和研究，我成功创建了学本课堂操作体系和学本教育理论体系，在实践层面上成功指导了 60 余所学校的课堂教学改革，使这些学校从根本上转变了课堂教学方式，提升了教育教学质量，促进了教师专业成长。尤其是 2014 年该体素被《人民教育》（第 16 期）以专辑形式系统报道后，赢得了较好的社会评价和反响。在其整个创建过程中，得到了教育部领导、教育部基础教育课程教材发展中心、中国教育学会、中国教育报刊社领导和专家的亲切关怀和帮助，并得到了他们的高度评价和充分肯定。同时，在基层中小学，本模式也赢得了校长、教研员、教师和学生的认可和欢迎。

一、社会知名人士的评价

今天在北京大学附属中学云南实验学校，非常高兴能够看到学校在现行教材的基础上对课程改革所做出的努力和探索，北大附中云南实验学校教育改革的亮点就在于以学生为主，培养了学生终身学习的能力。希望学校把这种"问题导学型学本课堂"教育模式系统化的深入探究，作为我国改革创新的试点，为我国的教育改革事业提供一些先进经验，在更大范围内推广学习。

（教育部副部长　刘利民）

素质教育要以学为本

2008 年 7 月，我参加了中央教科所在内蒙古自治区乌丹五中召开的学本课堂教学研讨会。2010 年、2012 年，我又先后参加了在北京市周口店小学、北京市团河小学举办的现场交流会。当时，看到学校的学本课堂，我感受颇深。学生和教师主持课堂学习，师生合作交流解决问题，学生无拘无束、生龙活虎地学习，绝大多数学生抬头挺胸、充满自信、语言流畅、声音洪亮、个性灿烂。教师基本上退出讲台，走近学生进行智慧导学。

这些年来，我一直思考，素质教育课堂是什么样的？素质教育的精髓是 16 个字，即"面向全体、主动发展、全面发展、个性发展"。细品学本课堂，感觉素质教育在那里得到了比较充分的体现。

（一）基于建构师生民主、平等、和谐关系的学本课堂，做到了面向全体

学本课堂十分强调重构师生关系，必须建立民主、平等、和谐的发展关系。在学本课堂上，同学们都爱称教师为"大同学"。教师过去那种神圣、威严的高大形象消失了，取而代之的是同学般的大同学形象。教师与学生建立民主、平等、人文、和谐的同伴关系，搭建师生共学的学习氛围，创造能够面向全体学生的真实、自然的学习环境。由于在学本课堂学习中重构了没有等级的师生关系，教师与每位同学都能建立信任、合作、共学的平等关系，师生关系是等距的，而不是与谁近谁远。反过来，学生都能与教师建立尊重、合作、交流的等位关系。这样，师生之间形成了相互信任、相互依存、相互合作的发展关系，彼此相处真实、自然、不紧张。

（二）基于培养学生新学习能力的学本课堂，致力于主动发展

学本课堂特别强调学生新学习能力的培养，尤其是自主预习能力、合作讨论能力、展示对话学习能力、高级思维学习能力、问题生成学习能力和团队评价学习能力等，给学生提供了最大限度施展这些新学习能力的机会和空间。

在传统的课堂教学中，教师主导课堂，时间和空间几乎是教师占用，没有给学生"主动发展"的时间和空间，为什么传统课堂教学不能实现素质教育，这是一个主要原因。而学本课堂视野中，教师通过团队创建指导课、结构预习指导和学习能力指导课等基础课型来培养学生的新学习能力。继而，在基本课型学习和拓展课型学习中搭建学生运用新学习能力的平台，使学生的新学习能力得到持续提高和日益成熟，表现出主动发展的良好态势。可见，学本课堂是致力于学生主动发展的课堂。

（三）基于提高教师智慧导学能力的学本课堂，追求全面发展

学本课堂关注教师智慧导学能力的培养，强调学生的学习过程是自主合作探究的过程，学生学业成绩的提高主要靠学生的自主探究学习、合作探究学习，而不能只靠教师的精彩讲授和机械训练。

在学本课堂视野中，教师的智慧导学主要体现在两个方面：一是如何让学生学会自主合作探究学习，尤其是培养自主合作探究学习能力；二是如何实现高质量的自主合作探究学习。

让每位学生学会自主合作探究学习，提高学习能力是促进学生全面发展的前提；让每位学生完成学习任务，提高学习质量是促进学生全面发展的保障。在学本课堂中，教师没有努力讲授，而是退居"二线"，潜伏在小组中间、潜能生身旁。"两关两导"策略：一方面关注学生问题解决的质量，另一方面关注潜能生的学习效果。努力关注着每位同学的学习表现和效果，追求学生的全面发展。

（四）基于营造师生个性绽放氛围的学本课堂，促进了个性发展

学本课堂不是教师的"一言堂"，学习过程是师生共同围绕问题并通过合作探究、展示对话来解决问题的过程，从而达到知识建构、能力培养和丰富情感的目的。教师在长期培养学生小组讨论学习能力、展示对话学习能力的基础上，在课堂中组织各学习团队灿烂展示、各抒己见、各显其能，使每位学生和教师的思维得到绽放、个性得到发展。

我在观察初中语文《端午的鸭蛋》一课时，经过小组讨论后，八个小组的学生用八种不同的风格和方式进行板书，有的用括弧法，有的用饼图法，有的用框架图法，有的用漫画法，有的用简笔画法。尤其是展讲对话、解决问题环节，各小组更是思维碰撞、相互交流、精彩展示，使所有问题得到有效解决。通过这些可以看出，学本课堂营造了师生个性绽放的学习氛围，为促进师生个性发展奠定了坚实的基础。

总之，提倡学本课堂，是以学生为主体，同时重视教师的导学作用，师生相得益彰，极大地提高了课堂教学的效率，培养了学生的学习能力；教师也从有效课堂中更新了观念，提升了教育智慧和教书育人的能力。

（北京师范大学资深教授、中国教育学会名誉会长　顾明远）

学本课堂推动深度课程改革

中国教科院韩立福博士多年来研究新课程有效教学，长期置身于中小学课堂教学改革第一线，经过长达十年的行动研究和实践指导，探索出了由"教"的课堂向"学"的课堂成功转型的学本课堂操作体系，给一线教师提供了可操作的有效抓手，在教与学关系的调整上取得了新的突破。学本课堂的创建适应了深度课程改革的需要，其核心贡献在于真正解放了学生，让学生的学习主体地位在课堂中真正落了地、扎了根，让学生的自主学习、自主成长、自主发展有了现实土壤和广阔空间。一定意义上讲，学本课堂的探索代表了新时期课堂教学改革的方向，对于深化课程教学改革、创新人才培养模式具有重要的现实指导意义。

（一）建立师生合作开发课程的备课体系，深度落实了"三维目标"

三维目标不仅要在课中体现，在课前、课后以及整个学习阶段中都要体现。在学本课堂中建立的师生合作、共同开发课程资源的备课体系，恰好深度落实了三维目标。

学本课堂强调"师生合备"理念。课前，教师要进行结构化备课，学生进行结构化预习，师生双方践行"知识问题化"学习理念，将文本知识转化为问题，教师预设问题，学生发现问题，然后教师加以整合。开始阶段，教师列出"问题清单"和不同课型所使用的"问题学习工具单"，为学生开展自主合作探究学习搭建有效学习的"梯子"。

从教师备课角度来看，教师通过反复阅读文本，做到至少阅读六遍，实现走进文本、"三次对话"（文本人物、作者、编辑者），并结合学科特点将知识梳理成"问题"，即概念性问题、原理性问题、习题性问题和拓展性问题等。在此基础上，教师将"问题"按基础性、发展性和拓展性等不同层次预设在工具单上，便于学生自主合作探究解决。这样，教师在课前就把三维目标融入教学之中。

从学生预习的角度来看，学生反复阅读文本，将知识梳理成问题，在结构化预习中尝试自主解决问题，将不会的问题发现出来，便于小组生成问题，这一过程也深度体现课前落实三维目标。

（二）建立以学会自主合作探究学习为目的的操作体系，深度体现了课程改革核心理念

学本课堂强调培养学生自主合作探究的学习能力。为此，研究者开发了一系列涉及课前、课中、课后指导学生掌握自主合作探究学习方法的操作策略。如指导学生学会结构化预习的"查、画、写、记、练、思"行动策略；指导学生学会小组合作讨论学习的"12345＋2"行动策略；指导学生学会展示对话学习的"展、思、论、评、演、记"行动策略；指导学生学会多元拓展学习的"纳、练、思、展、问、演"行动策略等。这些操作策略都围绕一个核心，即指导学生学会学习。这一过程真实有效地体现了"一切为了促进学生全面发展"和"让学生学会终身学习"的课程改革核心理念。

（三）建立以问题导学为特征的多元课型体系，深度推动了课堂文化变革

学本课堂强调建立以问题导学为特征的多元课型体系，主要分为基础课型、基

本课型和拓展课型，其中基本课型和拓展课型是常态课型；倡导不同课型采用不同流程，为学生施展多元学习能力和促进学生多元发展搭建了多元、宽广的平台。

过去，单一新授课中有固定的"五步"教学流程，主要提倡"讲授提问留作业"的教学方法，几乎所有的课堂教学都是一个范式和特征，呈现的是单一、封闭的授受式传递文化。学本课堂提倡多元课型，教师根据课时、内容的需要选择和匹配课型，不同课型使用适合学生学习需要的不同流程，教师根据学生学习需要采用不同的导学策略和方法。在多元课型中师生合作采用多种学习方法和策略，课堂呈现出多元范式和特征，表现出多元、开放的合作式建构文化，有效推动了课堂文化的深度变革。

（四）建立以师生合学为内涵的智慧导学体系，深度促进了教师专业发展

学本课堂强调建立以师生合学为内涵的智慧导学体系，课堂不是"师生传递知识"，而是"师生建构知识"。在师生建构知识的过程中，教师成为学生学习兴趣和学习热情的激发者、学生掌握学习方法的指导者、解决问题的合作者、知识建构的帮助者、丰富情感的促进者。如在智慧导学过程中，教师不仅指导学生有效学习，而且还关注教师的导学艺术，普遍使用一张"随堂记录卡"，不仅记录学生、小组的学习情况，还要关注教师自身的智慧导学表现，其作为教师课中观察、反思导学过程和效果的第一手资料，记录师生的发展和变化。通过这张卡，使每一节课都变成促进教师专业成长的"加油站"和试验基地。由此可见，学本课堂建立以师生合学为内涵的智慧导学体系，不仅促进了学生有效成长，更促进了教师专业发展。

学本课堂的探索让我们看到了课堂教学改革的希望，衷心期待这一优秀的课程改革成果在自身不断完善的过程中发挥更大的引领作用，让更多的学校、课堂和孩子们从中受益。

（教育部基础教育课程教材发展中心主任、中国教育科学研究院院长　田慧生）

几年来，我跟踪韩博士的学本课堂研究，到十多所学校考察，我认为韩立福博士经过不断努力和探索，取得了非常值得我们学习的成功经验。探索了一条专家引领、行政推进、学校行动的课程改革有效途径。学本课堂是探索课程改革的成功经验和研究成果，对促进我国创建新课程有效教学、促进基础教育改革与发展有着重要的推动意义和借鉴价值，对于解决我国课程改革瓶颈问题、深化素质教育，具有重要的现实指导意义。

（中国教育报刊社副社长　张新洲）

二、报刊媒体的相关报道

【编者按】《中国教师报》高级评论员、资深记者翟晋玉同志（以下简称翟），近日采访了中央教育科学研究所韩立福博士（以下简称韩），就如何创建新课程有效教学来促进教师专业成长的专题进行了深度交流。通过对话和沟通，我们了解到韩博士以创建新课程有效教学为途径来促进教师专业成长的研究取得了实效性成果。这对推动基础教育课程改革、促进教师专业化有一定的借鉴意义。

翟： 韩博士，您是课程改革研究者、践行者和推动者，长期深入基层学校进行课堂教学指导，您认为自 2001 年实施课程改革到现在，我国中小学课堂教学改革取得了哪些成就？

韩： 2001 年，教育部颁发《基础教育课程改革纲要（试行）》（以下简称《纲要》），启动了新一轮基础教育课程改革。经过近十年的改革历程，我国基础教育课程改革取得了历史性的重大成就，尤其是新课标理念下的课堂教学改革取得了显著成效，在继承和创新的基础上，教学方式发生了根本性变化，教师角色发生了本质性变化，以过去讲授式为主的课堂教学正在向启发式指导为主的课堂教学迈进。我认为有以下三个突破：一是在教学观念转型上实现了重大突破，通过近十年的学习和实践，广大教师都普遍认识到传统讲授教学的利弊，认识到新课程教学改革的重要意义，课堂教学改革意识逐步提升；二是在课堂教学行动创新上实现重大突破，绝大多数学校积极探索课堂教学改革，结合学校实际和学生发展情况，不同程度地"动"起来了，那种纯粹的、完整沿用讲授式教学方法的传统课堂几乎消失了，学生正在逐步发挥主体意识和主体性，新型师生关系正在逐步建立；三是在课堂教学改革示范引领上实现突破，在全国范围内已经涌现出一大批新课程课堂教学改革的先进学校，正在有效地引领和推动全国中小学课堂教学改革，也创造和积累了许多值得学习和交流的宝贵经验。这些成就为今后全面落实《纲要》精神、深化素质教育、培养建设人力资源强国所需的创新性人才奠定了良好的基础。

　　翟：您每个学期都深入几十所学校指导几百节课堂教学改革，能否从全国层面上客观地谈一下新课程教学改革情况究竟是什么样的？

　　韩：关于这个话题，交流起来很有难度。我曾指导过 20 多个省份的学校，从宏观层面讲，全国新课程教学改革态势良好，今后的发展趋势更好，在上一个话题中已经谈到。目前的问题是在"应然"与"实然"之间存在差距，我从一个充满课程改革激情的研究者角度来说，总体感觉上认为改革进程还是比较缓慢的，应该要比现在更快一些，效果更显著一些。关键问题就是我们不能超越自己、超越现实，总是在客观上找理由，最常见的话语如"高考不改革，无法实施课程改革""教师讲都不会，自主学习能会吗""学生成绩下来后谁负责"等。由于大家谁都没看过新课程理念下的课堂教学是什么样的，所以，许多人都失去了思想和观点，有的徘徊、有的彷徨、有的观察、有的等待、有的微动、有的行动，尤其是各地区的重点高中、重点名校就更不敢来"真"的了。还有许多领导把推动新课程教学改革，当作"政绩工程"来看待，需要时"动一下"，不需要时"放一下"。

　　目前，在国内有影响的几所学校也是在学校生存发展遇到严峻困难时，才选择课堂教学改革而成功的，其起初的动机不是基于自己的教育思想，也不是为了落实素质教育。为什么这样呢？主要原因就是其缺乏对教育本质的深刻理解、缺乏对新课程教学改革的具体思考。其实，我认为教育的本质就是实现自我教育，教学的本质就是让学生学会学习。新课程教学改革就是转变教学方式，把"教"的课堂逐步转变为"学"的课堂，教师指导学生学会学习，让学生由被动等待学习走向主动积极学习，由"从动轮"变为"主动轮"；教师角色由灌输者、管束者走向启发者、合作者和促进者，逐步成长为智慧型的"懒"教师。通过实验研究来看，真正实现了新课程课堂教学以后，学生成绩不但没有降低，反而都提升了，并且，人人爱学习，人人会学习，学生学习快乐，教师教学工作幸福。教育是一种幸福职业，由于人们没有达到这种境界，很多人都没有领略和感受到真正教育所带来的那种幸福。

　　翟：您在指导课堂教学改革过程中，接触最多的是一线教师，您认为基础教育课程改革对教师发展提出了什么样的挑战，目前教师的教学行为变化情况是什么样的？

　　韩：我认为基础教育课程成改革对教师发展提出了前所未有的挑战。从教学方式上，要由权威性的知识传授者转变为合作性的知识促进者；从课程研究上，要由课程规范的复制者转变为课程研究的创造者、设计者和评价者；从教学过程上，要由"知识搬运工"转换为"充满实践智慧的专业人员"；从专业素质上，要由"单一学科型"教师转变为"跨学科型"教师。这种挑战对一名成长于传统教学、又长期从事传统教学的教师来讲，的确是"革命性"的挑战。不过，到目前为止，凡是我指导过的教师绝大多数都是比较优秀的，对新课程教学有一定认识，也做过一些探索和尝试。把近十年来教师教学行为的变化简单概括起来有两点：一是教师在课堂教学过程中的行为角色发生了重大变化，基本上都实现"形"转，都能走下讲台，走近学生，还能够给学生一定的自主合作学习的时间和空间，也能够用适宜的评价手段、方法来激励学生学习；二是教师对学生教学（课前、课中和课后）的关注发生变化，基本上都实现了"0"的突破，由原来"目中无人"的设计、教学走向"目中有生"的设计、教学，不仅考虑学生的学习需要，还能在课堂上关注性对话、提问，有的还能支持小组讨论学习。

但是，目前有许多教师对新课程教学有一些误解，恐怕必须澄清，以下特征就不是新课程教学。比如，局部范围内少数学生的互动参与；教师与优秀学生之间的单向问答；单纯由教师设计学案，学生在课堂内使用的课堂教学；学生单纯的"爬黑板"学习；没有问题的小组合作学习；等等。同时，他们对新课程教师也有一些误解，以下教师的课堂教学呈现就不是新课程教师。比如，善于精彩讲授的名师课堂；"百家讲坛"那种名人大师的经典课堂等。今后，新课程教师应注意非常关键的两点：一是要从现在的"形"转走向"心"转，不仅是形式、形态上的转变，更要从思想上、心灵上实现转型。苏格拉底有一句富有哲理的名言："教育不是灌输，而是点燃"。新课程教师不要再做简单的"蜡烛"，而要做好学生成长的"打火机"。二是从现在关注学生由"1"走向"多"，重点是实现"1"的突破，不要把学生简单的看作一个学生，而要根据每个学生的学习需要和特点设计教学，关注每个学生的个性化发展，使学生人人获得成功。

翟：韩博士，您在新课程有效教学研究与指导实践中，遇到的困难有哪些？最大的困难是什么？

韩：在指导有效教学实践中，我遇到的困难很多，如教师教学观念滞后、领导重视不够、教师角色行为转型不到位、教师专业素质低、教师缺乏教学策略和智慧等问题。其中，最大的困难就是教育教学观念的转型，这个问题已经是有效推进新课程教学改革的"瓶颈"。凡是与我合作研究的学校校长，可以说，都是教育教学观念转型到位、对课堂教学改革有迫切需要的校长，但是，在实际指导过程中，往往出现以下几种情况：一是部分教师教学观念守旧，不接受新课程改革理念，给学校创建新课程有效教学带来阻力；二是校长团队成员内部教育观念有分歧，有的校长貌合神离，表面上支持，背后不支持，甚至还带领一部分教师继续捍卫传统教学；三是校长信念不坚定，一旦有少数教师、少数家长和个别学生反映"新课程教学如何……"就立即暂缓改革步伐。上面提到的取得显著效果的学校校长都是以坚定的课程改革信念克服观念转型中的困难，带领教师团队艰难地走出了自己的课程改革成功之路。除此之外，还有相当多的校长、教师，依然是教育观念制约着他们，主要以担忧"升学率"为由，在回避课程改革；还有一部分校长、教师已经实现教育观念转型，但是苦于找不到成功途径。在指导过程中，我本人也有过许多"碰壁""冲突"和"尴尬"的经历，也留下了难以忘怀的故事。总之，领导、校长、教师和家长的教育观念的真正转型依然是课程改革过程中的最大困难。

翟：据我了解，您从 2004 年以来，注重行动研究，将新课程理论与基础教育教学实践相联系，长期深入中小学课堂教学一线。面对课程改革困难，您"明知山有虎，偏向虎山行"，指导课堂教学改革的过程肯定是很辛苦的。请问您所坚守的信念是什么？

韩：我国实施基础教育课程改革是全面贯彻党的教育方针，全面推进素质教育的重大举措，具有重要的现实意义和长远的历史意义。从现实角度来看，实施基础教育课程改革有利于构建新的课程体系，有利于实现课堂教学转型，有利于提高基础教育质量，有利于促进区域教育均衡发展；从长远角度来看，实施基础教育课程改革有利于构建符合时代要求的素质教育新体系，有利于培养建设人力资源强国所需的创新型人才，有利于推动和谐社会的健康发展。总之，实施基础教育课程改革是真正振兴中华民族实现伟大复兴的世纪工程。

基于上述观点，我在研究和指导实践中，坚守一个信念："让每一个孩子得到全面发展。"过去，大多数人对教育教学的理解有偏差和误解，其经验性色彩和官本位意识较浓，误认为这句话就是一句空洞的口号。随着研究和实践的不断深入，我认为这句话才涵盖了教育的本质，我深深地体会到真正的教育不应该产生待优生，真正的教育是让孩子们人人都学习、人人都开心、人人都成功、人人都发展。只有学生发展了，才能推动学校发展。我现在一想到中小学课堂教学改革，就充满忧虑和兴奋。一想到那些还没有实现课堂教学转型的学校的孩子们，我就浑身发紧，一缕缕忧愁袭上心头；一想到那些成功实现课堂教学转型学校的孩子们，我就特别兴奋，想到他们（她们）充满自信的眼神、精彩的展示、喜悦的心态、师生共学的快乐和学习的幸福感受等，我就无比兴奋。这种兴奋又坚定了我的信念，我要尽我所能，坚持我的课程改革信念，让每一个孩子受益，让每一个孩子都有幸福的未来。

翟：您极力倡导并研究新课程有效教学，请问"新课程有效教学"的含义及核心理念是什么？其衡量标准是什么？

韩：对于"新课程有效教学"内涵的理解，我认为应该定位于"知识建构型"教学认识论的基础上，在"知识建构型"教学范式的框架内进行建构。所以，我认为，"有效教学"是指教师指导下创建学习共同体，使学生学会自主合作探究学习，关注单位时间内提高学习绩效，全面实现课程目标，有效促进学生全面发展和教师专业成长的学习过程。"有效教学"不仅是一个教学活动，更是一个持续发展的、高质量的合作学习过程。

作为理念必须体现思想性、思维性和政策性。思想性体现在两个方面：一种先进教育理念首先体现教育主体性，教育为了"谁"，其次是要符合当代先进教育思潮和素质教育思想。思维性体现在先进的教学思维和学习意识上，过去我们遵循"先教后学"，后来有人提出"先学后教"，要体现课程改革理念，我们就要在教学实践中倡导和遵循"先学后导"，其中"导"不是"教"的替换，"导"是基于师生共同生成问题基础上的"生本联导""生生互导"和"师生相导"。政策性要体现在国家教育方针和课程目标上，培养全面发展的创新性人才。为了能够体现上述三点，我提出比较简单的核心理念："以生为本，先学后导，全面发展。"关于衡量标准，我认为"有效教学"的最终衡量标准就是"学生成长"和"教师发展"。

翟：您基于什么提出新课程有效教学基本模式，即"先学后导—问题评价"有效教学模式，其主要含义是什么？

韩：关于"新课程有效教学"研究，我在 2006 年之前主要是开展理论研究，2006 年 6 月以后将其作为中央教育科学研究所的所级课题进行大量的实践性行动研究，2008 年将其作为全国教育科学"十一五"教育部规划课题来深入开展研究。通过大量理论研究和实践研究，我提炼出"先学后导—问题评价"（FFS）教学模式，其操作模式是"问题发现＋问题生成＋问题解决"教学模式，分别取"发现""生成""解决"三个英语单词的首字组成 FFS 教学模式。其主要含义是指以问题发现、解决为主线，以问题评价为手段，以任务驱动学习为途径的教学活动，旨在培养学生发现问题、分析问题、解决问题的能力，使学生学会自主合作探究学习，提高创新能力。"先学后导"是一种思想，也是一种思维，教师和学生要内化到教与学的行为中，并要贯穿到课前、课中和课后三个阶段的行动中。不过，要实施这个教学模式，有两个基本条件：一是教师角色转型；二是课型转型。这两个条件满足后，才能按新课型、流程和要求去备课，才能设计出符合有效教学理念的教案。

翟：韩博士，您认为"先学后导—问题评价"（FFS）教学模式有哪些创新点？

韩：我认为主要突破有四点：一是研究视阈由"知识传授型"教学范式转向"知识建构型"教学范式，建构"知识建构型"理论视野下的有效教学。二是突出行动策略研究，认为"有效教学"是个大概念，包括有效备课、有效上课、有效拓展和有效评价。有效备课阶段采用"师生共备"行动策略；有效上课阶段采用"师生共学"策略；有效拓展阶段采用"师生共拓"策略；有效评课阶段采用"师生共省"行动策略。三是课型创新，将新授课根据课程目标和学生发展需要，创新为"发现生成课""问题解决课""拓展训练课"和"综合解决课"四种基本课型。四是将评价"嵌入"教学不同阶段，开发学习评价工具，根据不同课型要求、不同学生需要采用不同学习评价工具。

翟：与以往教学模式相比，该模式具有很强的操作性。请韩老师把基本操作过程给我们描述一下，其主要特点是什么？实施后的最大好处是什么？

韩："先学后导—问题评价"（FFS）教学模式是一个贯穿教学过程的综合性教学模式，可以说是中观层面的教学模式，主要适合单元教学和主题教学，主要特点在于工具性，每一课型中都有相应的学习工具，这种工具起到任务驱动的作用，促使学生在单位时间内进行有效学习。下面，把 FFS 教学模式的实施过程，做个简单描述：实施过程基本上分为两个阶段，开始阶段建构的是"教师支持型有效课堂教学"，在"问题发现"环节中，学生在教师指导下学会发现问题，完成"问题导读—评价单"；在"问题生成"环节中，由教师提出问题，组织学生对话，并设计具有任务驱动性的"问题生成单"，让学生完成"问题生成—评价单"；在"问题解决"环节中，由教师呈现问题、创设情境，对"问题生成—评价单"上的系列问题进行小组讨论，让小组代表合作展示，对展示结果进行规范指导、科学评价，并组织学生训练问题，让学生完成事先设计好的"问题训练—评价单"。经过一段时间实施以后，教师和学生基本适应该模式，学生的自主合作探究学习意识得到调动，逐步养成了善于发现问题、生成问题、解决问题的学习习惯。这时便进入第二阶段，即"学生支持型有效课堂教学"。进入这个阶段以后，学生在真正意义上能够进行自主合作探究学习，无论哪个环节学生都不再完全依靠教师的监督和管理，自主、自觉、自愿地完成"问题发现—评价单""问题生成—评价单"和"问题训练—评价单"，学科教师的任务是提供有效课程资源，对学生困惑的疑难问题提供高明的指导和服务，及时评价学生的学习表现和质量，提供有效的学习策略，帮助学生个性化发展，促进学生全面、和谐、健康的发展。

实施该模式的最大好处有三点：一是有利于学生学会自主合作探究学习，提高学习能力，短时间内提高学业成绩；二是有利于缩小全班学生的学习差异，大面积提高全班学生的学业成就，促进全体学生全面发展；三是有利于教师学会学习、学会研究，感受成功教师的快乐和幸福，促进教师专业化成长。

翟：在新课程有效教学视野下，教师专业成长的途径有哪些？

韩：在新课程有效教学视野下，随着"教"的课堂向"学"的课堂转变，教师专业成长的内涵和形式也将发生变化。通过有效教学的创建，教师学会了有效备课、有效上课和有效评课等教学技能、教学策略，教师专业素质得到根本性提高。为了能够使"学"的课堂教学质量持续提高，就必须通过新型的校本培训、校本教研和自主研修等途径来促进教师专业发展。这种新型的校本培训、校本教研和自主研修，与过去操作方式、研究方法都不同。首先是基于问题的校本活动，如学生学习方法、学习效率、学习质量评价、教学策略、教学智慧等来自有效教学的新问题。其次，活动方式主要是以小组合作活动为主，充分发挥教师团队力量，利用集体智慧，解决实际问题，让教师围绕所解决问题，做到"说实话""说人话""办人事"，提高活动效益。从思想到形式上，做到教师校本活动过程与有效课堂教学过程保持一致性，使教师在以小组合作活动过程中得到有效教学的"滋养"。最后，明确整个校本活动的核心目的，不仅是解决实际问题，更要让教师学会发现问题、生成问题和解决问题，最关键的是让教师学会学习，使自主研修变成教师成长的常态化的素质。

翟：教师专业发展是一个动态发展的过程，这种动态发展趋势是什么样的？我们一线教师如何来把握？

韩：关于这个问题，需要从课堂教学的发展境界谈起。教师专业发展与课堂教学发展是彼此促进的。我认为课堂教学发展分五种境界，把课堂教学比喻成教师、学生"唱戏"。第一层境界是教书匠型教学阶段，教师备课教师讲授，称"教师唱戏教师搭"；第二层境界是民主型教学阶段，教师备课师生共学，称"师生唱戏教师搭"；第三层境界是研究型教学阶段，师生合作备课师生共学，称"师生唱戏师生搭"；第四层境界是智慧型教学阶段，师生备课学生学，称"学生唱戏师生搭"；第五境界是艺术型教学阶段，也是最高阶段，学生备课学生学，称"学生唱戏学生搭"，实现了叶圣陶先生所期望的"教是为了不教"的境界。这五种境界，对每位教师来说都是应该追求的目标，也是每位教师发展的路径。我们要深刻认识到，课堂教学不是静态的，不能把自己锁定在某个阶段，要通过不断的努力和研究，来追求更高的境界。那么，这个追求的过程也是教师专业动态发展的过程。

所以，一线教师要想促进自己专业持续成长，就必须从学习型教师做起，不断地走向研究型教师，再走向智慧型教师，追求更高层面的艺术型教师境界。

翟：作为教育研究者，您的职业愿景是什么？您是否一如既往地坚守信念？

韩：我要做中国教育界的"袁隆平"，让中国每一天每一节课都变成有效教学，让中国每个孩子都学会有效学习，为真正实现素质教育，为中华民族的伟大复兴而努力奋斗——这是我的发展愿景。我作为一名的研究者、践行者和推动者，会坚守自己信念，将课程改革进行到底，义无反顾地坚持下去，有再大的困难和阻力，我都要尽最大努力去指导课堂教学，让更多地孩子们受益，引领更多的教师走向成功，推动更多的学校走向成功。

三、实验学校代表的评价

学校名称：广东省广州市颐和实验学校

实验时间：2007 年 6 月至 2013 年 12 月

实验效果：2007 年 9 月，颐和实验学校在全国众多的科研课题中，选择了中国教育科学研究院韩立福博士所主持的"新课程有效教学行动策略研究",主要承担了小学阶段"先学后导—问题评价"有效教学模式的应用研究。在韩立福博士的多年指导下,我校课堂教学内涵不断丰富,教育教学质量持续提高。在"先学后导—问题评价"有效教学该模式的引领下,韩立福博士亲自指导我们学校建构了个性化的"SQC"问题导学型课堂学习模式("目标自学(S)""问题建构(Q)"和"合作研习(C)"),创建了和谐型学本课堂。经过近几年的探索和实施,学校取得了三大成就:一是坚持各项减负措施,学生不做家庭作业;二是到三年级以后基本实现没有待优生;三是学生学业成绩优秀,每年在白云区小学升初中的考试中取得出色成绩,深得广大家长的高度赞誉。目前,颐和小学被誉为"广州市减负效果最好的学校"。七年来,我们先后接待了深圳南山区、西安市、银川市、昆明市、重庆市开县教委等全国各地同行1 700多人前来学校观摩课堂教学。近年来,学校先后被评为"白云区先进民办学校""广州市先进民办学校""广东省创新优秀单位""全国教科研先进单位""全国教科研示范学校""全国百强民办学校"。

颐和实验学校认为韩立福博士倡导的"先学后导—问题评价"有效教学模式是科学的、先进的。对小学阶段课堂教学改革具有十分重要的指导意义和实践价值。

学校名称:辽宁省沈阳市浑南第一中学

实验时间:2009年10月至2013年12月

实验效果:浑南第一中学是2009年建立的年轻学校,为了深化课堂教学改革,提高教育教学质量,于2010年10月,我们找到了中国教育科学研究院韩立福博士,在韩立福博士的指导下,全面开展初中阶段"先学后导—问题评价"有效教学模式的应用研究,通过实施有效教学,我校课堂教学发生了实质性的变化,取得了令人欣喜的成绩,首届毕业生在初升高考试中取得了非常优异的成绩。为了优化教学模式,浑南第一中学结合教学实际和学生发展需求,在韩立福博士的指导下建构了"问题·生态·潜能"(QEP)学习模式,全面提升了课堂教学品质,创建了富有特色的浑南第一中学的生态型学本课堂,追求"唤醒学生心中的巨人"的教学目标,有效提高了学生的学习能力,使学生更加自信。学生们都喜欢学校的生态课堂,说:"课堂上同学们总是有机会共同研究学习工具单上的问题,我们讨论得非常热烈,有时候都不用教师了。"有的家长说:"浑南第一中学的生态课堂真是大胆,不过孩子爱学了、快乐了，这可是我们最想看到的。"

几年来，学校获得了国家、省、市各界的关注，收获了累累硕果。2009 年被沈阳市教育局授予"沈阳市绿色学校"的称号，2011 年浑南第一中学被中国教育报刊社授予"中国当代特色学校"的称号。同时，浑南第一中学是全国初中学校课程教学改革联盟的发起单位，是全国青少年道德培养实验基地，并被全国教育家指导中心指定为中学课程改革实验基地。

浑南第一中学认为韩立福博士开发和发明的"先学后导—问题评价"（FFS）有效教学模式在初中阶段实施是有效的，是真正体现素质教育思想和新课程理念的好模式。

学校名称：河南省漯河高中

实验时间：2009 年 12 月至 2013 年 12 月

实验效果：漯河高中 2009 年参加全国教育科学规划"十一五"教育部规划"有效教学的行动策略"课题研究，具体承担高中阶段"先学后导—问题评价"（FFS）有效教学模式的应用研究，构建了富有学校特色的"三维六元"卓越学习模式，创建了符合高中教育的卓越型学本课堂，实现了课堂高效教学，学生"卓越"学习，学校内涵式发展。有效教学开发了学生自主学习的潜能，培养了学生自主学习的方法，提高了学生自主学习的能力。学生遇到的问题当堂解决，作业当堂完成。同时重点培养了学生的各种思维能力、实践能力、生存能力、社交能力。近几年来，漯河高中教育成就硕果累累。2009—2012 年漯河高中在漯河市包揽了文、理科 6 个第一名。2012 年高考，9 人被清华大学、北京大学、香港大学、香港中文大学、美国威斯康星大学录取；徐梓岚以 646 分夺得全市文科状元；常乐以 681 分夺得全市理科状元；囊括全市理科前 11 名，文科全市前 10 名中该校占 7 人。全校参加高考 1 900 人，一本上线 682 人，二本上线 1 228 人，各批次上线率均居全市第一！漯河高中多次获得国家、部、省级表彰，近几年学校先后被评为"全国教育系统先进集体""全国师德建设先进单位""全国信息化建设先进单位""全国校园文化建设先进单位""全国教育科学规划教育部优秀科研基地""全国五四红旗团委""河南省首批示范性高中"。漯河高中越来越成为漯河教育的领头雁，发挥着日益突出的引领带动作用。

漯河高中认为韩立福博士研发的"先学后导—问题评价"（FFS）有效教学模式非常符合高中教育改革，不仅能提高学生的学习能力，还能培养学生的创新思维和实践能力。

四、实验学校教师个体的评价

邂逅课程改革　享受成长

如果不是 2010 年那个迷人的秋季，走进"问题导学，学本课堂"，我不会有如此深刻的震撼；如果不是那次美丽的邂逅，我的从教生涯定不会这样丰富多彩；如果不是我的课堂教学发生巨大的改变，我和我的学生们也不会经历蜕变，享受成长的幸福……

一次美丽的邂逅——走进学本课堂

还记得那个秋季，内蒙古自治区湛蓝的天空是如此的辽远，一望无际的沙漠、成群的牛羊让我感到无比的新鲜与惬意！让我终生铭记的，还有那第一次走进学本课堂！

那是一次有效教学研讨的盛会，十几所学校同时全面开放：有高中、初中，还有小学；有汉族学校，还有蒙古族学校；有语文、数学、英语等主科，还有音乐、美术等其他学科——有幸参会的我，好像刘姥姥进了大观园，看得眼花缭乱：学生慷慨激昂地主持课堂教学，学生落落大方地展讲，学生用思维导图的形式展画展写，学生大胆地提出问题并通过小组合作探究的方式来共同解决问题……学生真正成为课堂的主人，教师成了同学们的学伴，成为学生学习活动的指导者、参与者、合作者，其乐融融的场面让传统的教室变成了学室。我看到了不同学校不同年级的学生，却有着共同的精神风貌：积极向上、勇于质疑。长年风吹日晒的颧红还在脸颊，朴素的校服不再崭新，但自信和担当让他们在每一个与会者心中成了"最美"！

在一次私下的交流中，我忐忑不安地向当地一位率先进行课程改革实践的校长说出了我的恐惧：我害怕，我害怕你们农村的孩子长大后到城市把我们学生的工作"都抢走"，你们的孩子这样阳光、积极、会学乐学、善于合作表达；而我们没有进行课程改革的城市的孩子，现在有很多厌学的，不会合作、羞于表达、不会表达……种种担忧像一张网笼罩着我。参观学习之后，当地校长教师的经验分享又让我稍稍释怀——我也可以尝试，我所在的学校也可以实践，我们的教师也需要进步，我们的学生更需要成长！方向对了，坚持是唯一的捷径，理想一定会照进现实！当时从教 15 年的我，又找到了前进的方向，我——信心满满！

一次大胆的尝试——在"八班"的率先实践

回校之后，热血沸腾的我在自己的班级率先进行尝试。我在班级召开以改变学习方式为主题的班会，和学生分享我外出学习的感受，从我拍摄的大量照片、视频中，我的学生们看到了别样的世界：原来学习可以这样新鲜，原来合作可以这样有趣，原来我们可以做得更好……我从学生闪亮的双眸中，看到了需要、看到了光明！

我把我班的所有科任教师找到了一起，把我的所见所闻所感倾囊相赠，并和大家交流讨论——我们要达成共识，从现在开始我们要改变，要改变教的方式，要进行一次伟大的实践而不是实验！从八班开始，我们要形成合力，为了我们共同的目标，共同奋斗！

会开完了，桌椅的摆放由排排坐的"插秧式"变成了对坐的小组式，教师们也由过去的大量讲授改为少讲，把学习的时间、空间、主动权还给学生。第一天，新鲜感完全代替了学习的兴趣，师生的无所适从让诸多的教学任务没有完成。第二天、第三天、第四天……一周、两周，课堂效率渐渐提高，师生都体会到了从未有过的幸福：学生学习兴趣空前高涨。但是，随之而来的问题也逐渐暴露，逐渐清晰：部分同学不爱参与讨论展讲，教师提问低效，学生不会预习，课堂交流无深度，有的课上班级纪律让人头痛等。怎么办，坚持还是放弃？改变还是守旧？当然是坚持，当然是改变！因为我们前有榜样，上有专家，但是必须寻求帮助，智者借力而行！我想，只有在专家科学系统地指导下，课程改革才能健康有序地进行。

一次别开生面的学习——与"有效教学"零距离

"未见其人，先闻其名"，这话用在中国教育科学院韩立福博士身上，再恰当不过。参观学习了他指导的学校，聆听了那些校长、教师的经验介绍，拜读了他的著作，可是我一直无缘走近韩博士，系统深入地学习。瑞雪纷飞的冬天，韩博士终于来到了学校，进行了为期两天的互动引领式的培训学习——从理论到实践，从有效教学的理念到学本课堂的构建，从创建小组合作团队学习机制到学生的结构化预习指导，从学生展讲训练到教师工具单开发等，既高屋建瓴又深入浅出，既有观课指导又有互动交流。我和我的同事们如醍醐灌顶，豁然开朗，许多问题迎刃而解！

课程改革要从"心"开始，转变观念，行动才能发生改变。简单的分组不能形成团队，要建设好学术管理团队和行政管理团队，定期召开团队会议，要"人人有愿景、组组有愿景、班班有愿景"，小组学习愿景化……教师不再是"蜡烛"，教师要成为"打火机"，去点燃、去激发！一周、两周、三周……实践再实践，昔日沉闷的教室真的变成了洋溢快乐的学室！接着，韩博士在百忙之中多次到校指导、深入课堂，我和我的同事、我的学生在课程改革之路上欣然前行！

一次成功的体验——"无师"课堂的精彩

既是班主任又是两个班的语文教师，并且主抓学校的教学工作的我，常常有一种疲于奔命的感觉。课程改革之前，每一次外出的开会，我几乎都是魂不守舍，非常惦记我的学生——班级里会不会乱，语文课由别的教师代课，学生们会不会适应？这会不会给其他的同事添麻烦？

课程改革进行了 3 个月之后，我接到通知要外出开会一周，我纠结了一个下午：是找教师代课还是让学生自己上课。平时，学生们在语文课上有学术助理主持上课，但是都会有我在场，必要时的"救火"也是有的，可这次我要离开一周，教室里没有教师，教学任务能否如期完成，尤其在八年级课时非常紧张的情况下，我百般考虑、犹豫不决。"相信学生"，只要学生按照"结构预习六字诀"充分的预习，我对学术助理再悉心指导，应该是可以的，最终我说服了自己。临走之前，在学生们激动地承诺会自己上好一周语文课的时候，我给他们深深地鞠了一躬，表达我由衷的敬意和谢意。

"给学生一个机会，他们会还你一个惊喜"！在我外出时，校长和同事的一堂随机听课，八班同学尽展有效教学语文课堂的魅力，他们的自信大方、乐学会学带给听课教师极大的震撼！千里之外的我接到学生们那激动的报喜的电话，瞬间，热泪盈眶！

一生成长的幸福——学会做人，学会学习

我很幸福！我遇到了事业上的"贵人"——一位理念先进、率先垂范的校长。我很幸福！我遇到了专业上的"恩师"——一位学术精湛、敬业乐业的专家。我很幸福！我遇到了工作中的"益友"——一群勇于探索、勤劳智慧的教师。我很幸福！因为有效教学，我走了全国十多个省市地区分享我的点滴实践，为更多教师学生的成长尽一点微薄之力！

我的学生很幸福！如今的他们，在不同的高中就读，他们的自主学习、善于合作、勤于思考、乐于表达，早已让他们在团队中熠熠生辉！我的学生很幸福！他们在求学阶段走进了"学本课堂"，多年以后，他们一定会明白，骄人的中考成绩是必然的，而这宝贵的成长，更加属于长长的一生！深邃的思考力、良好的学习力、积极的行动力、无私的合作力，这一切最宝贵的财富，将让他们步履踏实的前行！

感谢那个收获成熟的秋季，带领我走进了一片新的天地，从此，人生之路越走越宽广！

感恩，惜福。

（北京市顺义区杨镇第二中学　谢岩）

为了一种幸福的教育生活

2009 年 10 月，宝鸡市教育局邀请中央教科所韩立福博士在岐山县做了宝鸡市"优化教学模式，构建高效课堂"专题报告暨培训会，从此拉开了宝鸡市高效课堂实验的序幕，从那一年，我一名农村二类学校的普通初中语文教师痴迷于 FFS 教学模式，取得了卓有成效的成绩，自己也从一名教师成长为一名教研员。的确，要给人以阳光，你心中必须拥有太阳，回头审视自己的工作，有以下几方面的感悟与体会，愿与各位同人共享。

朝向，朴素阳光的幸福职业

FFS 教学模式帮助我树立职业信仰，痴迷于教师工作。记得在参加完韩立福博士的培训会后，我在韩博士指导下为前来学习的 300 余人展示了一节公开课，受到

了与会者的好评，课堂上学生的精彩展示让我重新认识了学生，重新定位了自己的职业信仰——做高效课堂的实践者、享受者、传播者。培训会后正赶上学校开展的"同课异构"活动，一节七年级上册课文《秋天》，更坚定了自己的课程改革信念，因为 FFS 教学模式灵动了课堂，激活了学生，激发了教师的工作热情，明确了校长的办学思路，让学校有了生机；因为这样的课堂不是教师把知识转移给学生，而是激发学生主动获取，鼓励学生站起来和大声说。我义无反顾地牵手了 FFS 教学模式，自信的希望自己如雅斯贝尔斯所言（教育就是一棵树摇动另一棵树，一朵云推动另一朵云，一个灵魂唤醒另一个灵魂），用自己的灵魂唤醒一个个渴望快乐与幸福的同伴与学生的灵魂——让学生快乐学习，让教师激情工作。

FFS 教学模式培养了教师的团队意识，构建了教师骨干体系。"一案三单"是 FFS 教学模式的关键要素之一，有别于其他的教学模式，鼓励教师研究教材，二次开发教材，编制教学工具单，潜移默化的引导教师变得善于思考，教师自觉的合作备案，培养了教师的协作精神，教学设计分工进行，提倡二次备课和多次备课，提高了备课质量。最初，作为新生事物，需要示范、引领，示范课、观摩课、研讨课、过关课、同课异构课……多课展示，锻炼了教师、提高了教学素养，提升了教师的专业水平。因为 FFS 教学模式，大家嬉笑我是宝鸡教师中第一个敢吃螃蟹的人，感谢 FFS 教学模式让社会给予了我如此高的评价，感谢 FFS 教学模式让我走出了陕西，去了向往的北京、山东等地学习，感谢 FFS 教学模式给我更高的与各位同人交流的平台——展示市级公开课 30 余节次，专题讲座 50 余场次，培训实验教师 7 000 余人……，参与了许许多多的交流学习活动，更多的教师感慨我的"伟大"，而我用了魏书生老师的话——对自己平凡的工作想得深、想得远，进得去、拿得起，当进入一心一意、舍生忘我的境界时，再看穷山村、破教室、泥孩子、土台子、便成了宽大的可改变的世界——给了大家答案，因为 FFS 教学模式让我自己乐于沉下心来激情工作。

FFS 教学模式促进了校本研修工作，让教师乐学、乐教。教学过程中的问题，促使教师必须及时想方设法解决问题，这样的教学模式让教师由开始的被动思考变成了善于思考和乐于思考，将问题变成课题，在年级组备课会上研讨，在教研活动中研讨，在摩课中研讨，在校际交流中研讨……个人校本研修效果明显，学校的校本研修也变得有主题、有流程、有内容、有效果。一个个问题解决了，课堂更活跃了，更高效了，更和谐了。我的省级课题"高效课堂实验中合作学习有效性的研究"已结题，我被国家"十一五""有效教学行动策略"课题组评为先进个人，被国家"十二五""少教多学"课题组聘为核心研究员。

成就，快乐向上的学习乐土

FFS教学模式让学生找到了自信和快乐，学校成了乐园。在学校的庆元旦活动中，我因为自己对体育一窍不通，所以就放手让学生自己组织，记得比赛当天体育委员只要求我帮助他们准备几样道具：驴子头饰、草帽等，《包公审驴》在教室的预演让我对学生刮目相看，暗自高兴自己放手让学生干的决定是非常正确的。而正式演出更是轰动了全校，大家笑得前仰后合，全校第一名当之无愧！放手学生，不是教师教学的无所事事，而应是教师个人教学艺术的表现。悬崖上的野花无人照料，却能绚丽多姿，温室里的花朵精心培育，却不能经受风雨。放的宽，才能见的远，这轻轻的一放，可能会放出一片新天地呀！看着他们在舞台上的投入演出和获奖后的开怀大笑，我很感动：FFS教学模式让学生找到了自信和快乐，学生不但能获得智慧的启迪，更能得到愉悦的体验。在这样的课堂上，有智慧碰撞迸溅的灵感火花，有相互交流产生的思维飞跃，更有体验探索带来的心灵愉悦。

让课堂充满张力，激活了课堂，教室成了快乐场。在全市教育系统副科级以上领导参加的一个现场会上，一节《湖心亭看雪》成了我的代名词，给100余名观课者留下了深刻的印象：检查预习环节学生自信、从容地踱着步子在教室里深情的背诵课文；合作交流，成果展示环节学生的不断追问让观课者瞠目结舌，而展讲同学的回答和学科长得补充将课堂推向了高潮；拓展延伸环节黄同学将自己即兴做的画在讲台前向大家做了解读，掌声鼓励后他没有离开，而是将自己的作品张贴在了黑板上，还希望教师为他们小组加分……太多的感动溢满课堂，一种学习主动、参与积极、团队意识见长的良好学习氛围很快形成了。在这样的课堂上有学生静静地阅读文本，沉醉其中，专注而投入，有思维受阻时冷静而深入的思考，有豁然顿悟后自豪而幸福的微笑。在这里，学生自信地展示学习成果，滔滔不绝，神采飞扬，有自我价值实现后由衷的喜悦，有团队合作成功后生命的狂欢。这样的课堂不是引导学生循着教者的思路前行，而是鼓励学生用适合自己的方式来学习。

共铸，高效进取的教育环境

FFS 教学模式是新课程理念的注解与诠释。当代女作家冰心说过："一朵孤芳自赏的花只是美丽，一片互相依偎着而怒放的锦绣才会灿烂。"作为一名教研员我深知自己的使命：传播先进理念，将观念理论通俗化；组织教学研究，促进教学行为科学化；支持教师成长，助教师群体专业化。工作中我们通过大实践、大讨论活动征集课程改革论文、教育叙事、教学案例，分享实验成果；校际合作共同体，加强交流与学习；连片教研、课程改革名师送教下乡活动发挥名师带动、示范引领作用；高效课堂教学大赛，建立骨干体系、提升教师的专业能力；升星进档活动，促进和拓展高效课堂实验工作；高效课堂培训会，指导教师专业成长；集研反思活动让教师吸取教训，积累经验，举一反三、触类旁通、由表及里，归纳升华……这一系列的活动让我们的教育环境日益和谐和健康！

实践证明 FFS 教学模式是一种教学理念，一种教学精神，而不是一种固定的模式，它是一种动态的提高教学效率的有力抓手。把读的时间还给学生，把思的空间交给学生，把说的机会留给学生，把练的方法教给学生……FFS 教学模式做到了这些，让许许多多的学生感受到了学习快乐，让许许多多的教师享受到了职业幸福。

"坐观垂钓者，徒有羡鱼情"。各位同道中人，为了我们的课堂更精彩，为了我们能早日享受到职业幸福，躬耕实践。让我们从帮助学生的结构化预习开始，鼓励学生课堂上畅所欲言、张扬个性，逐步培养学生的合作意识，以"爱人者人恒爱之"引领他们，帮助待优生不断进步。这不是一条荆棘丛生的道路，因为我们站在巨人的肩上，有韩教授高屋建瓴的专家引领，有像赵国军、齐志海、雷军等校长旗下实验名校做先锋，路就在脚下，只要我们一步一步去丈量，有热情、有信心、有行动、善学习、用智慧，就能走向智慧型的"懒"教师。我相信这条路一定会越走越宽广——因为它已经遍地开花！

为了一种幸福的教育生活！

（陕西省宝鸡市岐山县教研室　朱晓娟）

创建"学本课堂"是高师院校课堂教学改革的重要"抓手"

赤峰学院初等教育学院于 2011 年参与了中国教育科学院韩立福博士主持的全国

教育科学"十一五"规划课题"有效教学的行动策略研究"。2012 年，我院 8 名教师专程赴北京系统学习了韩立福博士的"有效教学法"。通过学习，教师们系统掌握了"学本课堂"创建的策略和方法，结合高校课堂教学改革的实践，在小学语文、小学数学、教育科学研究、学前儿童艺术教育、学前儿童心理学等学科开展了教学实践和探索。经过两年多的实验研究，基本实现了从"教"的课堂教学向"学"的课堂教学的转型，取得了良好的教学效果。

（一）实验过程与效果

根据"韩立福有效教学法"的理念和要求，我院首先组织教师开展了"结构化"备课，通过培训，教师们学会了有效备课、有效上课、有效评课、有效学习、有效研究和有效发展，逐步由经验勤奋型走向智慧型"懒"教师。

在"学本课堂"教学中，教师让学生以问题为主线、以评价为手段、以任务驱动为途径进行学习，学生学习变得真实、实在，待优生通过自主学习、同伴帮助、学长评价的多种途径，得到有效转化。在单位时间内，学生在"问题导读—评价单""问题生成—评价单"和"问题训练—评价单"任务驱动下，能够解决完成一定数量的问题，学生对文本知识有了真正的理解，使知识在问题解决中得到运用，学习能力在这种自我建构、体验学习过程中自然得到普遍提升。所以，学生是"学本课堂"教学的最终受益者。

传统课堂教学是教师传授知识的"圣堂"，学生不能随意发问和插话，否则，将以违反课堂纪律论处。在学本教育视野下，学本课堂是什么样的？所谓学本课堂，就是根据学习目标和学习者发展需要，由学习者自主设计，通过交往对话、合作探究来解决问题、建构知识、发展情感、提高能力，实现学习目标，并促进学习者和谐成长。在"学本课堂"中，实验教师按新课型、新流程、新方法、新策略组织学习活动，重点引进自主学习、小组合作学习、展示学习、评价学习。由过去"师讲生听"的教学角色转化为"生学生导""生学师导"，逐步"封住教师嘴、启开学生嘴"。教师按要求组织学生围绕"问题生成—评价单"上的系列问题进行自主学习、合作学习、展示学习，从而培养了学生在课堂中的自主合作学习能力、展示交流学习能力。在这种"学"的课堂教学中，学生变得积极主动了，教师将"退居二线"，用心来关注学生问题和解决待优生的学习状况和变化。经过大约 3 个月，教师感到课堂是学生能够自主合作学习的新型场所，相信学生按问题为主线，经过合作探究、展示交流后，能够把问题转化为能力，自己不知不觉也走向了智慧型"懒"教师。同时，教师还学会了有效评课，能够体现教研日常化理念，走向师生对话的合作性教研。

　　教学实践中，我院根据韩立福教授的"有效教学"理论将传统的、单一的讲授课型创新为"问题生成课""问题解决课""综合解决课""问题拓展课"和"展示解决课"五种新课型。教师和学生角色实现重大转型：教师角色转型为问题发现者、学习活动设计者、学生有效学习的服务者，学生的学习方式变化为自主合作探究学习，课前为主动学习者，课中为体验学习者，课后为回归学习者。通过探索与实践，学校基本建立以"学"为中心的新教学常规制度，提高了学生自主学习能力，学生学业成绩、学习表现、学习习惯、自主合作探究学习能力等方面都发生了明显变化。我院师生深刻认识到创建"学本课堂"是高师院校课堂教学改革的重要"抓手"。

(二)"学本课堂"创建对高校教学改革的积极意义

　　目前，高师院校课堂教学与基础教育课堂教学还存在一定差异，高师院校培养出来的师范生到了中小学很难胜任新课程的教学工作，还要重新学习新课程改革的理念和方法，"韩立福有效教学法"恰恰能够弥补这个欠缺，"学本课堂"创建对高校教学改革具有非常重要的意义，具体表现在以下三个方面。

　　1. 有利于培养和提高师范生的新课程教学能力

　　在"学本课堂"教学中，传统教学的"教"的课堂转变为"学"的课堂，学生在真正意义上变成了学习的主人，主体地位得到充分体现。传统学习方式得到彻底转变，学生学习能力在这种自我建构、体验学习过程中得到普遍提升。

　　经过"学本课堂"教学培养的师范生，已经熟练掌握了新课程的教学理念，步入中小学教师工作岗位后，师范生能够很快进入角色，大大缩短了工作适应期，受到用人单位的欢迎。

　　2. 有利于提升高校教师的新课程教学研究能力

　　"学本课堂"使高校教师学会有效发展，能够体现学习终身化理念，走向持续发展的研究性成长，有利于提升高校教师的新课程教学研究能力。

　　"学本课堂"教学是解决师生生成问题，不再是教师传授、讲解事先准备好的知识的形式，这种转型要求教师对文本知识进行深度学习和研究。我们让实验教师创建课程文件夹或备课文件夹，提倡备课生活化理念，根据教学设计需要来开展学习，使实验教师的备课过程变成了研究性学习过程。我们提供促进教师专业发展的成人学习策略，创建教师专业发展成长记录袋评价制度，指导教师学会设计专业发展规划，学会撰写教学反思、教育叙事、教育论文、教学案例，学会写校本培训笔记、校本教研记录，学会观察和研究学生等。例如，针对教师撰写教学反思困难的问题，我们在课堂中引入一个"随堂记录卡"，让实验教师把课堂教学感受、故事、成败点、创新点随时简单记录下来，而后，根据需要静思 5 min 后马上采用"两步成文法"或"三步成文法"，写出自己想要的教学反思和教学叙事。目前，绝大多数实验教师都能随笔写教学反思和教学叙事，走向学习可持续发展的研究性成长之路。

3. 有利于推动高校课堂教学改革

目前，高师院校的课堂教学依然是一种"知识传递型"课堂。这种模式的主要特征就是教师备课、教师授课，即教师根据教学内容和教学目标来系统备课，上课时，教师来组织课堂教学，按事先准备好的教学内容来系统讲授，课堂形态是封闭的、单一的，教师讲学生听，往往教师唱"独角戏"，教学话语权几乎完全属于教师。在传统的课堂教学中，学生的角色是被动学习、机械学习，学生成了教师课堂"表演"的旁观者。这种教学模式的弊端，一是教师只能面向少数优生，不能照顾全体学生；二是这种"一刀切"教学，容易挫伤学生的自信心、自尊心和学习兴趣；三是从根本上使学生没有学会学习，只是暂时学会知识，没有学会终身学习的方法，长期下来，学生潜能和自主学习、合作、探究、思考、展示等学习能力被忽视，尤其是学生的创新精神和实践能力得不到培养。

在"学本课堂"教学中，实现了真正意义上的教师角色根本性转变。教师由过去知识的复制者、传授者转变为研究者、合作者、促进者。传统教学的以教师"讲授"为主的教学方式转变为以学生"自主合作探究学习"为主的新型学习方式，教师既是实践者，也是受益者。

在"学本课堂"教学中，传统教学的"教"的课堂转变为"学"的课堂，是一种"知识建构型"课堂。在这种模式下，学生在真正意义上变成了学习的主人，主体地位得到充分体现。学生的传统学习方式得到彻底转变，在单位时间内学生完成了学习任务，实现了"三维目标"，还培养了学生"黄金般"的素质。同时还提高了学生善于发现问题、分析问题和解决问题的能力，培养了学生自主学习、合作探究和终身学习的能力。学生学会了有效学习，学习力普遍得到提高。

创建"学本课堂"，就是要把"知识传递型"课堂转变为"知识建构型"课堂，这是培养大批符合基础教育新课程改革的探究型人才的有效途径。

（三）实验的困惑与挑战

1. 传统教学模式的影响

创建"学本课堂"是为了追求教学的最高境界——"教是为了不教"，而要达到这种境界，必须克服传统的教学模式。当一个事物形成一种"传统"的时候，要想克服它，难度是非常大的。在创建"学本课堂"的实验过程中，我们听到了各种各样的声音，也承受了方方面面的压力，真正体会到了传统教学模式的强大阻力。

2. 师生角色转变的难题

高校教师虽然学历层次比较高，但他们中的多数人从小接受的教育就是传统的课堂教学模式，受传统课堂教学模式影响很深，思想上根深蒂固。由于高校教师都是传统传递式课堂教育培养出来的，他们最熟悉、印象最深刻的教学意识、教学思维就是"先教后学"。由于长期从事传递教学，已经养成了教师们的这种行为习惯，每天的教学工作就是备课、讲课和批改作业，然后应付考试，误认为课堂教学就是"教师讲学生学"，而其他方式的课堂就不是课堂了，他们把自己当成学生学习文本知识的"传声筒"和"解读器"，误认为教师职业是不需要学习的职业，创建学本课堂过程中我们要改变这种意识和习惯就难上加难。

多年的传递式课堂教学，使学生在学习态度方面已经养成了喜欢被动学习的习惯，学生往往充当知识和信息的"接受者"的角色。教师不督促不学习、家长督促就反抗，学习活动就逐步变成了惰性学习。这种等待式的被动学习，直接影响了学生成长和教育教学质量，这种被动的学习习惯不改变就难以提高教学质量。

3. 高校现行教师评价体制存在弊端

高校现行评价体制存在一些弊端，以职称的评定为例，在客观上普遍存在"两重"（学历和论文）"两轻"（水平和业绩）的弊端。在职称评审中，对学历、资历和发表的论文看的较重，而教师的业绩、能力和学术水平等最重要的内涵结构要素常被忽略，形成了"重科研轻教学，重论文轻实践"的错误导向，使得职称评定与教学脱节，只重科研不重教学，使那些教学型的教师得不到应有的认可，对教学质量的提升造成了极大的影响。在多数省、市和高校的评审条件中，对教师的著作、论文、科研项目鉴定、获奖等均有具体规定，而教学工作量、教学效果等都被放在次要地位。人们往往认为，反映一个教师业务水平与能力的标志就是就是科研业绩。科研能力强、科研成果多的教师就是优秀教师。于是，很多教师把主要精力用于搞科研，轻视教学工作，不愿意多上课，更不愿意搞课堂教学研究，而是沿袭传统的"知识传递型"教学，在这样的教学模式下，培养出来的师范毕业生就是被动的"接受者"，不会学习，不会思考，是与基础教育课程改革严重脱节的"局外人"。

　　综上所述，"学本课堂"的创建，有利于培养和提高师范生的新课程教学能力，有利于提升高校教师的新课程教学研究能力，有利于推动高校课堂教学改革，培养大批基础教育课程改革所需要的合格毕业生。因此，创建"学本课堂"是高师院校课堂教学改革的重要"抓手"。

（赤峰学院初等教育学院　纪秀琴）

致实践者

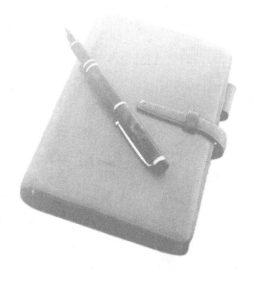

课程改革是提高学业成就、培养黄金般素质的唯一途径

【案例分析】2014年下半年，湖北省有一名校的校长三番五次邀请我，到他们学校讲一讲"学本课堂"。于是，我调整日期到学校做了以"如何创建问题导学型学本课堂"为主题的学术报告。由于我倡导"学本课堂"，不是教本课堂，不提倡完整使用讲授教学方法的课堂，而是强调参与式、建构式、合作式课堂。所以，在教师培训过程中，我也尽可能体现参与式、建构式、合作式教学方法，尽可能体现学本培训特征。当我让参与培训的教师围绕某一问题先进行1 min讨论，然后进行展讲时，开始阶段没有教师发言，经过鼓励和引导后，某一男老师站起来讲："教师的作用就是给学生讲授知识，如果教师不讲，学生能学会吗？"随之而来的是一部分教师的起哄声；第二位教师起身发言："韩教授，你这是在干啥？"后来我就开始解释，因时间关系第一个问题在报告过程中解释，第二个问题当即解释。我说："这是建构式培训，我们正在走向学本培训。如果实施深度课程改革的话，我们的教师培训要尽可能走向参与式、合作式、建构式培训，这样才能更加深刻地理解课程改革理念和目标，才能更有利于创建新课程理念课堂。"我解释完后，校长着急地站起来做了一些强调。培训结束后，校长多次表示歉意——没有做好教师的会前动员和充分预习，我说没有关系，这对于我们中国传统教育培养出来的教师来说都是正常的。

对我而言，这种培训"尴尬"不是这一次，而是有许多次。我为了体现学本课堂理念，尽可能在培训过程中让教师多收益，就在培训中体现参与式、建构式等方式和方法。由于部分教师不理解、不适应，一旦有机会发言，便努力表述自己的不理解。因为，绝大多数教师认为，学校请专家给我们做培训，应该是教授在前面滔滔不绝地讲授，教师们在下面安安静静地记录或干自己想干的事情，专家讲得有趣大家乐一下，专家讲得没有意思便打发时间。可是，我的学本培训超乎他们的想象，竟然让教师讨论、还让展讲，被点到发言的"大同学"误以为是让他难堪，心理就不平衡了。类此培训事件我"遭遇"过很多，这些教师困惑的问题主要集中在以下五个方面。

问题1：高考制度不改革能实施基础教育课程改革吗？

问题2：在新课程课堂中教师不讲，学生能学会吗？

问题3：在新课程课堂中学生展讲影响教学进度吗？

问题4：如何解决桌椅摆成小组后学生说闲话问题和影响脊椎、颈椎发育问题？

问题5：实施课程改革会影响学生学业成绩、造成两极分化吗？

现在，我借助"致读者"这个平台，将这些课程改革中的热点、难点问题和解决思路及想法，给大家做个回应和解析，与大家推心置腹地进行沟通，以便使大家共同提高对课程改革的认识。有人会想您做解读是否正确与科学？是否有权威性？诚实地说，我用10年指导新课程改革的心血和智慧给大家做个解读，用我指导7 000多节课的经验和理解给大家作诠释。算是我的认识和理解，与大家做个分享。

问题1：高考制度不改革能实施基础教育课程改革吗？

高考制度是一个国家面向高中生通过考试为高等院校选拔和输送大学生的一种评价制度，是一种相对客观、公正的评价方式和途径。不论实施或不实施基础教育课程改革，高考制度都是存在的，高考是一种水平性、选拔性的考试。高考录取人数与一个国家的GDP水平有关系，与一个国家的综合国力有关系，如果一个国家经济发达，必然推动教育事业的发展，教育事业发达就必然有数量足够多、规模足够大的大学。比如，全美国有2亿多人口，由于经济发达拥有3 000余所大学，相应的高考招生人数就多，高考录取率相应就高。比如，芬兰500多万人口，就有20多所大学，高考升学率自然就高。与之相反，一个国家人口多，大学数量相对少，那么其高考招生人数自然也就少。显然，从国家层面上，高考制度改革与不改革与实施基础教育课程改革没有直接关系。而在人才培养的品质内涵上有着十分重要的直接关系。

基础教育课程改革是深化素质教育，创新繁、难、片、旧的传统教材体系，建构体现素质教育思想的新课程体系，并通过转变课堂教学方式，实现自主合作探究学习，着力培养具有创新意识和实践能力的创新性人才。从人才培养的内涵角度来看，实施基础教育课程改革能够提升中学生学习素质和能力，向高等院校输送高素质、高品质的高中生，为国家培养优秀人力资源奠定良好的人才基础。同时，科学实施基础教育课程改革有助于推动我国高考制度的改革和发展。

针对一个学校的高考而言，在现行高考体制下，哪一所高中对基础教育课程改革有着深刻认识，敢于先行先试，能够正确、科学推进高中课程改革，哪所学校就能够通过课程改革提升学生综合素质，让高中生获得黄金版素质，提高高考成绩便是顺理成章的事情。也就是科学实施基础教育课程改革，就能提高高考成绩，增加高考人数。比如，河南省漯河高中正确实施高中课程改革后，考上清华、北大的人数大幅提升；山西太谷第二中学正确实施高中课程改革后，考上一本、二本的人数大面积提升。反之，如果错误理解和错误实施基础教育课程改革，那么，就一定会影响高考成绩。

问题 2：在新课程课堂中教师不讲，学生能学会吗？

我在多年的新课程指导实践中，经常遇到这样的一些教师，他们往往站在传统教育的视角下，"理直气壮"地质疑我："请问韩教授，在新课程课堂中教师不讲，学生能学会吗？"紧接着便是一部分教师的喝彩声。对于这个问题，我们可以从以下六个方面来理解。

一是我们不能把新课程课堂简单理解为教师不讲，学生自学或合学的课堂，简要地说新课程课堂是把过去的知识传递型课堂转变为知识建构型课堂，把教师单向传递知识的课堂转变为师生合作交流学习的课堂，在这种平等、人文、民主、对话的交往型课堂中，师生合作、共同交流、共同学习、相互促进、相互帮助、共同分享、实现双赢、共同成长。

二是在教学目标和质量保障的框架下，教师逐步培养学生的学会自主合作探究学习，在知识学习的同时，教师要培养学生的自主学习能力、合作学习能力、展讲表达能力，努力改变学生以往那种被动、消极的学习状态，引导学生走向主动、积极的学习，引导学生走向合作探究学习，引导学生走向展讲表达的学习。

三是不存在"谁讲"和"谁不讲"，为学生终身受益，教师尽可能让学生展讲，通过主题班会或学习能力指导课来训练学生的展讲学习能力。在"谁讲"的问题上要树立民主、平等意识，教师不再是课堂话语的"霸主""独裁者"，学生和教师都可以进行展讲和表达。

四是转变传统课堂观，以往我们强调"向课堂 45 分钟要质量"，新课程课堂观强调"向学习过程要质量"。于是，我们必须要重视课前自主预习，并且尽可能让学生在预习中理解和学会。在有教师指导的合作课堂中，解决学生在预习中发现或不会的问题。这样课堂质量自然会提升。

五是教师要在角色上挑战自我，超越现实，与时俱进。我们教师不能以自己读书时代的课堂"影子"和教师"影子"为榜样，那是"以教师为中心的课堂"，与现在所倡导的新课程教师理念有着截然不同的内涵。在传统课堂教学中，教师是系统的讲授者、指导者、管理者，而在新课程课堂中，教师不单是一个讲授者，还是合作者、指导者、促进者、"平等中的首席"，也是学习者、发展者、研究者。

六是教师要充分相信学生的潜能，当学生的自主学习能力、合作学习能力、展讲学习能力等提升后，学生在教师不讲的前提下，也一定能够学会。

问题3：在新课程课堂中学生展讲影响教学进度吗？

在新课程课堂实践中，有许多教师认为学生展讲一定影响教学进度，这个问题困扰着许多教师。很显然，当学生展讲能力没有提升之前，学生在课堂中展讲一定会影响教学进度，这是毫无疑问的。解决这一问题最关键的是教师要培养所有学生善于表达、精彩展讲的学习能力。我们面对的第一个困难就是不是所有学生都善于表达，只有一部分学生善于表达，大多数同学都十分羞涩。因为过去长期的等待式学习、被动式学习、静态式学习使许多学生失去了孩童时代那种无拘无束、天真无邪的表达能力，只有少数在课堂教学中被教师认为"学习好"的那部分学生才敢于表达。

这里要解决一个共性问题，为什么要让学生展讲？目的很简单，主要有两种：一是通过学生展讲使学生对所学知识理解得更深刻、更系统、更全面，让学生在真正意义上掌握所学知识和技能，并能够达到自我理解、自我感悟的高度；二是通过展讲学习培养学生的社会化能力，使学习过程变成交往过程，在这一交往过程中培养学生的思考能力、交流能力、表达能力、合作能力、解决问题能力等这一系列黄金版素质。这两种目的不是片面的、独立的，而是相辅相成、相互促进的。

以上，我们分析了学生不善于展讲的原因，也认识了展讲学习的好处和目的。下面我开始正面回应学生展讲是否影响教学进度的问题。从时间段上看，大体分两个阶段：第一阶段为开始阶段，是学生展讲能力孕育发展期，该阶段的教学进度相对缓慢，如果操作到位、指导到位的话，就不会影响进度；第二阶段是适应阶段，是学生展讲能力提高成熟期，学生人人能够展讲，都能像教师一样甚至比教师流畅和精彩，该阶段不但不影响教学进度，还能加快教学进度，节省课时。在开始阶段如何培养学生的展讲能力呢？

一是教师要高度重视学生展讲学习的意义，并不断向学生讲解展讲的好处和意义，使学生从内心深处认识到展讲学习对人的一生成长的积极意义。千万不能传递负面意义，假若自己不理解可以保留自己的意见，但是不能向学生暴露自己的情绪。

因为对新事物的学习，绝大多数学生是有热情的，但少数学生在接受过程中是相对脆弱的。否则，将影响全面实施课程改革的进程。最终受影响的还是这个班级的学生。

二是各学科教师要齐心协力、齐抓共管，利用主题班会、或自习课、或学习能力指导课来集中培训学生的展讲能力，让学生从自我介绍开始进行训练，也可以某一个例题为例训练学生的展讲能力。首先要鼓励学生放手展讲，不要有思想负担，讲错了没有关系，把训练展讲当成一份作业布置给小组、布置给学生个体，让学生限时完成、限时提升。

三是教师要在培训过程中按展示学习"展、思、论、评、演、记"六字诀进行训练，使学生规范展讲，让学生养成展讲学习的习惯和素养。在某一同学展讲时，其他学生人人做到静听和思考，能够对展讲者的提问，引发质疑和讨论，对展讲者的展讲效果能够做出客观评价。并且本组和其他组成员对该展讲内容进行补充性表演或演示，在整个展讲过程中，所有学生都能做到及时记录。教师要指导学生在展讲时能够落实话语结构，体现评价语、陈述语、讨论语和结束语，都能做到充满自信、抬头挺胸、声音洪亮、个性张扬、语言流畅，还能够做到遵循时间度、言简度、适切度，逐步培养学生展讲学习的礼仪规范，追求文明展讲。

四是教师要相信学生的潜能，只要教师精心指导、耐心等待，学生展讲能力会在短时间内得到提升，尤其对是少数展讲能力较差的、没有自信的学生，一定不要放弃，否则我们放弃的可能是学生一生的幸福和成就。

五是学校、各年级组要对展讲能力表现好的、进步大的学生给予表彰（优秀奖、进步奖等奖项），以资鼓励。

通过上述途径和策略，教师要坚定信心、集中精力培养学生的展讲能力，当学生人人都具备展讲能力时，教学进度不但不会受到影响，反而会加快教学进度，超前完成教学任务，取得意想不到的好效果。

问题4：如何解决桌椅摆成小组后学生说闲话问题和影响脊椎、颈椎发育问题？

这一问题是实施课程改革学校、地区比较普遍存在的问题，其负面作用较大，一定程度上严重影响了课程改革的全面推动。这一问题只体现的是事物的表象，却反映的是事物的本质。这是一个对传统教学组织形式创新的问题，我们大家太熟悉和习惯于舞台式教学组织形式，认为只要是上课就应该是学生面朝黑板，一行行坐成排，教师在讲台上讲授知识，学生在下面坐着认真静听和记录。长期以来，这种传统课堂教学的范型便定格在广大教师的印象中、意识中，甚至定位在习惯和行为中。在课程改革过程中，当对传统舞台式教学组织形式进行创新时，许多教师开始排斥和反对。

这里讲一个真实的案例：南方某经济发达地区的一所中学实施学本课堂，我亲自去指导过六次，创建效果非常好，2014年取得了学校发展史上前所未有的历史最好成就。后来，因教学校长调动，该校就没有再继续推动。半年后路经此地，我便登门造访，不料学校教导处提供一则信息，说市教育局对学生进行体检时，发现2 000多名同学中有40多名腰椎变形，10多名颈椎变形，他们认为这一结果与小组合作学习有一定关系。当时，我与学校解释说："腰椎变形、颈椎变形是多种因素导致的，坐姿、睡姿、先天遗传等都是重要原因，坐姿是其中原因之一。这恰恰反映出一个新问题，学校要求各个班级创新教学组织形式，将原有的舞台式教学组织形式改变为小组合作式，虽然，桌椅摆成小组式，但是，教师的教学方式、教学方法没有彻底改变，没有适应小组合作式教学组织形式。舞台式教学组织形式相适应的教学方式是传授式，教学方法是讲授式；而课程改革要求的与小组合作教学组织形式相适应的教学方式是自主合作探究式，学习方法是自主合作探究式。如果按新课程要求实施小组合作式教学组织形式，而教学方式、教学方法依然是讲授式为主，那么，学生扭坐式的坐姿肯定影响发育。且不说凳子是死的人是活的，不论是教师讲解还是学生展讲，学生部可在凳子上自由转动身体，由面对面坐姿转向展讲者所在处的黑板，也能解决问题。"

在此还要给大家讲一个学术性问题，小组合作学习并非是简单的桌椅摆放问题，而是一个系统创建问题。一般而言，合作学习分为三重境界：一是小组学习，二是小组合作学习，三是小组合作团队学习。尤其是小组合作探究学习机制建设更不是简单的桌椅摆放问题。它是一个"型""神""实"相结合的三位一体工程，桌椅摆放只是一个"型"改造的问题，关键是"神"的落实问题，没有"神"，哪能有"实"。核心理念是由过去单打独斗的接受型学习转向团队合作的发现型学习。"神"的落实要体现在团队愿景、角色创新、双元体系建立、定期召开团队会议、团队评价机制等方面，始终让每个小组做到"心往一处想，劲往一处使"，有较强的团队凝聚力和学习力。每个团队就像一个长有"三头六臂"的"大人"，相互团结、相互合作、共同克服困难，协作完成学习任务，不断取得团队的一个又一个的胜利和成就。如果没有落实"神"，小组内没有共同愿景、没有管理机制、没有评价机制、没有合作公约等，肯定有学习上不积极主动的学生会因不会合作学习而说闲话或无事可做。我们现在解决的这个问题，看起来是个小问题，实际上是一个大问题，是一个系统的、复杂的社会化工程，需要广大教师挑战自我、努力学习、积极创建，才有可能解决这一重大问题。我在此提出以下建议。

第一，教师要认真学习合作学习方面的理论知识和技能，全面提高对小组合作团队学习的认识，不要站在合作学习的"门口"，要大胆地走进合作学习。因为教师在师范大学和在职培训中都很少接触真正意义上的合作学习，在合作学习方面是"缺课"状态。所以，希望教师要平和心态、虚心学习，掌握创建策略和技术。并通过自己向学生讲解合作学习的意义和价值，全面提高学生对合作学习的认识，让他们真正理解合作学习的好处和价值。这样才能赢得广大学生的支持，并通过学生赢得学生家长的认可和支持。

第二，教师要高度重视合作学习机制建设，不要简单地把桌椅摆放一下，便开始小组合作学习，要按小组合作团队学习机制建设的具体要求和策略进行系统创建，认真将"型""神""实"落到实处。

第三，教师在实施小组合作团队学习机制后，不要仍使用舞台式教学方式和教学方法，要从教学设计上进行创新和调整，必须做到六点：一是课堂教学走向策略化，培养学生新学习能力，使学生按新的自主合作探究学习的方法和策略进行学习活动。二是教学内涵走向问题化，课堂设计以问题为中心，组织学生围绕问题开展自主合作探究学习活动。教师不能系统地讲授知识，而是落实知识问题化，将知识转化为问题，师生共同围绕问题开展合作学习。三是教师角色实现深度转型，不能仅仅停留在"形转"层面上，一定从"形转"走向"身转"，继而再走向"心转"，最后追求"神转"。四是黑板分割承包化，教师将班级内黑板进行分割或划分，让每个小组承包一块，当作本组的"自留地"。五是多媒体教学遵循"三适"原则，即适度、适合、适切，尽可能不要完全向传统专家一样只使用幻灯片上课，否则，课堂就由"嘴灌"变成"电灌"。六是教师和学生定期召开团队会议，如行政团队会议、学科团队会议和教师团队会议，通过3个团队会议不断激发团队学习的激情、热情，增强团队凝聚力，提高团队学习力。

第四，班主任要积极配合，不断强化团队学习机制，通过主题班会等机会不断激活团队学习激情，使班主任工作走向以合作学习为载体的管理机制上来，不能按舞台式班级管理的模式和思路来管理各个团队。

第五，学校层面要建立团队学习评价机制。对创建好的班级、小组要进行表彰激励，对创建好的班主任、任课教师要给予表彰激励，对表现好的学生、学科长、小组长、学生干部要给予不定期的表彰激励。

如果能够做到上述五点，就能建立民主、和谐、合作的良好学习机制，调动学生合作学习的积极性，从根本上解决不规范的小组学习所带来的诸多后遗症。

问题5：实施基础教育课程改革会影响学生学业成绩，造成两极分化吗？

我首先给大家讲一个真实的故事：2013年，在北京市某一中学发生过这样的故事，校长理念先进，执著的推行基础教育课程改革，一心想通过基础教育课程改革来提高教育教学质量，促进教师成长和学生发展。但是，学校科研主任因女儿在本校的高中就读，担心实施基础教育课程改革会影响孩子高考，便坚决反对，甚至跟校长拍桌子。还动员部分学生以各种借口和理由向教育局、区人民政府举报校长的基础教育课程改革行为。校长抱着一定要挽救教师落后观念的决心，给教师们做引导性思想工作，都无济于事，最终校长无奈之下，只能放弃课程改革，回归传统教学。

目前，许多中小学对基础教育课程改革仍有一些片面认识，许多人误认为实施基础教育课程改革就会影响学生学业成绩。这所学校的科研主任就是典型的代表，总认为教师按教学计划讲授完了，就算完成教学任务了，认为学生学习成绩好不好是学生的事情，不是教师的事情，还强词夺理地说同样的教学为什么有学习好的学生，那些学习不好的学生是因为平时不好好学习造成的。其实，传统的讲授式教学并不是完美的教育，更不是全面提高学业成绩，没有两极分化现象的教育。传统教学的最大弊端在于使大部分优秀学生资源浪费和闲置，学生的学习情感、学习能力、学习潜能没有得到最大限度的发掘。

国家为什么实施素质教育、推动基础教育课程改革，就是期望通过课程改革使所有学生成为优秀人力资源，将来把中国建设成优秀人力资源强国，早日实现中华民族的伟大复兴。具体来讲，通过课程改革让所有学生喜欢学习，学会学习，使所有学生都具有创新意识和实践能力。具备这种创新意识和实践能力的人才不是那种

"高分低能"的人，更不是"低分低能"的人，而是"高分高能"的人。国家所期望的人才不单是"高分高能"的人，还是具有终身学习能力的人。我们应该想到一个最简单的道理，国家组织上千位教育专家研制课程标准、制定课程改革政策文件，这些专家难道还不如一个普通教师吗？难道国家推进基础教育课程改革就是想降低教育质量不想让孩子们轻松快乐地学习知识，考出高分吗？

对于一线教师而言，的确存在一个如何操作的问题，这是一个不争的事实。如果没有真正理解课程改革的真谛和操作要领就去实施，就成了盲目课程改革，盲目课程改革便自然导致影响学生学业成绩，形成两极分化的严重后果。所以，我们一线教师的首要任务是真正理解基础教育课程改革的目的和意义，其次是要努力学习和掌握课堂教学改革的技能和方法，最后是要按课堂教学改革的具体要求和策略，踏踏实实地、毫不怀疑地、信念坚定地去实践和行动。如何正确课程改革才能提高学生学业成绩，杜绝两极分化呢？

一是"放手"。教师首先要"放"师生关系这一条线，改善师生关系，让学生在"不怕"的环境中学习。其次，走出"师徒如父子""严师出高徒""一日之师终身为父"等传统师生关系论，走向新型的民主、人文、平等、合作的和谐师生关系。最后，通过改善师生关系，创建民主、和谐、人文的学习氛围，让学生充满自信、"挺起腰杆"学习、与教师"同声度"交流和学习。让学生有尊严、有人格、有信心的学习。

二是"扶手"。教师要一定指导学生的新学习能力。在传统课堂中，我们强调的学生学习能力主要是"认真听讲、认真记录、有问就答"等，这些能力是属于传递式课堂教学中学生所具备的学习能力，简称"老三力"。而在新课程课堂中，这些"老三力"已经不适应新课程课堂学习了。教师一定要培养学生适应新课程课堂学习的学习能力，如结构化预习能力、自主独立学习能力、小组讨论学习能力、展示对话学习能力、问题生成学习能力、工具性训练学习能力、高级思维学习能力、多元拓展学习能力、回归评价学习能力、团队评价学习能力等。当学生学会这些新学习能力后，便自然能够自由行走，逐步走上自主合作探究学习的轨道。

三是"合作"。教师要在新课程课堂中是一个什么样的角色？是"蜡烛"吗？不是。在新课程课堂中教师不要做"蜡烛"，要做"打火机"。新课程课堂是师生交往、互动、合作的过程，通过师生共同交流解决问题来完成学习任务，实现课程目标，促进师生成长。教师始终给自己定位为一位合作者、学习者。那么，有人就问"教师的作用去哪里了?"大家要记住"功在课前、效在课堂、果在课后"。也就是说教师的功夫不是在课上，而是放在教学全过程中，尤其是要放在课前，这样才能做到"运筹帷幄决胜千里""知己知彼百战不殆"，会取得事半功倍的好效果。否则，师生都会辛苦，结果还是"时间＋汗水＝低效"。

四是"搭梯子"。教师主要搭建两部"梯子"，首先搭建学习内容的"梯子"。教师在备课过程中，不是简单的备知识。在学本课堂视野下，教师备课的重心是将知识问题化，从学习者的角度预设问题，预想学生自主学习会解决哪些问题，合作学习会解决哪些问题，教师要帮助学生解决哪些问题等。根据问题分类及内涵来预设"概念性问题""原理性问题""习题性问题"和"拓展性问题"，并按基础性、发展性、提高性等层次来划分档次和梯度，为学生开展自主合作探究学习搭"梯子"。最后，搭学习方案的"梯子"。教师在搭好学习内容的"梯子"后，要继续搭学习方案的"梯子"。这些问题解决需要多少课时，选择什么课型，具体设置哪些流程，采用哪些策略，让学生课前做哪些，课中做哪些，课后做哪些等，教师都要做出精心设计。

五是"建平台"。教师最熟悉的、最常用的教学组织形式就是舞台式，这是"一对多"的教学组织形式，非常适合讲授式教学方法。而新课程理念强调小组合作式教学组织形式，强调自主合作探究学习方式和方法。在此背景下，我们不要回避、不要逃避，要努力学习，积极探索，大胆地研究和尝试小组合作式教学组织形式。严格按小组合作团队学习机制建设的具体要求和策略进行创建，搭建具有团队学习愿景和凝聚力，能够真诚合作和相互促进，体现"狼性学习"特征的真学习平台。

六是"学生搭台学生唱"。目前，许多教师都困惑新课程课堂究竟怎么上才算是合格的，这个问题并不难，您只要按新课型和新流程去行动就行了。这就需要您学习"教师导学"和"问题导学"视野下的新课型和流程。比如，我们把备课、上课比作唱戏，课堂教学将就分为六个阶段：一是"教师搭台教师唱"，二是"教师搭台师生唱"，三是"教师搭台学生唱"，四是"师生搭台师生唱"，五是"师生搭台学生唱"，六是"学生搭台学生唱"。这六个阶段既是六个层次，也是六重境界，体现了课堂教学发展的规律。教师不论选择和执行哪种课型，不论处于哪个阶段，都要明白终极目标是什么，只要朝着终极目标努力就可以了。

　　鉴于篇幅有限，不能展开来交流，希望各位教师系统的学习和领会，这里只是一些建议和思路。首先要明白正确课程改革、深度课程改革的重要性，这直接决定着学生学业成绩是否能够提高，两极分化问题是否得到解决。实践证明，凡是实施正确课程改革、深度课程改革的学校，学生学业成绩都得到明显、持续提高。最值得肯定的学生的黄金版素质得到提高，如观察能力、表达能力、交流能力、交往能力、分析能力、思考能力、解决问题能力等。这是学生走向未来社会的"砺剑"。

　　总之，不论作为教育管理者，还是一线教师，都是中华民族的一份子，有义务、有责任去践行基础教育课程改革，为中华民族的伟大复兴负责。我们要拥护国家教育改革决策，相信教育科学规律，尊敬教育专家的智慧结晶，为早日实现中华梦而奋斗！

参考文献

1. 约翰·杜威：《民主主义与教育》，王承绪译，北京，人民教育出版社，1990。

2. 顾明远、孟繁华：《国际教育新理念》，海口，海南出版社，2001。

3. 高文、徐斌艳、吴刚：《建构主义教育研究》，北京，教育科学出版社，2008。

4. 亚历克·克莱因：《揭秘美国最好的中学》，马蕾、李旭晴译，上海，华东师范大学出版社，2009。

5. 詹森：《超级教学》（第 4 版），尹莉莉、马慧、屈文研译，北京，中国轻工业出版社，2010。

6. 王晓春：《第 56 号教室的玄机：解读雷夫老师的教育艺术》，北京，教育科学出版社，2013。

7. 考利：《学生课堂行为管理》（第 3 版），范玮译，北京，教育科学出版社，2013。

8. 托尼·瓦格纳：《教育大未来》，余燕译，海口，南海出版社，2013。

9. 佐藤学：《教师的挑战——宁静的课堂革命》，钟启泉、陈静静译，上海，华东师范大学出版社，2012。

10. 佐藤学：《学校的挑战——创建学习共同体》，钟启泉译，上海，华东师范大学出版社，2012。

11. 珍妮特·沃斯、戈登·德莱斯：《学习的革命——通往 21 世纪的个人护照》，顾瑞荣、陈标、许静译，刘海明校译，上海，上海三联书店，1998。

12. 罗伯特·狄雷斯利：《问题导向学习——在课堂教学中的运用》，方彤译，北京，中国轻工业出版社，2004。

13. 李猛：《思维导图大全集》，北京，中国华侨出版社，2010。

14. 郑金洲：《问题教学》，福州，福建教育出版社，2005。

15. 中华人民共和国教育部《素质教育观念学习提要》编写组：《素质教育观念学习提要》，北京，生活·读书·新知三联书店，2001。

16. 朱慕菊：《走进新课程》，北京，北京师范大学出版社，2002。

17. 袁振国：《教育新理念》，北京，教育科学出版社，2003。

18. 张卓玉：《第二次教育革命是否可能——人本主义的回答》，香港，商务印书馆，2009。

19. 宋乃庆、徐仲林、靳玉乐：《中国基础教育新课程的理念与创新》，北京，中国人事出版社，2002。

20. 钟启泉、崔允漷、张华：《为了中华民族的复兴　为了每位学生的发展》，上海，华东师范大学出版社，2002。

21. 施方良、崔允漷：《教学理论：课堂教学的原理、策略与研究》，上海，华东师范大学出版社，2001。

22. 叶澜：《课程改革与课程评价》，北京，教育科学出版社，2001。

23. 叶澜：《中国基础教育改革的文化使命》，北京，教育科学出版社，2001。

24. 石中英：《知识转型与教育改革》，北京，教育科学出版社，2002。

25. 钟启泉、李雁冰：《课程设计基础》，济南，山东教育出版社，2000。

26. 高文：《现代教学的模式化研究》，济南，山东教育出版社，2000。

27. 张华、石伟平、马庆发：《课程流派研究》，济南，山东教育出版社，2000。

28. 游铭钧：《论素质教育与课程改革》，杭州，浙江教育出版社，1998。

29. 陈爱苾：《课程改革与问题解决教学》，北京，首都师范大学出版社，2004。

30. 杨久俊：《新课程备课思维》，北京，教育科学出版社，2004。

31. 张向葵、吴晓义：《课堂教学监控》，北京，人民教育出版社，2004。

32. 玛扎诺、皮克林、波洛克：《有效课堂——提高学生成绩的实用策略》，张新立译，北京，中国轻工业出版社，2002。

33. 弗家·F. 琼斯、路易丝·S. 琼斯：《全面课堂管理——创建一个共同的班集体》，方彤等译，北京，中国轻工业出版社，2002。

34. 布鲁克菲尔德、普瑞斯尔基：《讨论教学法——实现民主课堂的方法与技巧》，罗静、褚保堂译，北京，中国轻工业出版社，2002。

35. 汤姆林森：《多元能力课堂中的差异教学》，刘松译，北京，中国轻工业出版社，2002。

36. 马拉：《成功教学的策略——有效的教学实习指南》，方李庆、孙麒译，北京，中国轻工业出版社，2002。

37. 梅里尔·哈明：《教学革命——创新教育课堂设计》，罗德荣译，呼和浩特，内蒙古大学出版社，2002。

38. 尤·克·巴班斯基：《面向每一个人的学校》，吴文侃译，北京，教育科学出版社，1986。

39. 加里·D. 鲍里奇：《有效的教学方法》（第4版），易东平译，北京，中国发展出版社，2002。

后 记

　　我怀着"课程改革强国"的梦想，探索了十多年，从有效教学研究中起步，提出"问题评价"教学法，继而发明了"先学后导—问题评价"（FFS）有效教学法，继而，创建了符合素质教育思想和新课程理念的学本课堂，建构了学本教育理论与实践操作体系，成功指导了60余所学校的课程改革事业。一路走来洒下无数辛勤的汗水，也饱尝了无数次成功的喜悦。这就是我的教育人生回望。不敢说功德圆满，只是做了一个教育人该做的事业。

　　《韩立福与学本课堂》这本书在我无比激动的心情中终于写完，但是，还有三种感觉好像没有表达完。一是感觉好累，我选择了真正课程改革之路，那不是一帆风顺的平坦大道，而是充满着传统与现代、保守与先进、单一与多元、挑战与超越、真做与假做的种种冲突的"艰难之旅"。我虽然不孤独，但是还是很累。因为昨天在某省小学指导时还有部分教师不相信课程改革，只是狭隘地强调自己传统的讲授式教法是正确的。二是感觉这本书很沉，这是我用心血铸就的书，我自己觉得很珍贵，因为学本课堂标志着中国课程改革的新方向、新趋势，真的能够实现"中华民族伟大复兴的强国梦"，所以，意义非同小可。三是有一种意犹未尽的感觉，还是觉得有好多事、好多人没有写到。因为一路走来，学本课堂的实践探索有众多的一线校长、教师、学生、家长和同仁参与，发生过无数次感人和心酸的故事，有人因课程改革而获益，有人因课程改革而受"波折"。如赵国军、程局长等热衷于课程改革的领导，他们都为我国课程改革事业做出过突出贡献。因篇幅有限，无法写进本书，但是我都已写进心中。

　　在多年的探究历程中，我永远感激原中国教育学会会长、北京师范大学教授顾明远先生，教育部基础教育课程教材发展中心主任、中国教育科学研究院院长田慧生教授，中国教育报刊社张新洲副社长等领导、专家对我的长期关心、指导、帮助。尤其是张新洲副社长在本书的创作过程中给予了我多次指导和帮助，假如没有张新洲社长的耐心指导、热情鼓励，恐怕这本书难以面世。在此我一并表示衷心的感谢！

　　最后，期望本书能够为推动中国基础教育课程改革发挥一些积极的作用，愿我国早日实现"教育强国梦"！

韩立福书于北京

2015 年 3 月